Ticket zurück ins Leben

Von der Kunst Krisen zu meistern

Roman

Philipp Sommer

ISBN: 9798396147416

Lektorat und Korrektorat: Sibylle Dörnhaus

„Die Welt ist ein Wunder.
Die Welt ist Magie.
Die Welt ist Liebe.
Und sie ist hier, jetzt.“

Mohawk-Weisheit
Autor unbekannt

Für Bille und Uli in Dankbarkeit

Der Appalachian Trail

Auf einer Länge von 3.523 Kilometern verläuft der legendäre Wanderweg durch das Appalachen-Gebirge im Osten der USA. Dabei durchquert er 14 Bundesstaaten und führt durch atemberaubende Naturparadiese wie den Great Smoky Mountains National Park, den Shenandoah National Park und die 100-Mile-Wilderness. Die meisten Langstreckenwanderer starten im Süden am Springer Mountain im Bundesstaat Georgia und laufen bis zum Mount Kathadin in Maine im Norden.

1

„Na toll!“, ächzte Tim, als er mit seinem Einkaufswagen um die Ecke bog und der Kassenbereich sichtbar wurde. Dort hatten sich etwa acht, neun lange Warteschlangen gebildet. Jetzt war ewiges Dumm-Rumstehen angesagt. *Wie bin ich auf die schwachsinnige Idee gekommen, ausgerechnet am Samstag in diesen dämlichen Möbelmoloch zu fahren?,* dachte er.

Missmutig schob er seinen Wagen bis zum Ende einer der Schlangen in der Mitte. Eigentlich hatte er sich mal vorgenommen, überhaupt nicht mehr in diesem schwedischen Möbelhaus einzukaufen. Aber am Ende landete er doch immer wieder hier. Die riesige weitläufige Halle mit ihrer kalten Beleuchtung, den überdimensionalen Regalen und der Masse unentspannter Leute hatte immer eine ungute Wirkung auf seine Laune. Aber heute war es noch schlimmer als sonst.

„Uff...“, stöhnte er – und zwar offensichtlich etwas zu laut, denn die Frau vor ihm drehte sich grinsend nach ihm um und deutete mit einem Heben der Schultern an, dass sie ebenfalls nicht begeistert war vom Anstehen und ihn nur allzu gut verstehen konnte. Sie war vielleicht Anfang 30 und auffallend hübsch: Ihre geheimnisvoll schimmernden graugrünen Augen, ihre rötlich-braunen Locken und ihr bezauberndes Lächeln bewirkten eine kurze Aufhellung seiner Stimmung. Sie war etwa einen Kopf kleiner als er selbst und eher üppig gebaut – nicht übergewichtig, aber auch nicht gerade schlank.

Tim nahm sein Handy raus, um die Zeit irgendwie totzuschlagen, hatte aber keinen Empfang, und WLAN schien auch nicht zu funktionieren. Er hätte laut fluchen können, nahm sich jedoch zusammen und steckte das Handy wieder weg. Während er in der Schlange stand und vor sich hin starrte, merkte er, wie sich sein Unmut immer mehr steigerte zu einem Gefühl der Beklemmung.

Er mochte Momente wie diese nicht besonders – Geduld war nicht gerade sein Spezialgebiet. Unwillkürlich musste er an das denken, was seine Exfreundin damals gelegentlich zu ihm gesagt hatte: „Lass dir doch nicht so leicht die Laune verderben! Nimm es einfach hin, wie es ist, und reg dich nicht auf!“ *Die hatte leicht Reden,* dachte er. Janine selbst war eine unverwüstliche Frohnatur.

Dabei war er nicht immer so ein Griesgram gewesen. Klar, eine gewisse Ungeduld war immer schon Teil seines Charakters gewesen. Aber erst in den letzten Jahren war es damit schlimmer geworden – eigentlich seit der Corona-Pandemie. In jener verrückten Zeit hatte sich seine Grundstimmung mehr und mehr verschlechtert, er war unentspannter als früher, reizbarer und hatte öfter miese Laune. Das gefiel ihm gar nicht, und ihm tat es leid für seine Mitmenschen, die darunter zu leiden hatten. Aber irgendwie hatte er auch das Gefühl, dem ausgeliefert zu sein.

Letztlich hatte er damit seine Ex vermutlich vergrault. Wie es ihr wohl ging? Es war bald ein Jahr her, seit sie sich getrennt hatte.

Er atmete tief durch und bemühte sich, ihren Rat beherzigen. Nur leider wollte ihm das so gar nicht gelingen. Im Gegenteil: Er wurde immer nervöser, begann zu schwitzen und fühlte sich in seinem Anorak eingeengt wie in einer Zwangsjacke. Hektisch befreite er sich daraus und packte ihn auf den Wagen.

Was war los mit ihm heute?

Nur schleppend ging es vorwärts. Die Wagen all der Wartenden vor ihm waren so vollgepackt, als würden sie ihre komplette Doppelhaushälfte neu möblieren. War das eine Verschwörung gegen ihn, um ihn in den Wahnsinn zu treiben? Die Frau vor ihm bildete eine erfreuliche Ausnahme. Sie hatte ihren Wagen – so wie er selbst – nur mit einigen 'needful things' beladen: Kerzen und zugehörige Ständer, Vasen und Küchenbedarf – einige Töpfe, Kochlöffel und ähnliches Zeug. Es sah so aus, als wäre sie umgezogen und dabei, die letzten Lücken im Haushalt zu füllen.

Tim beobachtete, wie die Kassiererin mit stoischer Ruhe aus ihrem Kassenbereich heraustrat, um die großen Kartons auf dem vordersten Wagen abzuscannen, und das mit einer so betonten Gemütsruhe, dass es geradezu wie eine Provokation wirkte. Seine Ungeduld schwoll bedenklich an...

Und dann, urplötzlich, geschah etwas, das er nicht hatte kommen sehen: Schlagartig wurde ihm schwindlig, sein Herz begann exzessiv zu rasen, und seine Brust schnürte sich schmerzhaft zusammen wie bei einem... *Herzinfarkt!*, dachte Tim. Und dann blickte er dem Tod direkt in die Augen – jedenfalls kam es ihm so vor: Ihm war, als würde er im nächsten Moment leblos zusammenbrechen.

„Oohhh!", ächzte er und stützte sich auf den Griff seines Einkaufswagens.

Die Frau vor ihm wandte sich erneut um, und ihr Gesicht nahm augenblicklich einen besorgten Ausdruck an.

„Alles okay?", fragte sie. Inzwischen hatte er auch die Aufmerksamkeit weiterer Umstehender erregt, die ihn irritiert ansahen.

„Ich weiß nicht... ich..."

Tims Kopf war heiß und kurz vorm Explodieren. Unwillkürlich schoss ihm eine Filmszene in den Sinn: Eine Herde von Tausenden Büffeln galoppierte donnernd durch die Prärie – und er stand mittendrin und wartete darauf, dass er tot getrampelt wurde. Genauso fühlte er sich gerade.

„Ich glaube, ich sterbe..."

Sie schaute ihn prüfend an und sagte dann:

„Okay, ich schätze, ich weiß, was das sein könnte: eine Panikattacke."

„Was...? Bist du Ärztin oder so?"

„Nein, aber ich hatte selber mal Panikattacken, und ich weiß, wie das ist."

„Okay... Aber wenn es ein Herzinfarkt ist?"

„Dann würdest du jetzt vor Schmerzen auf dem Boden liegen. Pass auf. Ich werde dir helfen. Als erstes kommt es darauf an, dass du nicht hyperventilierst. Sonst wirst du am Ende noch ohnmächtig. Atme so wie ich! Stell dir vor, du hast Geburtstag. Langsam den Duft der Blumen einatmen, und dann die Kerzen auf der Torte auspusten."

Sie machte es ihm vor: Langsam durch die Nase einatmen, noch langsamer durch den Mund ausatmen, und er folgte ihrem Beispiel.

„Sehr gut! Immer weiter atmen!"

„Geht es?", fragte ein älterer Mann vor ihnen in der Schlange. „Wollt ihr vielleicht vor?" Er vergewisserte sich bei den übrigen Wartenden, ob das okay gehe, und als allerseits genickt wurde, erwiderte Tims Helferin:

„Ja, das ist nett!"

Sie wurde vorgelassen, Tim folgte ihr.

Kurz darauf hatten sie bezahlt, und als sie ihr Zeug in die blauen Mehrwegtragetaschen packten, fragte sie:

„Geht es besser?"

„Es geht so..."

„Mein Gott, du siehst wirklich blass aus. Weißt du was? Ich fahr dich jetzt in die Notaufnahme."

„Aber mach dir doch meinetwegen keine..."

„Schnickschnack. Ich habe eh nichts weiter vor, und du brauchst eindeutig Hilfe. Also, auf geht's!"

Mit den Taschen über die Schultern gehängt verließen sie das Möbelhaus. Während sie ihn über den Parkplatz zu ihrem nachtblauen Clio führte, sagte sie:

„Ich heiße übrigens Jessy!"

„Tim."

„Freut mich, Tim!", sagte sie und öffnete ihm die Beifahrertür.

„Mach du es dir bequem. Ich packe unsere Einkäufe schnell hinten rein, und dann geht's los."

„Danke!", erwiderte er und stieg ein.

2

Sie hatten Glück. In der Klinik mussten sie nicht allzu lange warten. Jessy bestand darauf zu bleiben und ihn nach der Behandlung noch nach Hause zu fahren. Tim ließ die Untersuchung und Befragung des kleinen untersetzten Jungarztes wie in Nebel gehüllt über sich ergehen, mit dem Ergebnis, dass der Mediziner Jessys Diagnose bestätigte und ihm ein Beruhigungsmittel verabreichte, das – wie er erklärte – zu der Gruppe der Benzodiazepine gehöre und spätestens nach einer halben Stunde wirken werde. Er riet seinem Patienten, zeitnah seinen Hausarzt aufzusuchen, um das weitere Vorgehen zu besprechen. Tim bedankte und verabschiedete sich und ging zurück in den Wartebereich.

„Das ging ja fix!", sagte Jessy.

„Kurz und schmerzlos."

„Und, wie fühlst du dich?"

„Besser."

„Was hat er gemacht?"

Tim schilderte die Behandlung – und auch die Medikation.

„Oh, er hat dir Benzos gegeben..."

„Ja."

„Typisch Krankenhausarzt. Da kann ich nur sagen: Vorsicht mit dem Zeug!"

„Warum?"

„Das wirst du schon merken. Das wirkt nämlich leider nur allzu gut – und macht süchtig, wenn man nicht höllisch aufpasst."

„Oh, okay... da bin ich ja mal gespannt."

„Dann fahr ich dich jetzt nach Hause. Wo wohnst du?"

Tim nannte seine Adresse im Berliner Bezirk Friedenau.

„Ach da!", sagte sie. „Schöne Gegend. Da bin ich öfter!" Sie nannte ein Café, das sie regelmäßig besuchte. „Das ist total nett. Und da gibt es die besten Waffeln der Stadt."

„Ah, das kenne ich!" Er überlegte kurz und fuhr fort: „Weißt du was? Ich würde dich gerne auf ein paar Waffeln einladen, als kleines Dankeschön."

„Ein paar gleich?" Sie schmunzelte. „Aber fühlst du dich denn überhaupt danach?"

„Ich glaube, das Zeug wirkt schon. Mir geht`s wirklich okay. Also – kein Problem."

„Gut. Dann gerne!"

Als sie am Café ankamen, war Tim deutlich entspannter. Er empfand eine innere Ruhe wie seit Langem nicht mehr und war dezent euphorisiert und benebelt, so als sei er leicht angetrunken. Erst jetzt nahm er wahr, was für ein angenehm milder, frühlingshaft sonniger Märztag heute war, und er spürte, wie sich ein Lächeln in seinem Gesicht breit machte.

Sie betraten das Café im schmucken Gründerzeitbau und sahen sich nach einem freien Tisch um. Das Lokal war während der Coronazeit renoviert worden und präsentierte sich frisch und elegant-heimelig. Der Stuck an den Decken war wohl noch original, aber frisch gestrichen, das antike Fischgrätenparkett sah ebenfalls aus wie neu, während die Möbel und Tische aus Massivholz noch genauso vintagemäßig angejahrt waren, wie er sie noch von früher kannte. Abstrakte Kunstfotografien, Wandlampen aus Chrom und schlichte cremefarbene Tischdecken sorgten für einen modernen Touch und bildeten einen überraschend stimmigen Kontrast zur alten Substanz.

An einem Fensterplatz ließen sie sich nieder. Jetzt, wo Jessy ihm gegenübersaß, wurde ihm noch einmal bewusst, wie hübsch sie war mir ihren graugrünen Korallenriff-Augen. Während sie sich im Café umsah, schaute er sie verstohlen an. Als er bemerkte, dass sie sich zu ihm drehte, schaute er schnell Richtung Bar, und hoffte, dass ihr nicht aufgefallen war, wie plump er sie angestarrt hatte.

Sie grinste und sagte:

„Ich glaube, jetzt wirkt das Zeug richtig, oder? Du grinst ja so selig wie ein frisch gestilltes Baby."

„Toller Vergleich", gab er zurück. „So was hört man als Kerl unheimlich gerne."

Sie lachten, dann kam die Kellnerin und nahm ihre Bestellung auf: Zweimal nervenschonenden Kräutertee und zweimal Waffeln mit Blaubeeren und Vanilleeis. Dann verschwand sie in der Küche.

Jessy holte ihr Handy hervor, schaute darauf, und ihr Blick wurde ernster.

„Alles klar?", fragte er.

„Jaja, alles gut", gab sie zurück und legte ihr Handy wieder weg.

„Würdest du mich kurz entschuldigen?", fragte Tim.

„Klar!"

„Bis gleich."

Tim ging zur Toilette. Als er sich die Hände wusch, schaute er in den Spiegel und fragte sich, ob Jessy sich vielleicht für ihn interessierte. Kritisch checkte er sein Aussehen. Die dunkelblonde Kurzhaarfrisur sah noch ziemlich akkurat aus, da er erst kürzlich beim Friseur gewesen war, und mit seinen braunen Augen, dem einigermaßen markanten Gesicht und seiner leicht überdurchschnittlichen Körpergröße sah er durchaus ganz passabel aus, fand er, obwohl er in den letzten zwei, drei Jahren zugenommen hatte. Früher war er sportlich-durchtrainiert gewesen, aber in der Coronazeit hatte er den Sport schleifen lassen, weil die Studios geschlossen waren, und hatte allzu oft aus Frust Süßkram und Eis konsumiert. Aus dem Waschbrettbauch war eine dezente Plauze geworden. Trotzdem fand er sich immer noch akzeptabel, dafür dass er 36 war – und superschlank war Jessy schließlich selber nicht.

Als er zum Tisch zurückkehrte, war sie gerade mit ihrem Handy zugange. Anscheinend schaute sie sich Fotos an und wirkte dabei nicht gerade glücklich. Sie sah ihn kommen und legte das Handy weg, während er sich setzte. Er überlegte, wie er dem Gespräch eine flirtmäßigere Wendung geben konnte.

„Sag mal...“, fing er schließlich mit einem verschmitzten Lächeln an, „warum machst du das eigentlich? Ich meine, du hast jetzt schon locker zwei Stunden damit verbracht, einen Kloppi durch die Stadt zu kutschieren.“

„Also, erstens bist du kein Kloppi. Und davon abgesehen: Eine Panikattacke ist so ziemlich das übelste Gefühl, das ich kenne. Das wünscht man niemandem. Und deswegen wollte ich dir helfen.“

„Verstehe...“, gab er zurück und lächelte sie wieder an. Eigentlich glaubte er, sie müsse seinen Flirtversuch erkennen, aber davon keine Spur.

„Hast du denn eine Idee, wie es überhaupt dazu gekommen ist?“, wollte sie wissen. Also doch eher Deep Talk statt Flirt.

„Nein...“, gab er zurück, „das kam urplötzlich, wie aus heiterem Himmel.“

„Ja, so kommt es einem vor. War bei mir damals auch so. Aber in meiner Therapie habe ich erkannt, dass ich in den Monaten davor auch schon nicht gut drauf war. Und das Ganze hat sich dann schleichend immer mehr gesteigert bis zu den Panikattacken.“

„Darf ich mal so neugierig fragen, inwiefern du nicht gut drauf warst? Sorry, ich bin Journalist, Berufskrankheit.“

„Interessant, dann machen wir ja *beide* was mit Medien“, lachte sie. „Ich bin freiberufliche PR-Agentin und Texterin.“

„Klingt interessant!“

„Ja, das Geld ist nicht schlecht, und ich kann mein Leben relativ frei gestalten."

„Beneidenswert."

Sie nickte und fuhr fort:

„Jedenfalls war ich damals im Examen. Ich studierte Germanistik und Anglistik und machte mir wegen der Prüfungen extrem Druck. Nebenher habe ich auch noch gejobbt, weil sonst das Geld nicht gereicht hätte. Und dann habe ich halt energetisch total über meine Verhältnisse gelebt. Habe kaum Schlaf bekommen, weil ich vor Prüfungsdruck und Sorgen ewig wach lag... tja, und dann ist irgendwann die Sicherung rausgeknallt. Bei mir wars in der U-Bahn. Und ich kann dir sagen: Es hat echt lange gedauert, bis ich wieder in der Lage war, ein öffentliches Verkehrsmittel zu betreten, so einen Horror hatte ich davor."

„Und was hat dir geholfen?"

„Das Standardprogramm: Eine Kombi aus Therapie und Medikamenten."

„Sozusagen der Doppelwumms."

„Ja, genau!", lachte Jessy.

„Aber Medikamente? Ich dachte, die wären so bedenklich?"

„Nein, nein, das waren nicht solche, wie du heute bekommen hast. Keine Benzos. Ich habe ein Antidepressivum genommen. Das hilft bei Angststörungen ziemlich gut und macht nicht abhängig."

„Verstehe."

Die Kellnerin kam und stellte ihre Tassen und die dampfenden Waffeln auf den Tisch, die einen verführerischen Duft nach Butter und Vanille verströmten.

Genüsslich machten sie sich darüber her. Während sie aßen, fiel Tim auf, dass Jessy immer wieder ihr Handy checkte und dabei nicht gerade entspannt wirkte.

Als sie schließlich aufgegessen hatten, griff Jessy den früheren Gesprächsfaden wieder auf:

„Also, jetzt, wo du weißt, wie es bei mir war, lass uns doch mal überlegen, wo *deine* Panikattacke herkam!"

Tim dachte nach und sagte: „Also, Stress habe ich momentan tatsächlich auch. Bei der Arbeit ist ziemlicher Druck, und kürzlich habe ich über den Flurfunk gehört, dass die Chefetage plant, Stellen zu streichen. Das hat mir einen ziemlichen Schrecken eingejagt."

„Verstehe ich gut. Was genau arbeitest überhaupt als Journalist?"

„Ich bin Redakteur in einer Online-Redaktion."

„Ah."

„Ich meine, ich habe zwar Rücklagen und müsste mir objektiv betrachtet eigentlich nicht so einen Kopf machen, aber man merkt schon deutlich, dass das Leben an allen Ecken und Enden teurer geworden ist – man muss sich ganz schön einschränken. Und wer weiß, wohin das alles noch führt. Manche reden ja schon von einem Zusammenbruch der Weltwirtschaft, auf den wir womöglich zusteuern, schlimmer als 1929."

„Habe ich auch schon gehört. Mir macht das genauso Sorgen, also das mit der Inflation und der Wirtschaftskrise – wie wohl den meisten. Allerdings kriegt nicht jeder davon Panikattacken... ich schätze mal, da gibt es bei dir noch mehr Gründe."

„Hmm...", machte Tim. Nachdem er eine Weile überlegt hatte, sagte er: „Eigentlich war ich schon in den letzten Jahren nicht so ganz auf der Höhe. Erst kam die Pandemie, und dann, als das gefühlt vorbei war, kam urplötzlich der Krieg und die Gefahr eines nuklearen Armageddon. Und ganz nebenbei gibt es da ja auch noch die Klimakrise... ich weiß nicht... wir sind doch aufgewachsen mit dem Gefühl, dass alles in Ordnung ist, dass wir in einem sicheren Land leben und wir uns keine existenziellen Sorgen machen müssen. Und auf einmal war alles anders. Plötzlich muss man Angst um sein Leben haben. Angst davor, dass die *Welt untergeht*... und man fragt sich: Was kommt als nächstes? Das Urvertrauen ist weg. Es ist, als hätte ich den Boden unter den Füßen verloren, die Welt ist nicht mehr die Gleiche."

Jessy nickte nachdenklich und erwiderte: „Geht mir ganz genauso. Und trotzdem..."

„Und trotzdem *was*?"

„Wir *alle* haben ja mit diesen Sorgen zu kämpfen. Aber nicht jeder bekommt Panikattacken."

„Das stimmt wohl."

„In der Coronazeit habe ich mal ein Interview mit einem Psychologen gelesen, der meinte, dass jeder anders auf die Krise reagiert: Bei jedem verstärkt sie das, was ohnehin schon da ist: Sozialphobiker ziehen sich noch mehr zurück, Partypeople feiern umso doller – auch wenns gerade verboten ist."

„Dann erst recht...", warf Tim ein.

„Genau. Alkis saufen mehr, Süchtige konsumieren mehr. Wer zur Depression neigt, wird noch depressiver – und wer zur Angst neigt, der reagiert mit verstärkter Angst."

„Klingt einleuchtend."

„Bei manchen werden auch unangenehme Kindheitserinnerungen getriggert. Damals, als ich meine Angstprobleme hatte, war das ganz ähnlich. Der ganze Prüfungsstress hat Erinnerungen hochgeholt, von denen ich gedacht hatte, dass ich sie überwunden hätte. Das habe ich damals in der Therapie herausgefunden."

Tim überlegte, ob er nachfragen sollte, was sie als Kind erlebt hatte, fand es aber unangebracht.

„Jedenfalls könnte es sich für dich lohnen, da mal genauer hinzuschauen", schloss sie.

Die Kellnerin kam an ihren Tisch und fragte:

„Wollt ihr noch was?"

Jessy schaute ihn fragend an, und er sagte:

„Ich würde noch einen Tee nehmen."

„Ich auch", erwiderte Jessy. Während die Kellnerin verschwand, schaute Jessy erneut auf das Handy und legte es wieder weg.

„Ich will ja nicht neugierig sein", fing Tim an, „aber erwartest du eine dringende Nachricht oder so?"

„Nein nein", gab sie zurück und spielte nervös an einem silbernen Armbändchen herum, das sie an der linken Hand trug. Tim hatte das Gefühl, dass ihre Stimme brüchig klang.

„Also, nachdem du dich so mitfühlend um mich gekümmert hast, will ich nur sagen – wenn es etwas gibt, worüber du reden willst..."

„Ach...", machte sie, und Tim hatte plötzlich das Gefühl, dass sie mit den Tränen kämpfte. Er legte die Hand auf ihren Unterarm und fragte:

„Alles okay?"

„Jaja... Habe bloß eine Trennung hinter mir..."

Tim nickte.

„Und du erwartest eine Nachricht von ihm."

„Von *ihr*", korrigierte sie ihn. „Und ja. Ich warte auf eine Nachricht... schon seit fast zwei Tagen..."

Also ist sie lesbisch, dachte Tim mit einiger Enttäuschung. Er fragte:

„Wie lang ist die Trennung denn her?"

„128 Tage und –" Sie sah auf die Uhr: „...und 19 Stunden."

„Und noch immer nimmt es dich so mit?"

„Ja, schon irgendwie..."

„Dann hatte es dich ja ganz schön erwischt..."

„Allerdings! Ich war noch nie so verliebt wie in Gwen."

„Gwen..."

„Von Gwendolin. Ein walisischer Name. Heißt soviel wie *weißer Kreis* oder auch *Mondsichel*."

„Und wie lange wart ihr zusammen?"

„Sechs Jahre. Das berühmte verflixte siebte Jahr haben wir nicht mehr voll gekriegt. Wir waren kurz davor, unseren Jahrestag zu feiern. Aber dann hatten wir Streit, und am Ende ist sie gegangen."

„Ich kann so gut nachempfinden, was jetzt mit dir los ist...“, sagte Tim, „ich habe auch eine Trennung hinter mir, die echt hart war. Ist aber auch schon ein Jahr her.“

„Wie lange wart ihr zusammen?“

„Auch sechs Jahre – also fast. Es waren fünfeinhalb.“

„Und du bist drüber weg?“

„Ich würde sagen ja.“

„Wie hast du das geschafft?“, fragte Jessy.

„Lass mal überlegen... ich habe viel mit Freunden geredet, und...“ Er räusperte sich.

„Und was?“

„Naja, ich habe so Youtube-Videos geguckt zum Thema Trennung.“

Jessy brachte ein amüsiertes Lächeln zustande und sagte:

„Wie süß... wie ein Teenager!“

„Na danke! Erst nennst du mich Baby, jetzt Teenager...“

„Was denn? Ist doch ein Fortschritt!“, grinste sie und stieß ihn in den Oberarm.

Er gab ein schiefes Grinsen zurück.

„Aber bei Youtube gibt es eine Menge Schrott!“, gab sie zu bedenken.

„Ja, allerdings. Und ziemlich viele von diesen Typen wollen dir dann für viel Geld irgendwelche PDFs verkaufen, in denen sie den ultimativen Tipp verraten, wie man seine Ex zurückbekommt.“

„Ach echt?“

„Jessy! Fall bloß nicht auf so was rein!“

„Nein, natürlich nicht."

„Ich hab mir natürlich nichts von Typen mit Namen wie 'Psychoguru Kevin85' oder so angesehen, sondern ausschließlich von ausgebildeten Psychologen."

Sie lachte und sagte:

„Na, wenns geholfen hat, ist doch alles bestens!"

„Ja, hat es. Außerdem habe ich Bücher gelesen über Abschied und Trennung und so."

„Wirklich? Dann bist du ja jetzt ein richtiger Experte!"

„Könnte man sagen."

„Dann nenne ich dich ab jetzt Doctor Love!"

Die beiden mussten lachen.

„Doctor Love von der Youtube-Universität", fügte sie frotzelnd hinzu.

„Ich habe auch Bücher darüber gelesen!", stellte Tim noch einmal klar.

Erneut stieß sie ihn in den Oberarm, dann sah sie ihn nachdenklich an und sagte:

„Weißt du was? Wir sollten uns zusammentun! Synergien bilden! Uns gegenseitig unterstützen! Du hilfst mir mit meiner Trennung, und ich dir mit deiner Panik!"

„Klingt gut!", gab Tim zurück.

„Also, wann immer du meine Hilfe brauchst: Ruf mich an. Zu jeder Tages- und Nachtzeit, okay?"

„Das Gleiche gilt für dich!"

Sie tauschten Handynummern aus, und Tim sagte:

„Und wenn ich Doctor Love bin, dann bist du ab jetzt Doctor Panic!"

„Meinetwegen!“, lachte sie. „Also haben wir einen Deal!“ Sie hielt ihre Hand hoch, er klatschte ein und sagte:

„Auf gute Zusammenarbeit, Doc!

3

Als Tim sich abends ins Bett legte, stand er noch immer unter der Wirkung des Beruhigungsmittels. Er schlief zügig ein, und als er morgens wach wurde, war er entspannt, wenn auch ziemlich benebelt vom tiefen, narkotisierten Schlaf. Nach dem Frühstück wollte er den Sonntag dafür nutzen, seine Wohnung auf Vordermann zu bringen. Eine Weile lang klappte das ganz gut, doch allmählich spürte er, wie die Wirkung des Medikaments nachließ und sich wieder Unruhe in ihm breit machte. Von Minute zu Minute wuchs das innere Kribbeln, und er spürte zunehmend sein Herz pochen. *Verdammt!*, dachte er, *jetzt nicht wieder so eine Panikattacke!* Und bereits dieser Gedanke bewirkte, dass er noch nervöser wurde.

Mit einem Mal kam es wieder über ihn, und er hatte wieder dieses Gefühl von Todesnähe, wie an der Kasse im Möbelgeschäft. Er packte sich an die Brust, als hätte er einen Herzinfarkt, ihm wurde schwindlig, sein Puls raste. Taumelnd wechselte er ins Wohnzimmer, schnappte mit zittriger Hand nach seinem Handy und rief Jessy an.

„Hi Tim, alles okay?“, meldete sie sich.

„Panikanfall!“, stieß er hervor.

„Ich komme!"

„Danke!"

Seine Adresse kannte sie, weil sie ihn am Vortag noch nach Hause gebracht hatte. Während er wartete, lief Tim in seiner Wohnung hektisch auf und ab wie ein aufgescheuchter Truthahn. Schließlich kam er auf die Idee, sich einen Fencheltee zu machen – der sollte schließlich beruhigende Wirkung haben – und so tat er. Mit zittriger Hand schüttete er sich fast das kochende Wasser über den Arm. Immerhin lenkte ihn das Teekochen ein bisschen ab.

Endlich klingelte es an der Tür, Tim eilte hin, um Jessy in Empfang zu nehmen.

„Wie geht's dir?", fragte sie besorgt.

„Ich sterbe!", stieß er hervor, mit einem Anflug verzweifelter Ironie.

„Du stirbst nicht!", sagte sie beruhigend und schaute sich flüchtig in seiner Wohnung um. Tim fragte sich, wie es ihr wohl gefiel. Er selbst legte keinen gesteigerten Wert auf schickes Wohnen und hatte sie vor allem zweckmäßig eingerichtet. Es war eine Mischung aus geerbten antiken Stücken und schlichten neuen Möbeln, die meisten in Weiß. Bis auf einige wenige dezente Bilder und ein paar Zimmerpflanzen hatte er nicht viel Deko.

„Nett hast du es hier!", lobte sie, und es klang ehrlich.

„Danke..."

Sie sah ihn an:

„Meine Güte, du bist echt fertig, oder?"

„Ja."

„Okay. Zieh dir eine Jacke an, es ist etwas frisch. Und dann machen wir einen Spaziergang."

„Okay, Doc!"

Sie lächelte. Als sie draußen waren, setzte sie wieder an:

„Pass auf, ich zeige dir mal, was ich damals in der Therapie gelernt habe. Wir gehen ganz gemächlich. Schließlich haben wir Zeit. Und jetzt atmest du einen Schritt lang ein und drei Schritte lang aus. Darauf konzentrierst du dich. Machs mir nach."

Er folgte ihrem Beispiel.

„Wirds besser?", fragte sie nach einer Weile.

„Nein. Ich habe das Gefühl, ich drehe durch. Bring mich einfach in die Klapse!"

„Du drehst nicht durch. Keine Sorge. Mach einfach immer weiter. So eine Angstanfall dauert nicht ewig. Er geht auch wieder vorbei. Wichtig ist, dass du jetzt nicht auch noch Angst vor der Angst bekommst, sonst steigerst du dich nur unnötig weiter rein. Vertraue darauf, dass es dir gleich wieder besser geht."

„Und wenn ich einfach umkippe?"

„Du kippst nicht um. Und für den äußerst unwahrscheinlichen Fall, dass du es doch tust, bin ich bei dir."

Er nickte.

„Einatmen und Ausatmen", sagte sie, und ihre warme, sanfte Stimme wirkte tatsächlich einigermaßen beruhigend auf ihn. Es tat ihm gut, sie bei sich zu wissen.

Inzwischen hatten sie den Volkspark Wilmersdorf erreicht. Auch heute war es warm und sonnig. Die

Bäume zeigten fortgeschrittene Knospen, die Vögel zwitscherten fröhlich, und bald spürte Tim, wie es in seinem Inneren ruhiger wurde. Sie liefen eine ganze Weile lang, mal plaudernd, mal schweigend. Schließlich fragte sie:

„Gehts besser?"

„Ja", sagte er, „wird schon."

Sie gingen noch ein bisschen, unterhielten sich über dies und das, und schließlich war Tim wieder einigermaßen entspannt.

„Langsam muss ich wieder los", sagte sie. „Meinst du, du kommst jetzt ohne mich zurecht?"

„Ich schätze schon."

„Ich begleite dich noch nach Hause. Machs dir am besten gemütlich, lies ein Buch oder schau einen Film. Lenk dich ab und versuche, dir keine blöden Gedanken zu machen. Guck am besten auch keine Nachrichten."

Tim nickte.

„Gehst du morgen zum Arzt?"

„Ja, ich versuchs mal ohne Termin. Das klappt bei meiner Ärztin meistens."

„Okay, bis dahin ist es ja nicht mehr lang. Solltest du wieder unruhig werden, gehst du einfach wieder spazieren. Vielleicht hörst du ein bisschen Musik dabei oder ein Hörbuch. Und abends, wenn du schlafen gehst, trinkst du am besten ein Glas heiße Milch mit Honig. Glaub es oder nicht, aber mir hilft das immer hervorragend, zur Ruhe zu kommen."

„Ich werds ausprobieren!"

„Und ich glaube ja, dass es dir auch helfen könnte, mit einem Therapeuten zu sprechen. Jedenfalls hat mir das damals sehr geholfen. Meinst du, das wäre was für dich?“

„Ich schätze schon.“

„Mach das! Wenn wieder was ist, ruf mich einfach an!“

„Okay, danke dir!“

„Und halt mich auf dem Laufenden, vor allem, was die Therapeutensuche betrifft. Ich drück dir die Daumen!“

Vor seiner Wohnung verabschiedeten sie sich.

Tim hielt sich an ihre Empfehlungen, und es klappte. Zwar spürte er die Unruhe wellenartig auf- und wieder absteigen. Aber der Gedanke, dass er morgen zum Arzt gehen würde und daran, dass er notfalls Jessy anrufen konnte, beruhigten ihn einigermaßen, sodass er tatsächlich ohne weitere Zwischenfälle durch den Rest des Tages und durch die Nacht kam.

Als er allerdings am folgenden Morgen erwachte, spürte er wieder eine heftige Nervosität in sich, und mit ihr kam die Angst vor der nächsten Panikattacke. Ziemlich hektisch machte er sich fertig und eilte zur Praxis seiner Hausärztin Frau Doktor Lüdenscheid. Am Empfang meldete er sich an, setzte sich ins Wartezimmer und versuchte, ruhig zu atmen und seine Unruhe im Zaum zu halten. Dass er in einer Arztpraxis saß, beruhigte ihn halbwegs. Als die Sprechstundenhilfe ihn schließlich aufrief, sprang er geradezu auf und eilte zum Sprechzimmer. Die Ärztin sah ihn leicht irritiert an, als er so hereinstürzte. Sie war eine schlanke Endfünfzigerin mit einer schmalen schwarzen Brille und ebenso schwarzen Haaren. Tim mochte sie, weil sie nett und warmherzig war, einen kompetenten Eindruck machte und sich immer viel Zeit für ihn nahm.

„So ungestüm?", fragte sie. „Was führt Sie zu mir?"

Tim erzählte von seinen Panikattacken – und auf Nachfrage der Ärztin auch von den Sorgen, die er in den vergangenen Monaten gehabt hatte: Pandemie, Krieg, Klima, Wirtschaftskrise.

„Da sind Sie beileibe nicht der Einzige", erwiderte sie. „Meine Praxis ist voll von Patienten mit dieser Problematik. Die Welt ist aus den Fugen, und das macht was mit den Leuten."

Sie stellte ihm einige Fragen zum körperlichen Gesundheitszustand, zu Medikamenten und Allergien, bis sie schließlich das verordnete, was Jessy schon erwähnt hatte: Sie empfahl eine Psychotherapie und verschrieb ihm ein Antidepressivum.

„Wieso eigentlich ein Antidepressivum?", wollte Tim wissen. „Ich meine, ich habe ja keine Depression."

„Das Medikament wirkt bei Angststörungen und Depressionen gleichermaßen. Die beiden Krankheitsbilder sind miteinander verwandt und gehen oft Hand in Hand. Das liegt daran, dass im Gehirn ähnliche biochemische Prozesse ablaufen."

„Okay... und was heißt das konkret? Was stimmt nicht in meinem Kopf?"

„Nun... Sie haben ja gesagt, dass Sie sich in den letzten drei Jahren eine Menge Sorgen gemacht, viel gegrübelt haben und Angst hatten. So etwas geht nicht spurlos am Gehirn vorbei. Vor allem dann nicht, wenn man nicht aktiv für Entspannung und Ausgleich sorgt.

Sehr vereinfacht gesagt führt so ein Dauerstress dazu, dass der Botenstoffhaushalt im Gehirn aus den Fugen gerät. Das Gehirn ist sozusagen permanent im Hochbetrieb und im Alarmzustand. So kommt es zu einem übersteigerten Verbrauch an Botenstoffen wie Serotonin und Noradrenalin. Die Folge ist dann eine Mangellage dieser sogenannten Neurotransmitter.

Daraus können unterschiedlichste gesundheitliche Probleme entstehen. Panikattacken wie bei Ihnen, generalisierte Angststörungen, Depressionen, Schlafstörungen, Zwangsstörungen – die ganze Palette. Manche Leute sind einfach emotional durch den Wind und fühlen sich freudlos, gestresst und reizbar, und das führt dann zu teilweise massiven Problemen in Beziehungen und Familien – bis hin zu häuslicher Gewalt."

„Verstehe."

„Leider haben wir in den letzten zwei, drei Jahren einen starken Anstieg solcher Probleme in der Gesellschaft erlebt. Die Zahl der psychischen Erkrankungen ist in Deutschland so hoch wie nie zuvor. In den fast drei Jahren Pandemie haben wir alle eine Menge Sorgen und Ängste gehabt. Manch einer hat sogar Freunde oder Verwandte verloren. Und kaum hatten wir geglaubt, dass dieser Spuk endlich ausgestanden war, kam der Ukrainekrieg – und mit ihm die Angst vor einem Weltkrieg, womöglich mit Atomwaffen. Manche

Menschen können einigermaßen gut mit solchem Stress umgehen, andere wiederum haben nicht gelernt, Stress auf gesunde Art zu verarbeiten. Und dann kommt es zu der besagten Mangellage im Gehirn."

„Okay, und dagegen helfen also Antidepressiva?"

„Genau. Medikamente der Sorte, die ich ihnen verschrieben habe, haben zunächst eine beruhigende Wirkung und sorgen dafür, dass die Neurotransmitter nicht mehr so exzessiv verheizt werden. Die Konzentration dieser Botenstoffe in den Nervenbahnen steigt wieder an, und der Botenstoffhaushalt normalisiert sich. Ein dauerhafter Effekt tritt erst nach rund zwei bis drei Wochen ein. Die akute Angst und Unruhe wird aber schon bei der ersten Einnahme gelindert – wegen der sedierenden Wirkung."

„Okay. Verstehe."

„Wichtig ist zu verstehen, dass Angststörungen wie ihre Panikattacken zu unterscheiden sind von normaler Angst. Denn Angst ist ein ganz und gar gesundes Gefühl, das uns beschützt und das Energie freisetzt, um uns gegen gefährliche Situationen zu verteidigen – oder notfalls zu fliehen. Eine Angst*störung* hingegen entsteht durch ein aus den Fugen geratenes Nervensystem – so wie ich es eben erklärt habe. So etwas hat Krankheitswert und bedarf einer Behandlung."

Tim nickte.

„Außerdem ist es wichtig für Sie zu wissen, dass die Medikamente nur auf der biochemischen Ebene wirken. Damit behandeln wir also nur die Symptome. Mindestens ebenso wichtig ist es, dass Sie im Rahmen einer Psychotherapie ergründen, was genau Sie überhaupt so weit gebracht hat und was Sie in Ihrem Leben verändern sollten, damit es nicht wieder soweit kommt."

„Moment... die Ursachen haben wir doch schon geklärt: Pandemie, Krieg..."

„Richtig, darüber haben wir gesprochen. Aber diese Dinge sind nicht die *Ursachen* ihrer Störung, sondern nur die äußeren *Auslöser.* Die eigentliche Ursache ist zu suchen in Ihrer persönlichen Art, mit Stress umzugehen. Die Frage ist: Was für problematische Denk- und Verhaltensmuster prägen Ihre Lebensweise? In manchen Fällen ist es so, dass Menschen in schwierigen Verhältnissen aufgewachsen sind und in ihrer Kindheit Strategien entwickelt haben, mit Herausforderungen umzugehen, die ihnen dann im Erwachsenenalter Probleme bereiten, also zum Beispiel Verdrängung, Vermeidungsverhalten, aber auch Streitlust – da gibt es eine ganze Menge. Der entscheidende Punkt ist, dass Sie diese Strategien durchschauen und lernen, Stress auf *gesunde* Art zu managen. Und dafür ist die Therapie sehr hilfreich."

Tim nickte.

„Was ansonsten gegen die akute Panik hilft, ist körperliche Betätigung. So bauen Sie Stresshormone ab und kommen zur Ruhe."

„Okay", erwiderte Tim.

„Und eine Sache noch", setzte sie hinzu, „das Antidepressivum sollten Sie möglichst nicht abrupt absetzen – sonst könnten Sie direkt wieder Panikattacken bekommen. Es ist wichtig, es sanft auszuschleichen, also die Dosis allmählich zu reduzieren – und zwar in Absprache mit mir."

Sodann gab sie ihm eine Liste mit Therapeuten und riet ihm, sich darauf gefasst zu machen, dass es in dieser verrückten Zeit eine echte Herausforderung sei, jemanden zu finden, der überhaupt freie Termine habe. Sie empfahl ihm, hartnäckig zu sein, nicht zu schnell aufzugeben und wünschte ihm viel Erfolg.

Sofort eilte er in die Apotheke, um sich das Medikament zu holen, das er allerdings wegen seiner sedierenden Wirkung erst abends einnehmen sollte. Wieder zuhause angekommen telefonierte er die Liste ab. Wie angekündigt erlebte er einige Fehlversuche, bis er schließlich eine Therapeutin fand, die ihm direkt für den folgenden Tag einen freien Termin anbieten konnte, da ein Klient abgesagt hatte. Angelika Seidel hieß die Gute und hatte ihre Praxis im Nachbarbezirk Schöneberg.

Abends nahm er seine erste Dosis des Antidepressivums. Es machte ihn etwas schummerig und müde, und so schlief er abends ziemlich zeitig ein. Am folgenden Morgen fühlte er sich angeschlagen, so als hätte er einen leichten Kater, doch seine Unruhe war spürbar milder.

Am späten Vormittag fand er sich in der Therapiepraxis von Frau Seidel ein. Sie lag in einer ruhigen Seitenstraße im Erdgeschoss eines ziemlich tristen Nachkriegsbaus. Er betrat den Hausflur, und gerade als er an der Praxistür klingeln wollte, öffnete sich die Tür, und eine Frau mittleren Alters mit verweinten

Augen kam heraus, grüßte ihn einsilbig und verschwand dann auf der Straße. Im nächsten Moment erschien eine weitere Frau in der Tür: Sie war um die Vierzig, klein und zierlich, hatte ihre blonden Haare zum Zopf gebunden und trug eine dunkelgraue Bluse zu hellgrauen Jeans. Ihr Gesicht war schmal, ihr Lächeln wirkte ein wenig aufgesetzt.

„Sie sind Herr Weber?", fragte sie.

„Ja genau."

„Seidel!", sagte sie, reichte ihm die Hand und bat ihn ins Behandlungszimmer. Durch einen schmalen Korridor ging es in einen mittelgroßen Raum, der im Ganzen etwas unordentlich wirkte: Ein Schreibtisch, auf dem sich Bücher und Unterlagen stapelten nebst zahlreicher Schreibutensilien; Regale, die vollgestopft waren mit Büchern und Ordnern; und dann waren da zwei bequeme braune Ledersessel, die sich gegenüberstanden, dazwischen ein Tischchen.

Die Therapeutin bat ihn, Platz zu nehmen, und sie setzte sich ihm gegenüber:

„Was führt Sie zu mir?"

Tim schilderte, was er zuvor auch der Ärztin erzählt hatte, während Frau Seidel sich eifrig Notizen machte. Eine Reihe von Zwischenfragen zog weitere Notizen nach sich. Schließlich erklärte sie, dass er es richtig gemacht hatte, sich an sie zu wenden.

„Es wird gut sein", sagte sie, „wenn ich Ihnen erst einmal erkläre, was da eigentlich genau mit Ihnen los ist."

„Okay...", erwiderte Tim.

Sie begann nun mit einigen Ausführungen, die ziemlich genau dem entsprachen, was er auch schon von seiner Hausärztin gehört hatte. Er spürte den Impuls, sie zu unterbrechen, aber etwas hinderte ihn daran: Frau Seidel redete mit einem irgendwie schroffen, resoluten Tonfall, und er hatte das Gefühl, dass man allzu leicht mit ihr in Konflikt geraten würde, wenn man nicht nach ihrer Pfeife tanzte. Sie sprach sehr ausführlich und hatte offensichtlich viel Freude am Referieren. Tim fragte sich, ob sie im Hörsaal nicht besser aufgehoben wäre als im Therapiezimmer, wo er doch mehr Dialog erwartet hätte als so viel Monolog.

Als sie schließlich ihren Vortrag beendet hatte, sagte sie, dass sie es für angebracht hielte, wenn sie sich zweimal die Woche sähen. Sie machte mit ihm einige Termine, und dann verabschiedete sie Tim.

Nach der Therapie rief er Jessy an, und sie verabredeten sich zu einem Spaziergang.

Die Sonne schien golden, als sie sich nachmittags am Schlachtensee im Berliner Südwesten trafen. Sie begrüßten sich und liefen dann den Spazierweg am Seeufer entlang..

„Also, erzähl!", sagte Jessy, „wie wars bei deiner Therapeutin?"

„Tja...", fing er an.

„Dein Gesicht wirkt nicht gerade begeistert."

„Wie soll ich sagen... die Frau ist... speziell."

„Aha?"

Tim schilderte seine Eindrücke und wie die Stunde abgelaufen war.

„Niemand ist perfekt!", lachte Jessy. „Du musst sie ja nicht heiraten. Gib ihr `ne Chance. Vielleicht musst du erst mit ihr warm werden."

„Vermutlich...", brummte er und fragte dann: „Und wie geht's *dir*?"

„Ach...", erwiderte sie abwinkend. „Same old, same old. Gwen hat sich natürlich nicht gemeldet..."

Sie schluckte und atmete tief durch. Dann fuhr sie fort: „Hör mal, ich habe mir was überlegt."

„Schieß los!"

„Ich würde gerne mit dir zusammen eine Strategie ausarbeiten, wie ich sie nochmal zu einem Treffen bewegen kann. Ich glaube, es gibt noch eine Menge Missverständnisse zwischen uns. Einen Haufen unausgesprochener Sachen. Ich weiß jetzt, dass ich mich für ein paar Dinge entschuldigen muss. Und ich bin inzwischen überzeugt: Wenn wir das alles besprechen, dann gibt es einen Weg zurück."

„Hmm, das kann natürlich sein. Was ist denn überhaupt zwischen euch passiert?"

„Die ersten zwei, drei Jahre waren absolut traumhaft. Wir waren ein Herz und eine Seele. Aber irgendwann fing es an, dass sie oft genervt war und wir uns immer öfter stritten, meist wegen irgendwelcher Kleinigkeiten. Ich habe sie dann darauf angesprochen, und sie meinte, dass ihr das mit mir zu eng geworden sei und dass sie mehr Zeit für sich brauche. Sie hat zwar immer versichert, dass sie mich noch liebt, und das habe ich ihr auch geglaubt. Aber irgendwie war mein Bedürfnis, Zeit mit ihr zu verbringen größer als ihres. Ich habe das damals nicht so richtig verstanden, und deswegen gab es viel Streit zwischen uns. Bis sie irgendwann meinte, dass ihr das zu anstrengend wird. Und sie hat sich getrennt. Das war vor ungefähr zwei Jahren."

Jessy atmete durch und fuhr fort:

„Wir waren etwa zwei Monate auseinander, und ich war komplett mit den Nerven runter. Ich habe es einfach nicht verstanden. Dann rief sie mich plötzlich völlig verheult an und sagte, dass sie mich schrecklich vermisse. Es dauerte nicht lange, und wir waren wieder zusammen. Ich nahm mich bewusst mit meinen Erwartungen zurück, und einige Wochen ging es gut – bis sich herausstellte, dass sie in unserer Beziehungspause was mit einer anderen gehabt hatte... Ich weiß schon. Wir waren nicht zusammen, und sie konnte machen, was sie wollte. Das Problem war bloß, dass sie nach unserer Versöhnung weiterhin mit ihr Kontakt hatte. Und bald wurde klar, dass sie sich immer wieder mit ihr getroffen hat."

„Oh... und ist was mit der anderen gelaufen, während ihr wieder zusammen wart?"

„Gwen hat beteuert: Nein. Aber irgendwie habe ich ihr nicht geglaubt. Die Folge war, dass wir nun immer wieder Streit hatten deswegen. Sie wollte den Kontakt mit ihr nicht aufgeben und meinte, ich wäre zu eifersüchtig und besitzergreifend und würde sie einengen. Naja, und dann hat sie sich eben endgültig getrennt."

Tim dachte nach und sagte:

„Tja, klingt alles ein bisschen verkorkst. Ich persönlich bin eher skeptisch, ob es noch was bringt, eine Beziehung aus so einer verfahrenen Situation heraus zu retten. Ich denke, du solltest damit abschließen."

„Das sagt sich so leicht."

„Ich weiß genau, was du durchmachst. Bei meiner Trennung war das genauso: Ich habe mich monatelang an der Hoffnung festgeklammert, dass wir wieder zusammen kommen, und es hat lange gedauert, bis ich sie endlich loslassen konnte. Aber im Grunde verlängert die Hoffnung nur das Leiden. Je eher du die Trennung akzeptierst, desto besser."

„Das glaube ich dir alles. Aber ich bin nicht du. Bei mir und Gwen ist das anders. Das war etwas ganz Besonderes!"

„Klar. Du hast Recht."

„Also", sagte sie, nachdem sie tief durchgeatmet hatte, „ich habe vor, ihr einen Brief zu schreiben. So richtig per Hand, auf schönem Briefpapier, ganz alte Schule. Mit diesem Brief will ich sie dazu bringen, sich nochmal mit mir zu treffen und mit mir zu reden."

Tim nickte.

„Und du musst mir dabei helfen! Schließlich bist du Journalist und ein Mann des Wortes!"

Er überlegte kurz und sagte:

„Ich bin zwar nicht sicher, ob das die richtige Art Hilfe ist, aber klar helfe ich dir. Schließlich bin ich dir was schuldig!"

„Du bist ein Schatz! Am besten setzen wir uns irgendwo rein."

„Meinetwegen."

Sie gingen zu einem Biergarten, der am Seeufer gelegen war, und dort verbrachten sie geschlagene zweieinhalb Stunden damit, einen Brief zu verfassen. Jessy war begeistert von einigen Formulierungen, die Tim gelungen waren, und sagte:

„Der Brief ist so toll geworden! Ich gehe jede Wette ein, dass sie anbeißt!"

„Ich wünsch dir Glück!", erwiderte Tim.

4

Zwei Tage später war wieder Therapiestunde. Nach einem kurzen Vorgespräch fing Frau Seidel an:

„Ich möchte Sie gern noch ein bisschen näher kennenlernen. Und zwar würde mich interessieren, wie Sie aufgewachsen sind. Erzählen Sir mir doch mal von Ihrer Kindheit."

Tim begann, unruhig auf seinem Sitz hin und her zu rutschen.

„Tja", brummte er, „was soll ich da erzählen...?"

„Hatten Sie eine schöne Kindheit?"

Er zögerte.

„Schon, denke ich."

„Schon, denken Sie? Das klingt wenig überzeugt."

Tim schwieg.

„Hmm...", machte Frau Seidel und schrieb etwas auf. Dann fuhr sie fort: „Ist es Ihnen unangenehm, das Thema?"

„Also... Von mir aus müssen wir nicht darüber reden."

„Nun hören Sie mal, Herr Weber!“, sagte sie in einem Ton, der für Tims Geschmack einen Tick zu schroff war. „Sie können schlecht in einer Therapiestunde sitzen und sagen, Sie möchten nicht über Ihre Kindheit reden. Das ist ein elementarer Teil der Arbeit!“

Tim fühlte sich abgekanzelt wie ein Schuljunge. Das Bedürfnis, über persönliche Dinge zu reden, wurde dadurch nicht gerade gesteigert. Er schwieg.

„Es wird wichtig sein, dass Sie sich ein bisschen mehr öffnen!“, sagte sie und sah ihn mit eindringlichem Blick an.

„Okay...“, sagte er. „Aber vielleicht nicht gerade heute. Ich hatte vor Kurzem Panikattacken, und habe gerade erst angefangen, ein Antidepressivum zu nehmen. Geben Sie mir ein bisschen Zeit, bitte.“

„Gut, vertagen wir das. Kommen wir stattdessen zu etwas anderem. Es ist wichtig, dass Sie lernen, sich aktiv zu entspannen. Und ich werde Sie dabei unterstützen!“

Tim musste fast loslachen. Beim Entspannen unterstützen?! Bis jetzt hatte Sie das glatte Gegenteil erreicht.

„Ich möchte Sie mit einigen Meditationstechniken vertraut machen.“

„Ah...“, machte er. Das hatte ihm gerade noch gefehlt. Meditation! Für ihn war das nichts als esoterischer Hokuspokus, und er spürte, wie sich sein Inneres noch mehr anspannte bei dem Gedanken, sich auf diese Art entspannen zu sollen.

„Nehmen Sie mal eine aufrechte Haltung an. Füße fest auf den Boden, den Rücken gerade, die Schultern zurück, schließen Sie die Augen, und dann atmen Sie bewusst und langsam ein und aus."

So tat Tim, während er sich fragte, in was er da rein geraten war.

„Jetzt lenken Sie Ihre Aufmerksamkeit auf die Umgebungsgeräusche! Achten Sie genau darauf, was Sie hören!"

Sie sprach mit einem Ton, den sie selbst vermutlich als angenehm sanft und beruhigend hielt, der aber irgendwie unangenehm und penetrant klang und Aggressionen in ihm auslöste. Widerwillig folgte er ihren Anweisungen.

So ging das weiter, und er konnte das Ende der Übung kaum abwarten, aber es zog sich quälend lang hin. Als sie schließlich zum Abschluss kamen, fragte sie:

„Und, wie fühlen Sie sich?"

„Erleichtert, dass diese Folter ein Ende hat!", dachte er, sprach es aber nicht aus. Stattdessen sagte er: „Joa, ganz gut eigentlich!"

„Na, wunderbar!", lächelte sie. „Dann wird Ihre Hausaufgabe sein, ab jetzt jeden Tag 30 Minuten Meditationsübungen zu machen."

Tim zuckte innerlich zusammen.

„Ich habe zu diesem Zweck für meine Patienten eine CD aufgenommen. Ich kann Ihnen eine kostenlos zur Verfügung stellen."

„Gut, gut", zwang Tim sich zu sagen, und er versprach, seine Hausaufgaben brav zu machen.

„Wunderbar!“, sagte sie, „dann schließen wir die Stunde für heute und sehen uns in drei Tagen wieder!“

Einige Zeit später saß Tim auf seinem Sofa und glotzte eine Serie, als Jessy anrief.

„Wie wars bei der Therapie?“, wollte sie wissen.

„Ach, es geht…“, erwiderte er missmutig und fragte seinerseits: „Was viel interessanter ist: Hat Gwen sich auf deinen Brief gemeldet?“

„Bisher nicht“, sagte Jessy geknickt. „Aber vielleicht ist er ja auch noch nicht angekommen. Die Post ist ja manchmal etwas langsam zurzeit.“

„Tja… abwarten.“

„Aber jetzt sag doch mal, wie war die Therapie?“

Tim erzählte von der Sitzung und schloss:

„Die Frau soll mich ja eigentlich entspannen – aber wenn ich da raus komme, bin ich angespannter als vorher. Das kanns ja wohl nicht sein.“

„Nein“, lachte Jessy. „Das stimmt schon. So wie du das erzählst, könnte ich mich auch nicht entspannen. Aber Meditieren ist eigentlich schon eine gute Sache.“

„Also meditierst du?“

„Nein, schon seit längerer Zeit nicht mehr. Aber damals, als ich wegen meiner Angstzustände Therapie gemacht habe, da habe ich regelmäßig meditiert und auch andere Entspannungstechniken ausprobiert.“

„Und hat das was gebracht?“

„Ich meine schon.“

„Ganz ehrlich: Für mich ist das nichts.“

„Das heißt, du wirst die tolle CD von deiner Therapeutin nicht benutzen?"

„Keine Chance."

„Aber du wirst schon weitermachen mit deiner Therapie, oder?"

Er überlegte und erwiderte:

„Also, wenn ich wirklich ehrlich sein soll – ich denke eher nicht."

„Vielleicht brauchst du nur einen anderen Therapeuten, Schrägstrich: Therapeutin."

„Möglich, aber... ich weiß nicht... ich bin einfach nicht der Typ für sowas."

Sie schien einen Moment lang zu überlegen und fragte:

„War außer der Meditation noch irgendwas anderes, das dich genervt hat?"

Tim wusste sofort, was er hierauf ehrlicherweise antworten müsste, aber stattdessen behauptete er:

„Nö, eigentlich nicht."

„Komm schon, ich kann geradezu hören, dass es da etwas gibt."

Er schwieg.

„Raus mit der Sprache!"

„Okay... sie hat mich nach meiner Kindheit gefragt."

„Und das hat dich gestresst?"

„Ja."

„Okay, kann ich verstehen. Kindheit ist auch nicht gerade *mein* Lieblingsthema."

„Sie hat ziemlich klar gemacht, dass ich in der Therapie nicht um dieses Thema herumkomme. Ich habe aber absolut keinen Bock, darüber zu reden. Also..."

„Das heißt, du wirst die Therapie abbrechen und auch keinen Ersatz suchen?"

„Darauf wird es wohl hinauslaufen."

„Tja, ich weiß nicht, ob ich das gut finde. Was willst du stattdessen gegen deine Angstzustände machen?"

„Ich nehme doch dieses Medikament. Das scheint echt gut zu helfen."

„Das mag sein. Aber damit kurierst du ja nur an den Symptomen herum. Es ist wichtig, auch an die *Ursachen* des Problems ranzugehen. Nicht umsonst besteht ja die Behandlung von Angstzuständen aus Medikamenten *und* Therapie."

„Möglich. Aber ich glaube, eine Therapie würde bei mir alles nur noch schlimmer machen."

Sie überlegte eine Weile und erwiderte schließlich:

„Tja, du weißt am besten, was gut für dich ist. Vielleicht bist du einfach noch nicht bereit dafür. Manchmal ist es besser, seiner Intuition zu folgen und sich nicht mit Sachen zu konfrontieren, die man jahrelang verdrängt hat. Ich finde es zwar problematisch, aber du wirst deine Gründe haben."

„Können wir jetzt von was anderem reden?"

„Klar."

Sie unterhielten sich noch eine Weile über Belangloses, dann verabschiedeten sie sich.

Kaum zwei Stunden später rief Jessy wieder an.

„Sie hat geantwortet!", brachte sie mühsam hervor und kämpfte hörbar mit den Tränen.

„Soll ich vorbeikommen?", fragte Tim.

„Ja!"

Tim brauchte etwa eine Viertelstunde, um zu ihr zu gelangen. Er war neugierig zu sehen, wie sie lebte.

Er parkte vor ihrem Haus. Sie wohnte in einem urigen Altbau in einer grünen Seitenstraße. Er klingelte und stieg dann durch das leicht renovierungsbedürftige Treppenhaus in die zweite Etage, wo Jessy ihn mit blassem Gesicht erwartete.

„Guck mich lieber nicht so genau an!", sagte sie.

Er nahm sie fest in den Arm, dann führte sie ihn ins Wohnzimmer. Es war offensichtlich, dass sie erst vor Kurzem eingezogen war. Wie es aussah, stammte der größte Teil ihrer Möbel von dort, wo er sie kennengelernt hatte. Die Wände waren noch kahl, und hier und da standen Umzugskisten herum. Sie setzten sich auf ihr schwarzes Ledersofa.

„Seit wann wohnst du hier?", wollte er wissen.

„Seit vier Wochen", gab sie zurück. „Ich weiß schon, es gibt noch Einiges zu tun, aber..."

„Aber was?"

„Aber mir fehlt manchmal irgendwie die Kraft – du weißt schon, wegen der Trennung."

„Dann sag mal, was hat sie geschrieben?"

Jessy holte ihr Handy hervor und zeigte ihm Gwens Nachricht.

„Liebe Jess", stand da, „danke für deinen ausführlichen Brief und für deine Offenheit und alles. Ich muss dir aber sagen, dass ich es für keine gute Idee halte, dass wir uns nochmal treffen. Wir haben uns getrennt, und dabei wird es bleiben. Ich weiß, dass es dir schwerfällt, das zu akzeptieren, aber es ist so. Ich fände es am besten, wenn wir ab jetzt keinen Kontakt mehr haben. Alles andere macht es für uns beide nur unnötig schwer. Ich wünsche dir von Herzen alles Gute!"

„Das klingt ziemlich endgültig", sagte Tim.

„Ich kann einfach nicht glauben, dass es vorbei ist! Warum?!", stieß Jessy hervor.

„Ich kann so gut nachvollziehen, wie sehr das weh tut", sagte Tim, „mir ging es vor ein paar Monaten genauso. Aber ich kann dir versichern: Der Schmerz wird von Tag zu Tag weniger, und irgendwann wachst du auf, und du bist wieder frei."

Jessy nickte.

„Allerdings ist es wichtig, dass du die Trauer nicht unnötig in die Länge ziehst."

„Wie meinst du das?"

„Für mich sieht es so aus, als würdest du dich mit allen Kräften an die Hoffnung klammern, dass ihr wieder zusammen kommt."

„Ja, natürlich tue ich das. Ich liebe sie, wie ich noch nie jemanden geliebt habe."

„Das glaube ich dir... Sag mal, hast du schon mal von den vier Phasen der Trennung gehört?"

„Ja, sagt mir irgendwas. Ich weiß aber nicht mehr, wie das war."

„Willst du was darüber hören?"

„Klar. Warum nicht?"

„Okay. Also, die erste Phase ist geprägt von Verleugnung. Die Betroffenen wollen nicht wahrhaben, dass die Trennung endgültig ist und kämpfen verzweifelt für die Beziehung."

Jessy räusperte sich.

„So gesehen", fuhr Tim fort, „ist es ganz normal, was du gerade durchmachst. In dieser Phase besteht die Aufgabe darin, zu lernen die Trennung zu akzeptieren und den geliebten Menschen loszulassen. Und je eher du das hinbekommst, desto eher wirst du auch den Trennungsschmerz hinter dir lassen. Problematisch wird es, wenn du in dieser Phase stecken bleibst. Dann zieht sich alles unnötig in die Länge, und im schlimmsten Fall droht eine ausgewachsene Depression."

Jessy schüttelte sichtlich frustriert den Kopf und fragte:

„Was ist Phase 2?"

„Wenn du die Trennung akzeptiert hast, kann es passieren, dass du in ein ziemliches Gefühlschaos gerätst."

„Das habe ich ja jetzt schon."

„Klar. Die Phasen sind ja auch nicht streng von einander getrennt. Es gibt auch Überschneidungen, Rückfälle und so was. Jedenfalls kann es gut sein, dass du in Phase 2 auch mal `nen gepflegten Wutanfall hast oder so. Die Aufgabe in dieser Phase ist es, nicht gegen die Gefühle anzukämpfen oder sie zu verdrängen, sondern ihnen den Raum zu geben, den sie brauchen, damit sie ungehindert abfließen können, sozusagen."

„Okay... und Phase 3?"

„Moment mal kurz", sagte Tim, „eine Frage zum Thema Gefühle abfließen lassen."

„Ich ahne schon, was du sagen willst."

„Mir ist aufgefallen, dass du nie richtig weinst. Man merkt, dass du manchmal kurz davor bist, aber du unterdrückst es."

„Ich weiß schon. Ich hasse es einfach, zu weinen."

„Aber das ist ungesund."

„Schon klar. Bitte weiter. Was ist mit Phase 3?"

Tim sah sie noch einen Moment stutzig an, dann fuhr er fort:

„In Phase 3 bricht langsam die Sonne durch die Wolken. Das Gefühlschaos lässt nach, und du hast die Chance, dein Leben allmählich wieder in den Griff zu bekommen. In dieser Phase kommt es darauf an, dass du aktiv dein Leben gestaltest und dich konstruktiv auf dich selbst besinnst. Und wenn du das erfolgreich absolviert hast, dann kommt Phase 4: Der Neuanfang. Du bist emotional frei, hast die Trennung verarbeitet und bist bereit für die nächste Beziehung."

„Klingt alles ganz plausibel..."

„Und je besser du die Aufgaben der einzelnen Phasen erfüllst, desto schneller hast du das alles hinter dir. Deswegen wird es gut sein, wenn du deine erste Aufgabe in Angriff nimmst: Die Trennung zu akzeptieren."

„Das sagt sich so leicht. Aber wie soll ich das anstellen?"

„Bei einer Trennung ist es ganz ähnlich wie bei einer Sucht: Man glaubt, dass man ohne die Droge nicht leben kann, und der Entzug ist grausam. Aber auch bei einer Droge kommt man nur dann davon los, wenn man wirklich konsequent die Finger davon lässt. Und man muss alles vermeiden, was das Verlangen nach der Droge triggern könnte."

„Und was heißt das konkret?"

„Alles, was dich an Gwen erinnert, muss aus deinem Umfeld verschwinden, weil es dich jedes Mal triggert. Heißt konkret: Entfreunden bei Facebook und Co.! Auf dem Handy den Kontakt löschen, sämtliche Fotos, Chats und alles, was dich an sie erinnert: Weg damit! Geschenke und Erinnerungsstücke ausnahmslos in eine Kiste packen und verschwinden lassen. Kurz gesagt: Totaler Kahlschlag."

„Oh mein Gott – das ist ein Albtraum! Ich meine – nicht dass ich von diesem Tipp noch nie was gehört hätte, aber..."

„Aber es funktioniert!"

Jessy starrte ins Leere und schien nachzudenken. Nach einer Weile sagte sie:

„Hilfst du mir dabei?"

„Klar!"

Wieder überlegte sie und sagte schließlich:

„Okay. Lass es uns hinter uns bringen!"

Sie schnappte sich eine der leeren Umzugskisten, dann gingen sie durch die Zimmer und packten ein Stück nach dem anderen ein. Jessy war deutlich anzumerken, wieviel Kraft sie diese Prozedur kostete. Ein ums andere Mal wandte sie ein Foto, ein Buch oder ein Geschenk in der Hand hin und her. Zu einigen

Teilen erzählte sie die dazugehörige Geschichte und rang mit den Tränen.

Als sie alle Räume von Erinnerungen befreit hatten, fragte Tim:

„Was ist mit den Umzugskisten? Könnte da noch was drin sein?"

„Gute Frage. Ich fürchte, die müssen wir auch noch mal durchgehen."

„Kein Problem."

„Wird eh Zeit, dass ich das mal angehe. Sorry, dass ich dich damit behellige!"

„Überhaupt kein Problem. Ich helfe dir gerne."

Stück für Stück leerten sie die Kisten, und der Inhalt wanderte entweder in die Gwen-Kiste oder an seinen neuen Platz in der Wohnung oder in einer weiteren Kiste für den Keller.

Als sie schließlich auch das erledigt hatten, fragte Jessy:

„Was mache ich jetzt damit?"

„Spenden, verkaufen oder wegschmeißen. Hauptsache raus aus deinem Leben."

„Ich weiß nicht, ob ich das kann."

„Das musst du entscheiden."

„Und wenn ich die Kiste erstmal in den Keller stelle?"

„Die Frage ist: Wirst du dann nicht doch irgendwann in den Keller schleichen und darin stöbern?"

„Gute Frage... Ich glaube eigentlich nicht."

„*Eigentlich* nicht...", wiederholte Tim grinsend.

„Wirklich! Ich werde tapfer bleiben und die Kiste nicht mehr anrühren."

„Also gut! Hauptsache, du hast diese ganzen Dinge nicht ständig um dich rum!"

Zusammen mit den übrigen Kisten trugen sie die Gwen-Kiste in den Keller.

„Operation Beziehungskiste abgeschlossen!", grinste Tim.

„Ganz schlechter Dad-Joke!", gab Jessy zurück.

„Ich weiß...", lachte er.

Als sie wieder oben in der Wohnung waren, sagte Tim:

„Jetzt noch das Handy!"

„Echt jetzt?!"

Sie spielte nervös mit ihrem Armbändchen herum.

„Willst du frei werden oder nicht?"

„Okay...", stöhnte sie und holte das Handy hervor. Zögerlich begann sie, die Social-Media-Kanäle mit Gwen zu kappen und entfernte alle Chats mit ihr.

„Und jetzt löschst du noch ihren Kontakt."

„Wie krass!"

Er schaute sie an.

„Das kann ich nicht!"

„Ich weiß, das ist hart. Aber glaub mir. Es ist wichtig! Sie hat klar gesagt, dass sie eh keinen Kontakt mehr will. Also..."

Sie starrte ihn an, ihr Körper bebte. Schließlich nahm sie alle Kraft zusammen, ächzte hörbar und löschte den Kontakt.

„Du kannst sehr stolz auf dich sein!", sagte Tim und streichelte ihren Oberarm.

„Danke. Fühlt sich trotzdem echt blöd an."

„Aber du hast den ersten Schritt getan, dass es dir besser gehen kann."

Eine Weile starrte sie vor sich hin, dann flüsterte sie:

„Ich wünschte, ich wäre jetzt ganz weit weg..."

Tim nickte, dachte nach und erwiderte:

„Vielleicht ist das gar keine so schlechte Idee. Als ich damals Trennungsschmerz hatte, hat mir jemand genau das geraten: in den Urlaub zu fliegen und mal alles hinter mir zu lassen. Und genau das habe ich dann auch gemacht. Einen klassischen Tapetenwechsel."

„Wirklich? Wo bist du hin?"

„Ich bin für drei Wochen nach Südspanien geflogen, an die Costa del Sol."

„Wie schön! Ganz alleine?"

„Ja."

„Okay, das ist mutig."

„Aber es hat geholfen. Und ich habe schnell Anschluss gefunden – ich war in so einem Clubhotel für Singles mit Animationsangebot, und so bin ich ganz easy unter Leute gekommen. Das hat mir wirklich gut getan, und es hat mich in diesem Trauerprozess ein ganzes Stück weitergebracht."

Jessys Miene hatte sich ein wenig aufgehellt:

„Vielleicht sollte ich das machen... verreisen!"

„Ja, vielleicht!"

5

Am folgenden Tag machte Tim gerade einen Abendspaziergang in seinem Viertel, als sein Handy klingelte. Es war Jessy.

„Hey Tim, hast du `nen Moment Zeit?"

Sie klang deutlich munterer als beim letzten Treffen.

„Ja klar!"

„Also, hör zu, ich habe nachgedacht über das, was du gesagt hast mit Verreisen und so. Und ich habe da eine Idee!"

„Klingt super!"

„Können wir uns treffen?"

„Jetzt?"

„Wenn es gerade passt?"

„Okay!"

Sie verabredeten sich wieder im Waffel-Café. Tim war ziemlich gespannt, was Jessy sich ausgedacht hatte. Immerhin schien es sich um etwas Außergewöhnlicheres zu drehen als einen All-Inklusive-Urlaub an der Costa del Sol.

Sie trafen sich vor der Tür, gingen rein und nahmen wieder am selben Tisch Platz, wo sie am Tag ihrer ersten Begegnung gesessen hatten.

Jessy strahlte. Zwar sah sie übermüdet aus und hatte ziemlich dunkle Schatten unter den Augen, aber sie schien euphorisch.

„Okay, jetzt bin ich wirklich gespannt, was du dir ausgedacht hast!", sagte er.

„Das kannst du auch sein! Also. Nachdem du das gesagt hast mit dem Urlaub, habe ich ein bisschen nachgedacht. Und da ist mir wieder eingefallen, was ich immer schon mal machen wollte. Es ist ein kleiner Traum von mir. Ich hatte nur in letzter Zeit nicht dran gedacht."

„Schieß los! Was ist es?"

„Sagt dir der Begriff *Appalachian Trail* etwas?"

„Was? Nein..."

„Übersetzt heißt das etwa: Appalachenpfad."

„Sagt mir immer noch nichts."

„Also, ich habe da mal eine Doku drüber gesehen und war sofort total angetan. Und zwar ist das ein sehr, sehr langer Wanderweg in Amerika. Er war für einige Jahrzehnte sogar der längste Wanderweg der Welt! Er führt im Osten der USA durch die Appalachen, und zwar vom Bundesstaat Georgia im Süden bis rauf nach Maine im Norden, durch insgesamt 14 Bundesstaaten, auf einer Länge von ungefähr 3.500 Kilometern."

„Wow!", sagte Tim. „Und jetzt sag nicht, dass du den ganzen Weg wandern willst."

„Nein!", lachte sie, „natürlich nicht. Obwohl es tatsächlich Leute gibt, die das machen."

„Wirklich? Wie lange dauert das?"

„Durchschnittlich fünf Monate."

Tim schüttelte lachend den Kopf.

„Also, wenn man das an einem Stück macht. Es gibt aber auch Leute, die den Weg häppchenweise laufen, und das über einen Zeitraum von mehreren

Jahren. Schließlich hat nicht jeder fünf Monate am Stück Zeit."

„Wohl wahr. Aber warum macht man sowas?"

„Tja, das ist eben die spannende Frage! Erstmal, weil man durch einmalig schöne Landschaften kommt. Hier, guck mal."

Sie zog ihr Handy raus und zeigte ihm Bilder. In der Tat reihte sich da ein Postkartenmotiv an das andere: Spektakuläre Blicke von Berggipfeln, märchenhafte Wälder, bizarre Felsformationen, dann auch Bilder von Wanderern, die vor Energie und Gesundheit nur so strotzten.

„Wahnsinn!", sagte Tim.

„Ja, oder? Naja, und dann ist es wohl so, dass du ein einmaliges Naturerlebnis hast. Du wanderst durch Gegenden, wo es teilweise im Umkreis von zig Meilen absolut nichts Menschengemachtes gibt – kein Haus, keine Straße, nichts."

„Echt? Aber wie soll das funktionieren?"

„Du musst natürlich einen großen Wanderrucksack mitnehmen, mit Lebensmittelvorräten, Zelt und Isomatte."

„Das heißt, man schläft im Zelt?"

„Klar! Außer, es gibt eine Ortschaft mit Hotel in der Nähe. Dann kann man auch mal in einem richtigen Bett schlafen und duschen und so."

„Krass."

„Es gibt aber auch eine Menge Schutzhütten, die alle paar Meilen aufgestellt sind. Das sind natürlich keine richtigen Häuser, sondern eher Bretterverschläge mit Dach und drei Wänden. Aber bei Unwetter bieten sie immerhin ein bisschen Schutz. Und wenn man Glück hat, und es ist nicht so voll, findet man darin auch ein Plätzchen zum Schlafen. Dann braucht man das Zelt nicht aufzubauen."

„Okay... und wenn man mal zur Toilette muss?"

„Dafür nimmt man einen kleinen Spaten und Toilettenpapier mit. Außerdem gibt es an den meisten Hütten Plumpsklos."

„Oh... klingt ja... abenteuerlich."

„Zimperlich darf man da nicht sein."

„Hmm...", machte Tim.

„Komm, es gibt wirklich Schlimmeres."

„Stimmt schon. Hört sich ansonsten alles ziemlich interessant an."

„Allerdings! Und die meisten Leute, die auf dem Weg gewandert sind, sagen, dass es das beeindruckendste Erlebnis ihres Lebens war, dass sie auf eine unbeschreiblich intensive Art mit sich selbst und der Natur in Kontakt gekommen sind – ja, dass es ihr Leben verändert hat. Leute, die vorher in einer Krise steckten, kamen gestärkt und mit neuem Leben wieder zurück."

Dabei zeigte sie mit einem vielsagenden Blick auf ihn und sich selbst.

„Je mehr ich darüber nachdenke", fuhr sie fort, „desto mehr glaube ich: Das ist perfekt für uns! Wir beide stecken in einer Krise, an einem Tiefpunkt – und so eine Wanderung ist die beste Medizin dagegen."

Tim nickte nachdenklich und fragte:

„A propos Angst... Ist das denn nicht auch ein bisschen gefährlich, so einsam im Wald? Was ist zum Beispiel mit wilden Tieren?“

„Naja...“, sie zögerte etwas, bis sie weitersprach: „Es gibt Wölfe – aber hey! Die kriegt man praktisch nie zu Gesicht. Die sind gegenüber Menschen total scheu, und es kommt extrem selten vor, dass sie Wanderer angreifen.“

„Beruhigend...“

„Und dann gibt es Bären.“

„Ach, wie nett...“

„Ja, aber keine Grizzlys oder so. In der Gegend gibt es nur Schwarzbären.“

„Und die sind ganz harmlos, oder wie?“

„Nein, harmlos sind die bestimmt nicht. Aber weniger gefährlich als Grizzlys, und man kann sich gut vor ihnen schützen.“

„Ah ja...“, gab Tim zurück.

„Wirklich, wenn man weiß, wie man sich richtig verhält, passiert einem nichts. Es gibt keinen Grund, Angst zu haben.“

Er überlegte.

„Habe ich auch nicht“, sagte Tim.

„Das ist die richtige Einstellung!“, sagte sie. „Übrigens gibt es natürlich auch Schlangen, sogar giftige.“

„Na super...“

„Aber nach dem, was ich recherchiert habe, kriegt man die praktisch nie zu Gesicht. Und wenn doch... - Schlangenbisse sind extrem selten, und für den unwahrscheinlichen Fall nimmt man ein Schlangenbiss-Set mit.“

„Okay", sagte er, „nehmen wir an, wir würden das wirklich machen. Du willst also in die USA fliegen und dann mit Sack und Pack wandern gehen. Hast du schon überlegt, wie lange?"

„Ich dachte so an sechs Wochen."

„Wow! Soviel Urlaub am Stück hatte ich noch nie. Ich bezweifle, dass das überhaupt geht."

„Wenn du es wirklich willst, findet sich ein Weg. Notfalls nimmst du unbezahlten Urlaub. Du hast ja Rücklagen, hast du gesagt."

„Ja, schon."

„Na also."

„Und welchen Teil des Weges willst du dann genau wandern?"

„Das müssten wir uns dann noch überlegen."

„Okay, und was kostet der Spaß etwa?"

„Tja, wir müssten die Flüge bezahlen, dann würden wir die Ausrüstung kaufen, bräuchten Geld für die Anreise zu unserer Wanderroute, dann Reservegeld für eventuelle Hotelübernachtungen, Proviant, Taxifahrten, Uber und so weiter, und natürlich noch eine eiserne Reserve für alle Fälle."

„Wie viel wäre das alles in allem? Konkret?"

„Das müssten wir mal ausrechnen. Aber das kann nicht die Welt sein. Nicht viel mehr als ein normaler Urlaub."

„Na, wir werden sehen."

„Und? Was sagst du?"

„Ich schätze, das muss ich erstmal sacken lassen."

6

Als Tim abends im Bett lag, ließ ihm Jessys Vorschlag keine Ruhe. Ohne Frage war das eine völlig verrückte Idee. Sechs Wochen lang in der Wildnis herumwandern, mitten durchs Gebirge... das war bestimmt wahnsinnig anstrengend. Und dann kannten sie beide sich ja auch kaum. Klar – sie war hilfsbereit, und er fand sie sympathisch... aber wenn sie dann allein im Wald waren – und aufeinander angewiesen – es war kaum absehbar, was dabei herauskommen mochte.

Und was war mit seinem Panikproblem? War das jetzt ein guter Zeitpunkt zu verreisen? Und sich ausgerechnet in so ein Abenteuer zu stürzen, wo er mit einem ganzen Haufen handfester Gefahren konfrontiert war? Er ging in sich und dachte darüber nach. Komischerweise machten ihm diese konkreten Gefahren überhaupt keine Angst. Momentan hatte er mehr Angst, im Möbelgeschäft an der Kasse zu stehen, als von einem Bären gefressen zu werden. Vor Bären hätte er eher Respekt.

Hatte seine Ärztin nicht gesagt, dass Angststörungen und normale Angst zwei unterschiedliche Paar Schuhe waren? Genau so kam es ihm vor: Das im Möbelgeschäft war so unheimlich gewesen, weil es eine ganz und gar abstrakte, diffuse Angst gewesen war. Mit der Angst vor einem wilden Tier war das einfach nicht zu vergleichen. Und schließlich hatte er seine Medikamente. Sie schienen gut zu wirken. Jedenfalls war er deutlich ruhiger, seit er sie nahm, und Panikattacken hatte er keine mehr gehabt.

Irgendwie reizte ihn dieses Abenteuer. Er liebte es zu wandern. Er war mal ein verlängertes Sommerwochenende auf dem Lechweg in Vorarlberg gewandert, und es hatte ihm unheimlich gut getan: die fast unberührte Natur, die Berge, die gute Luft – und einfach mal völlig raus zu sein aus allen Alltagszwängen, aus der Hektik der Zivilisation... Wenn er sich vorstellte, wie es wäre, das ganze sechs Wochen lang zu erleben, dann bekam er ein Vorgefühl davon, was für eine mächtige Wirkung das auf die Seele haben könnte... Und anscheinend war Wandern ja ohnehin das perfekte Heilmittel gegen Angstzustände. Vielleicht hatte Jessy Recht: Vielleicht war es genau das, was sie beide jetzt brauchten! Je länger er darüber nachdachte, desto mehr reifte in ihm der Entschluss, der Idee eine Chance zu geben.

Zwei Tage später trafen sie sich abends bei Jessy, um konkreter zu werden und über weitere Einzelheiten zu reden. Sie hatte einige Bücher, Landkarten und Broschüren auf ihrem Esstisch ausgebreitet, und bat ihn, Platz zu nehmen. Im Hintergrund lief passend irgendeine Indie-Folk-Playlist, und sie hatte Kerzen angezündet. Er kam direkt in Stimmung und sah sich schon am Lagerfeuer sitzen.

„Hast du nochmal drüber nachgedacht?“, fragte Jessy als erstes. „Ich meine, kannst du es dir zumindest grundsätzlich vorstellen?“

„Ja klar, sonst wäre ich ja jetzt nicht hier. Um ganz ehrlich zu sein: Ich habe schon ein bisschen Feuer gefangen."

„Super!", strahlte sie.

Tim nickte.

„Gut. Was wir als erstes klären sollten, ist die Frage, welchen Abschnitt der insgesamt 3.500 Kilometer wir nehmen würden."

„Stimmt. Das könnte helfen", sagte er augenzwinkernd.

„Also. Der Abschnitt, der Vielen als der schönste gilt, und der mich persönlich am meisten reizen würde, ist der Weg durch die White Mountains in New Hampshire und Maine, also der nördliche Teil des Trails. Man nennt die Gegend auch das Dach New Englands. Dort hast du einfach mal spektakuläre Blicke über die Berge."

Sie zeigte Bilder auf ihrem Handy, die in der Tat atemberaubend wirkten. Er sah schneebedeckte Gipfel, glitzernde Seen, üppige, sattgrüne Wiesen, Wälder, urige Western-Städtchen – es war wahrhaft verlockend.

„Wir würden nach Boston fliegen und dann rund sechs Stunden mit dem Bus fahren zum Besucherzentrum in Pinkham Notch."

„Klingt doch gut!", erwiderte Tim. „Wenn ich mir die Bilder so ansehe, würde ich direkt sagen: Lass uns diese Strecke nehmen."

„Moment, nicht so schnell!", wandte sie ein. „Wir müssen noch über den einen oder anderen Haken reden, den die Sache hätte."

„Ah… dann sag mal."

„Die Strecke ist nicht nur eine der schönsten, sondern leider auch eine der härtesten. Tolle Blicke bedeutet auch hohe Gipfel und steile Anstiege. Man muss extrem fit sein dafür."

„Hmm, okay…"

„Das Gebirge ist dort zwar gar nicht so übertrieben hoch – unter 2.000 Meter, aber das Gelände ist unwegsam und teilweise extrem steil – bis zu 70 Prozent Steigung."

„Uff!"

„Und dort ist wirklich Wildnis. In Maine gibt es die berüchtigte Hundred-Mile-Wilderness, eine Strecke, wo es im Umkreis von hundert Meilen buchstäblich nichts gibt als Wald. Kein Haus, keine Straße, kein Garnichts. Es wird dringend geraten, niemals den Wanderweg zu verlassen, weil man sich sehr leicht im Wald verirrt. Und wer sich nur einige Meter vom Trail entfernt, läuft Gefahr, ihn nie wieder zu finden und im Wald zu verrecken, ohne dass irgendjemand etwas davon mitbekommt – wenn zum Beispiel der Handyakku leer ist."

„Unheimlich."

„Ja. Stephen King hat daraus sogar ein Buch gemacht: *Das Mädchen*. Da verirrt sich eine Neunjährige in den Wäldern von Maine, als es mit der Familie auf dem Appalachian Trail wandert. Gruselige Story…"

„Klingt so."

„Naja, und dann müssten wir auch über den Mount Washington. Und der ist berüchtigt für seine völlig unberechenbaren, extremen Wetterumschwünge. Er gilt tatsächlich als einer der gefährlichsten Gipfel der Welt. Wegen seiner geografischen Lage prallen dort die kalte Luft aus dem Norden und die warme aus dem Süden aufeinander, sodass dort häufig heftige Winde wehen. Der Gipfel hat sechzig Jahre lang den Weltrekord für die höchste je gemessene Windgeschwindigkeit gehalten: schlappe 372 km/h. Und schon im Herbst kann es da oben auch mal minus 40 Grad kalt werden."

„Klingt ungemütlich."

„Manche Wanderer berichten, dass die Temperatur innerhalb von Sekunden drastisch abgesackt ist und sie das Gefühl hatten, in eine Kältekammer zu treten. Und was dann droht, ist eine ziemlich unheimliche Sache."

„Und zwar was?", fragte Tim gebannt.

„Hypothermie."

„Was ist das?"

„Einfach gesagt: Unterkühlung. Es gibt eine Menge Berichte über Leute, die dadurch unter ziemlich mysteriösen Umständen zu Tode gekommen sind. Oft fängt es an mit einem eigentlich harmlosen Frieren des Körpers. Dazu braucht es gar nicht unbedingt extrem tiefe Temperaturen. Es gibt Fälle von Tod durch Hypothermie bei Temperaturen über null Grad. Man fängt an zu zittern, und das steigert sich allmählich, bis man nicht mehr richtig klar denken kann. Wenn du in diesem Zustand draußen im Wald unterwegs bist, kann das fatale Folgen haben. Das Gehirn funktioniert nicht mehr richtig, und man fängt an, falsche Entscheidungen zu treffen – zum Beispiel, dass man auf die Idee kommt, durch einen Fluss zu waten, als Abkürzung. Unter normalen Umständen würde man erkennen, dass man danach noch mehr frieren würde, weil man ja dann auch noch mit nassen Sachen unterwegs wäre. Aber in diesem Zustand machen die Leute dämliche Fehler, die die Sache noch schlimmer machen. Wenn der Zustand anhält, folgt irgendwann Erschöpfung, und man fängt an zu halluzinieren. Nicht selten haben die Betroffenen das Gefühl, zu verbrennen statt zu frieren – mit der Folge, dass sie sich die Klamotten vom Leib reißen und halbnackt durch die Kälte weitergehen. Es wurden schon Leichen gefunden, die nackt im Schnee lagen – ohne Spuren von Gewalteinwirkung. Kurz gesagt: Kein schöner Tod, und ziemlich unheimlich."

„Weißt du was? Vielleicht sollten wir einen Blick auf die anderen Abschnitte werfen."

„Ich denke auch!", lachte Jessy und fuhr fort: „Ich glaube, für Anfänger wie uns ist das zu krass. Ich sag dir mal meine persönlichen Favoriten, die einfacher zu wandern und wesentlich realistischer sind. Erstmal ist da der Shenandoah National Park, der ebenfalls den Ruf genießt, eine der schönsten Gegenden des Trails zu sein: abwechslungsreiche Landschaften, tolle Ausblicke, Flüsse und Wasserfälle... Die Strecke ist leicht zu wandern, und man ist nie allzu weit weg von der Zivilisation. Es gibt immer wieder mal eine Möglichkeit einzukaufen und einen Burger zu essen."

Wieder zeigte sie Fotos auf dem Handy. Die traumhaften Berglandschaften standen den Bildern von den

White Mountains kaum nach, wenn sie auch weniger wild, weniger abenteuerlich aussahen.

„Wow!“, sagte Tim.

„Oder? Und es gibt Opossums, Stinktiere, Waschbären... und auch der Great Smoky Mountains National Park soll toll sein. Früher war dort das Siedlungsgebiet der Cherokee, heute ist es der meistbesuchte Nationalpark der USA. Er hat doppelt so viele Besucher wie der Grand Canyon.“

„Wirklich? Dabei habe ich davon noch nie gehört.“

„Tja, interessant, oder? Es sind halt vor allem Amerikaner, die dort Urlaub machen. Auch da gibt es spektakuläre Gebirgslandschaften, märchenhafte Wasserfälle, tolle Sonnenuntergänge... und im Herbst, wenn sich die Blätter bunt färben, da herrscht dort Indian Summer, und das muss absolut atemberaubend sein.“

„Wow, klingt toll!“

Jessy zeigte ihm Bilder, die ihn abermals fast sprachlos machten. Natürlich waren das keine spektakulären Naturwunder wie der Grand Canyon oder das Monument Valley, aber es waren traumhaft malerische Bergwelten, denen man sofort ansah, dass sie Balsam waren für die Seele.

„Und? Was sagst du?“, fragte sie schließlich.

„Ich bin ziemlich geflasht!“

Sie strahlte ihn an.

„Also, hör zu“, fuhr sie fort, „wir könnten folgendermaßen vorgehen: Wir buchen einen Flug nach Washington D.C. Wir könnten uns dort ein, zwei Tage lang die Stadt ansehen. Dann fahren wir mit dem Zug eine gute Stunde nach Harpers Ferry. Der Ort ist in mehrfacher Hinsicht interessant: Er liegt nämlich exakt in der Mitte des Trails, und deswegen wurde dort auch das Hauptquartier von der Organisation aufgebaut, die den Trail verwaltet, der -“ sie unterbrach sich und recherchierte auf ihrem Handy, „der *Appalachian Trail Conservancy*. Dort werden wir sicher eine Menge interessante Details über unsere Wanderung erfahren. Außerdem ist das Städtchen geschichtlich bedeutsam und soll ein echtes Schmuckstück sein: Weite Teile davon wurden im historischen Stil restauriert oder wiederaufgebaut.“

„Klingt interessant!“

„Ja. Dort sollten wir auf jeden Fall einen Tag Zwischenstation machen. Und am nächsten Tag starten wir unsere Wanderung. Bereits dort soll die Landschaft grandios sein. Dann laufen wir ohne Stress und Druck Richtung Süden. Erst in den Shenandoah National Park, und von dort weiter in die Great Smoky Mountains.

Cool wäre natürlich, wenn wir den ganzen Weg bis zum südlichen Endpunkt des Trails schaffen könnten, also bis zum Springer Mountain in Georgia. Dann hätten wir immerhin den halben Trail gewandert. Aber das werden wir nicht schaffen. Durchschnittlich laufen Wanderer auf dem Trail um die 20 Kilometer am Tag. Kommt natürlich immer auf das Gelände an und darauf, wie fit man ist. Wenn wir mal schätzen, dass wir durchschnittlich 20 Kilometer am Tag laufen und vielleicht dann und wann einen Tag Pause einlegen, dann können wir in sechs Wochen so um die 700 Kilometer zurücklegen."

Tim nickte.

„Aber eine Möglichkeit gibt es", fuhr Jessy fort. „Wir könnten irgendwo unterwegs mal eine längere Strecke, die vielleicht nicht so interessant ist, mit dem Bus überspringen. Und dann könnten wir wirklich bis zum Springer Mountain laufen."

„Klingt wie eine gute Idee."

„Naja, wir müssen das ja nicht jetzt entscheiden. Wir sehen einfach vor Ort, wo es uns gefällt."

„Ja."

„Und am Ende unserer sechs Wochen nehmen wir einen Bus nach Atlanta, von wo aus wir wieder nach Hause fliegen."

„Okay."

„Natürlich müssten wir uns gut vorbereiten. Noch mehr Infos einholen in Sachen Sicherheit, Ausrüstung und so. Außerdem müssen wir vorher ein bisschen trainieren – sprich: Viel wandern gehen."

„Wahnsinn, was du da alles recherchiert hast. Hört sich nach einem richtig gut ausgetüftelten Plan an!"

„Danke! Ich habe diese Idee ja schon seit Langem, und deswegen habe ich in den vergangenen Jahren viel darüber gelesen."

„Toll! Und hast du mal ausgerechnet, was uns das Ganze kosten würde?"

„Ja. Rechnen wir für die Flüge mal pro Person 800 Euro. Für die Ausrüstung, also Rucksack, Zelt, Kleidung, Equipment, sollten wir pro Nase etwa 1.200 Euro einkalkulieren."

„Ui, so viel kostet die Ausrüstung?!"

„Aber beileibe nicht so viel wie sechs Wochen Hotel kosten würden."

„Auch wieder wahr."

„Und wir können sie später immer wieder verwenden. Oder gebraucht verkaufen."

„Stimmt."

„Die Hotelübernachtungen in Washington würden jeweils rund 200 Dollar kosten, die Zugreise mit Amtrak nach Harpers Ferry 42 Dollar. Unterwegs brauchen wir Proviant, und bestimmt wollen wir auch mal für die eine oder andere Nacht in einem Motel schlafen, essen gehen, oder auch mal eine Etappe überspringen und mit dem Bus fahren oder irgendwo Eintritt zahlen. Gehen wir für das alles mal von 1.500 Dollar aus. Und am Ende brauchen wir nochmal rund 100 Dollar für die Fahrt nach Atlanta. Da der Dollar zum Euro momentan ziemlich genau eins zu eins steht, kostet uns die Reise pro Nase etwa 3.800 Euro."

„Puh, das ist kein Pappenstiel."

„Das stimmt. Aber es ist auch sehr großzügig gerechnet. Man könnte an einigen Stellen sparen. Preiswertere Ausrüstung zum Beispiel. Ich bin davon ausgegangen, dass wir nicht gerade von allem das Billigste nehmen. Man könnte auch an den Hotelübernachtungen sparen und den Restaurantbesuchen zwischendurch. Dann wäre die Tour deutlich günstiger. Aber ich persönlich finde, wir sollten es uns auch ein bisschen gut gehen lassen – und sicherheitshalber Reserven einplanen."

„Wohl wahr. Trotzdem ist das ′ne Menge Geld."

„Also, ich meine, wir wollen das Ganze ja machen, um psychisch wieder auf Vordermann zu kommen, etwas für die Gesundheit zu tun und um uns mal was richtig Gutes zu gönnen, oder? Und da finde ich, kann man ruhig mal ein bisschen Geld für ausgeben."

„Da hast du wahrscheinlich Recht. Ich muss mir das alles einfach nochmal durch den Kopf gehen lassen. Ganz abgesehen davon muss ich ja auch noch klären, ob ich überhaupt so lange frei nehmen kann und lauter so Sachen."

„Schon klar. Was ich allerdings wirklich noch bedenkenswert findet, ist die Sache mit deinen Panikattacken. Traust du dir so eine Reise wirklich zu?"

„Darüber habe ich auch schon nachgedacht. Mit meinem Medikament fühle ich mich ziemlich sicher. Ich hatte seitdem keine Panikattacke mehr. Und Wandern ist doch die beste Medizin gegen Angstzustände, oder nicht?"

„Das glaube ich tatsächlich."

„Außerdem habe ich mir überlegt: Ich weiß, du bist zwar kein großer Fan davon, aber ich könnte mir noch Benzos verschreiben lassen – natürlich nur für den äußersten Notfall."

„Da bin ich tatsächlich kein Fan von. Aber wenn ich es mir recht überlege – vielleicht ist die Idee wirklich nicht so übel. Immerhin sind wir dort mitten im Wald unterwegs und können nicht jederzeit mal eben zum Arzt gehen wie hier."

„Genau das meine ich auch."

„Und ansonsten bin ich ja dabei, um dich zu unterstützen. Trotzdem... eine Sache behagt mir immer noch nicht: Dass du keine Therapie machen willst."

„Okay. Ich verspreche dir, dass ich auf unserer Wanderung in Ruhe darüber nachdenken werde, okay?"

„Das ist ein Wort!"

Tim dachte nach und sagte:

„Was mich allerdings wirklich ziemlich besorgt, ist die Sache mit den geplanten Stellenstreichungen in der Firma."

„Aber das war doch nur Flurfunk, wenn ich mich richtig erinnere."

„Ja, aber der kam von jemandem, der keinen Blödsinn erzählt. Die Frage ist: Soll ich mich ausgerechnet in so einer heiklen Phase aus dem Staub machen? Ich meine, mal vorausgesetzt, dass ich überhaupt so viel Urlaub bekomme."

„Weißt du was? Ich würde einfach ganz offen deinem Chef von der Idee erzählen und ihm sagen, dass du diese Reise selbstverständlich nur machen würdest, wenn das keine großen Probleme im Team verursachen würde. Und ansonsten hätte die Redaktion schließlich den Vorteil, dass sie nach diesem Mini-Sabbatical einen frisch ausgeruhten und top-motivierten Mitarbeiter zurückbekäme."

„Stimmt, das Argument könnte ziehen."

„Und wegen der geplanten Stellenstreichungen – da würde ich ganz offensiv mit umgehen und direkt danach fragen."

„Ich glaube nicht, dass ich darauf eine offene Antwort bekommen würde."

„Du könntest es drauf ankommen lassen!"

„Du hast Recht. So werde ich es machen!"

„Und dann steht unserer Reise nichts mehr im Weg!", freute sie sich. Doch dann verdüsterte sich ihre Miene.

„Was ist los?", fragte Tim.

„Naja... eigentlich hatte ich davon geträumt, die Reise mit Gwen zu machen..."

„Oh, okay..."

„Ja, aber egal... sie hatte eh keine Lust dazu."

„Und jetzt machst du sie eben mit mir!", sagte er aufmunternd. „Ich bin auch nicht so schlecht. Und vergiss nicht: Man nennt mich auch Doctor Love, und ich würde dich immer schön aufpäppeln, wenn dich der Blues überkommt."

Jessy grinste:

„Doctor Love von der Youtube-Universität!"

„Ich habe auch Bücher gelesen!"

„Ich weiß schon", lächelte sie. „Und jetzt bin ich gespannt, wie du dich entscheidest!"

„Ich auch."

In den folgenden Tagen ging Tim daran, die Fragen rund um die Reise zu klären. Sie wollten sechs Wochen wegfahren. Er überlegte: Wenn er schon ein Mini-Sabbatical machte, dann wenigstens richtig. Es würde gut sein, vor und nach der Wanderung jeweils noch eine freie Woche zu haben – zur Vorbereitung und zum Akklimatisieren danach. Vier Wochen Urlaub hatte er noch übrig, die er nehmen konnte. Er würde also weitere vier Wochen unbezahlten Urlaub nehmen müssen. Und die mussten ihm erstmal genehmigt werden.

Er bereitete sich gründlich auf das Gespräch mit seinem Chef vor, dann machte er einen Termin. Als er schließlich bei ihm im Büro saß, hielt er sich exakt an das, was Jessy ihm geraten hatte. Er erzählte von der Idee – und sagte gleich dazu, dass er das selbstverständlich nur machen würde, wenn seine Abwesenheit keine größeren Probleme verursachen würde. Schließlich brachte er das Argument vor, dass er topерholt und voller Energie zurückkehren würde. Der Chef reagierte zunächst einigermaßen überrascht, fand seine Idee aber gut und meinte, er werde sehen, ob sich das im Team organisieren lasse. Tim war erleichtert. Daraufhin fühlte er sich ermutigt, ihn auch auf den Stellenabbau anzusprechen, von dem er gehört hatte.

„Stand jetzt ist da nichts Konkretes geplant", sagte der Chef. „Also, kein Grund sich Sorgen zu machen."

Das klang beruhigend, und Tim dankte ihm und verließ sein Büro. Zurück an seinem Arbeitsplatz fing er allerdings an zu grübeln: Er hatte das Gefühl, dass der Chef einen irgendwie undurchsichtigen Gesichtsausdruck gehabt hatte, der nicht so recht zu dem passen wollte, was er gesagt hatte. Verheimlichte der Chef vielleicht doch etwas? Nach einer Weile des Grübelns beschloss er, mit Jessy zu sprechen. In seiner Mittagspause trat er auf die Straße, rief sie an und erzählte ihr von dem Gespräch und seinen Zweifeln.

„Weißt du was?", sagte sie, „ich würde ihn einfach wörtlich nehmen und aufhören zu grübeln. Wenn es wirklich so ist, dass Stellenstreichungen geplant sind, dann kannst du eh nichts dagegen machen. Abgesehen davon ist ja gar nicht gesagt, dass du davon betroffen wärst."

„Das stimmt wohl..."

„Im Übrigen hat er dein Vorhaben ja nicht abgeblockt. Also scheint es doch für ihn okay zu sein."

„Du hast Recht. Ich werde mir keinen Kopf mehr deswegen machen."

„Sehr gut!"

„Jetzt muss er nur noch mit dem Team klären, ob das okay geht mit meinem Sabbatical."

„Ich drück dir die Daumen!"

Am übernächsten Tag kam vom Chef grünes Licht für den verlängerten Urlaub, und so war ein weiteres Telefonat mit Jessy fällig. Als sie ranging, sagte er ohne Umschweife:

„Ich bin dabei!"

7

Vier Wochen später parkten Tim und Jessy ihr Carsharing-Auto am berüchtigten Hauptstadtflughafen BER. Als sie ihre Rucksäcke aus dem Kofferraum hievten, ächzte Tim:

„An das Gewicht muss ich mich erst noch gewöhnen."

„Ja, allerdings!", erwiderte Jessy, und während sie das massige Gepäckstück schulterte, kippte sie fast hintenüber und musste sich mit Trippelschritten abfangen.

„Ups!", machte sie, während Tim ihr erschrocken entgegensprang, um sie zu stützen.

„Geht schon, danke!", sagte sie. „Wenn ich dran denke, dass wir damit jeden Tag 20 Kilometer und mehr laufen wollen, wird mir ganz anders. Immerhin wiegt das Biest fast so viel wie zwei Kästen Wasser."

„Wir werden uns schon dran gewöhnen", sagte Tim, aber auch ihm wurde mulmig zumute bei dem Gedanken.

Dabei hatten sie schon so gepackt, dass sie möglichst wenig zu schleppen hatten. Trotzdem wogen ihre Rucksäcke knappe 15 Kilo. Immerhin brauchten sie Zelte, Isomatten, Schlafsäcke, wetterfeste Kleidung, Unterwäsche, Regenponchos, Schlangenbiss-Sets, Bärenschutz-Equipment und einigen Kleinkram mehr. Auf der Wanderung würden sie zusätzlich Wasser und Proviant dabei haben.

Als sie losliefen Richtung Terminal, war Jessy euphorisch, während Tim eine Unruhe spürte, die halb prickelnd, halb sorgenvoll war. Zumindest hatte er in den vergangenen Wochen keine Panikattacken mehr gehabt. Das Antidepressivum erfüllte zuverlässig seinen Zweck. Zwischendurch hatte er immer wieder Momente gehabt, in denen die Sorgen überhand genommen hatten und er drauf und dran gewesen war, den ganzen Plan über der Haufen zu werfen. Aber Jessy hatte ihn immer wieder erfolgreich auf Spur gebracht.

Jetzt steuerten sie auf das Flughafengebäude zu, und Tim staunte über die atemberaubende Hässlichkeit dieses Dings – wie jedes Mal, wenn er hier war. Seelenlose, gänzlich uninspirierte Architektur war das, ein Ensemble von reizlosen grauen Betonkästen ohne jedes Gespür für das Bedürfnis des Menschen nach einem ansprechenden Lebensumfeld. Vor dem Haupteingang stolperten sie fast über kaum sichtbare Stufen, die keinen praktischen Sinn hatten, sondern wohl irgendeine Art von raffinierter Baukunst sein sollten, in Wirklichkeit aber nichts als tückische Stolperfallen waren.

„Au Mann!", stieß er hervor.

„Was?"

„Diese dämlichen Stufen! Ich frage mich, wie viele Leute sich hier schon verletzt haben!"

„Hmm...", machte Jessy.

„Und wie das hier aussieht!"

„Was denn?"

„Na sieh dir diesen grässlichen Eumel doch mal an!"

„Du meinst den Terminal?"

„Ja!"

„Okay, schön ist der nicht!"

„Nicht schön?!", motzte er. „Man muss sich als Berliner ja geradezu schämen! Und das, nachdem so viel Geld und Zeit dafür verfeuert wurde!"

Jessy lachte:

„Ja, das ging gründlich in die Hose."

Sie traten ein. Innen setzte sich der trostlose Eindruck fort: Kaltes Licht, monotones Grau, erbarmungslose Zweckmäßigkeit.

Tim schüttelte den Kopf:

„Das sieht hier aus, als hätte die DDR nie aufgehört zu existieren! Als hätte die SED im Jahr 2006 einen Flughafen geplant. Nur dass es unter planwirtschaftlichen Bedingungen wahrscheinlich sogar besser geklappt hätte!"

Wieder musste Jessy lachen.

„Guck mal an die Decke: Da siehst du die ganzen Kabelstränge und Leitungen! Und was für fieses Licht die hier eingebaut haben!"

„Jetzt krieg dich mal wieder ein!", erwiderte Jessy. „Ich gebe zu, das ist alles nicht schön, aber das ist doch kein Grund, sich so aufzuregen."

„Weißt du, wieviel Steuergeld hier verballert worden sind? Sechs Milliarden! Das ist eine 6 mit neun Nullen! Kalkuliert war ursprünglich mal eine Milliarde! Und am Ende kommt so ein baulicher Albtraum dabei raus!"

Jessy nahm beschwichtigend seine Hand und sagte:

„Komm, jetzt hör mal auf damit und konzentriere dich lieber auf das Positive! Wir fliegen nach Amerika!"

Sie strahlte ihn an und nickte ihm aufmunternd zu.

„Hast ja Recht..."

Sein Ärger wich einem Unmut darüber, dass er wieder von seiner miesen Laune hatte wegtragen lassen. Was war bloß los mit ihm? Warum überkam ihn immer wieder solche schlechte Stimmung? Was konnte er dagegen machen? Den Ein- und Ausschaltknopf hatte er jedenfalls noch nicht gefunden. Immerhin gut, dachte er, dass Jessy ihn darauf aufmerksam gemacht hatte, und so gab er sich Mühe sich wieder zu beruhigen und in seinem Inneren Platz zu machen für Vorfreude und Reisefieber.

In der Schlange am Check-In-Schalter holte Jessy die Tickets hervor – die hatte sie auf DIN-A-4-Seiten ausgedruckt. Sie hatte die Reise gebucht, und Tim hatte ihr das Geld dafür überwiesen.

Tim grinste:

„Süß, dass du sie noch auf Papier mitgebracht hast. Man kann die auch auf dem Handy vorzeigen."

„Ich weiß. Mir ist das so sicherer. Ich habe gerne was in der Hand."

Tim nickte.

„Und abgesehen davon, mein Lieber", sagte sie und schlug einen feierlichen Ton an, „das hier sind unsere Tickets zurück ins Leben!"

„Ein großer Moment!"

„Absolut!"

Nachdem sie eingecheckt und die Sicherheitskontrolle hinter sich gebracht hatten, setzten sie sich in ein Café und gönnten sich Tee und Donuts, während sie darauf warteten, dass ihr Flug bereit war zum Boarding. Zunächst würden sie zum Flughafen Newark in New Jersey fliegen, unweit von New York. Nach kurzem Aufenthalt würde es weiter gehen nach Washington D.C. Am späten Nachmittag Ortszeit würden sie dort landen – nach deutscher Zeit wäre es dann schon später Abend.

„Die Donuts sind echt oll!", bemerkte Tim.

„Fängst du schon wieder an zu meckern?", fragte Jessy mit begütigendem Lächeln.

„Also, bei den gepfefferten Preisen würde ich schon mehr Qualität erwarten."

„Ja, toll sind die nicht. Aber das ist doch kein Grund, sich schon wieder die Laune verderben zu lassen."

„Ich habe keine schlechte Laune!", maulte er.

„Schon klar."

Tim biss in seinen Donut.

„Ist das eigentlich immer so bei dir", fragte sie, „dass du so leicht miese Stimmung bekommst?"

„Können wir einfach über was anderes reden?"

„Nein, eigentlich nicht. Wenn wir jetzt sechs Wochen zusammen unterwegs sind, dann würde ich das gerne mal thematisieren."

Tim ächzte. Das erinnerte ihn an Unterhaltungen ähnlicher Art, die er damals mit seiner Ex gehabt hatte.

„Also schön. Was willst du wissen?"

„Na, ob das öfter vorkommt."

„Vielleicht ab und zu mal." Er hielt inne und fuhr dann fort: „Aber so richtig eigentlich erst seit der Pandemie."

„Verstehe... und bist du schon mal *richtig* ausgerastet?

„Was meinst du mit *richtig*?"

„Naja, bist du mal handgreiflich geworden? Warst du mal in eine Schlägerei verwickelt oder so?"

„Um Himmels willen, nein!", beteuerte er wahrheitsgemäß. „Nur weil man ein bisschen temperamentvoll ist, heißt das ja nicht gleich, dass man ein Schlägertyp ist!"

Sie sah ihn an.

„Okay, ich glaube dir. Und warst du mal gegen *Sachen* gewalttätig?"

„Gegen Sachen?"

„Ja. Hast du mal was kaputt gehauen, eine Tasse gegen die Wand gefeuert oder so?"

„Nein... außer vielleicht..."

„Außer was?"

„Ach, nichts."

„Sag schon."

„Neulich... das war etwas peinlich."

„Erzähl."

„Keine Chance!"

„Feigling!"

„Okay, also gut."

Sie rieb sich erwartungsfreudig die Hände.

„Kennst du das? Wenn ein Bus zu *früh* kommt? Ich meine, wenn er zu spät kommt, ist das ja oft nicht zu vermeiden und verständlich, wegen Stau und Verkehr und so. Aber zu *früh*? Das hat eindeutig was mit Rücksichtslosigkeit zu tun und mit Ignoranz. Man geht zu einer angemessenen Zeit zur Haltestelle – und verpasst den Bus trotzdem!"

„Ja, schlimm so was!", grinste sie.

„Ich meine das ernst! Und bei mir kommt der Bus *andauernd* zu früh! Wenn das nur ab und zu mal vorkommen würde – okay. Aber bei mir passiert das *ständig*!“

„Skandalös!“ Jessy grinste noch breiter.

„Hör auf, so zu grinsen!“

„Nur mal `ne Frage: Wenn der Bus eh regelmäßig zu früh fährt, warum gehst du dann nicht einfach noch früher los?“

Tim sah sie verständnislos an und machte nur: „Pff!“

„Jetzt erzähl, was hast du dem armen Bus Schlimmes angetan?“

„Naja, einmal kam der Bus gerade an, als ich noch ein ganzes Stück weit weg war. Ich bin losgerannt und habe gewinkt, und der Busfahrer muss mich todsicher gesehen haben. Und trotzdem: Ich hatte den Bus gerade erreicht, da fuhr er weiter!“

„Und dann?“

„Dann habe ich ein Snickers gegen die Heckscheibe geworden.“

„Du hast *was*?“ Sie prustete los.

„Ja, ich weiß. Das war ein bisschen peinlich. Und da standen ein paar Leute, die den Kopf geschüttelt haben.“

Jessy hielt sich die Seiten vor Lachen.

„Ha ha!“, machte er angesäuert.

„Tut mir leid!“, sagte sie und wischte sich die Tränen aus den Augen. „Danke für das Bild in meinem Kopf. Das wird mich für den Rest der Reise bei Laune halten!“

„Wie schön für dich!“

„Aber mal im Ernst: Wegen sowas regst du dich auf?“

„Ich weiß schon. Das klingt bescheuert. Weil du nicht in meiner Haut steckst. Aber ich suche mir das ja nicht aus. Das überkommt mich so.“

„So wie du das sagst, klingt das so, als könntest du gar nichts dagegen machen.“

„Kann ich auch nicht.“

„Doch, kannst du.“

„Du verstehst das nicht.“

„Ich verstehe das durchaus. Und ich behaupte: Du kannst daran arbeiten.“

„Und wie?“

„Zum Beispiel mit einer Therapie.“

Tim stöhnte und winkte ab.

„Vielleicht helfen dir ja die sechs Wochen im Wald, mal ein bisschen runter zu kommen. Und ich habe so das Gefühl, dass dir unser Trip eine Chance bietet, Einiges dazuzulernen...“

„Vielleicht...“

„Aber eins sage ich dir: Solltest du bei unserer Wanderung so drauf kommen, dann kannst du schön einen halben Kilometer *hinter* mir wandern!“

„Von mir aus.“

„Und komm niemals auf die Idee, ein Snickers nach mir zu werfen!“

8

Als sie ihr Hotel in Washington erreichten, waren sie vollkommen erledigt. Der lange Flug im engen Sitz war anstrengend genug gewesen, dann mussten sie noch eine gefühlte Ewigkeit an der Passkontrolle warten, quälende Formalitäten erledigen und zu guter Letzt noch über eine halbe Stunde auf ihr Uber warten.

Das Hotel war schlicht, aber anständig und lag einigermaßen zentral. Sie hatten zwei Einzelzimmer gebucht, die sie ermattet in Beschlag nahmen. Nachdem sie sich eingerichtet hatten, gingen sie in einer Snackbar unweit des Hotels noch einen Burger essen und fielen bald darauf in ihre Betten.

Als Tim am folgenden Morgen erwachte, war es noch nicht einmal sechs Uhr, aber er fühlte sich ausgeschlafen. Immerhin hatte er fast neun Stunden geratzt. Er nahm eine Dusche und machte sich fertig, dann schrieb er Jessy eine Textnachricht. Auch sie war bereits wach, und so trafen sie sich eine halbe Stunde später in der Snackbar vom Vorabend zum Frühstück, da es in ihrem Hotel keines gab. Nachdem sie sich mit Pancakes und Ahornsirup gestärkt hatten, starteten sie ihre Besichtigungstour in der Hauptstadt der Vereinigten Staaten. Es war ein ziemlich erhebendes Gefühl.

Zunächst fuhren sie mit dem so genannten Circular-Bus, der zu ihrer Überraschung kostenlos war, zu ihrer ersten Station: dem Weißen Haus. Mit einiger Verwunderung stellten sie fest, dass der Sitz des US-

Präsidenten deutlich weniger spektakulär aussah, als man es erwartet hätte.

„Ziemlich klein, die Hütte", witzelte Tim. „Unser Bundespräsident ist im Schloss Bellevue deutlich schicker untergebracht!"

Jessy lachte.

Sie gingen um die Grünanlage rund ums White House herum auf die andere Seite an der Constitution Avenue, wo sie eine weitere kleine Überraschung erwartete: der *German-American Friendship Garden*. Beide hatten noch nie davon gehört. Eine Info-Tafel zeigte ein Bild mit Exkanzler Helmut Kohl und dem früheren US-Präsidenten Ronald Reagan und unterrichtete sie darüber, dass dieser Garten 1988 eröffnet worden war zur Erinnerung an die damals 300-jährige Geschichte der deutschen Einwanderung in die Vereinigten Staaten. Im Zentrum des Gartens stand eine deutsche Eiche, die der damalige Bundespräsident Karl Carstens 1983 zu Beginn der Bauarbeiten gepflanzt hatte.

Von hier aus ging es weiter zum Washington Monument, das mit seinen 169 Metern Höhe der weltweit größte Obelisk war und tatsächlich einen ehrfurchtgebietenden Eindruck machte.

Über die National Mall spazierten sie weiter Richtung Lincoln Memorial, und passierten dabei den berühmten Reflecting Pool, das rechteckige Wasserbecken, in dem sich das Monument und das Lincoln Memorial spiegelten und das man aus einer Vielzahl von Filmen kannte. Jessy fiel dazu der Film *Forrest Gump* ein. Sie liefen bis zum westlichen Ende des

Pools, zu der Stelle, wo Martin Luther King 1963 seine berühmte „I have a dream“-Rede gehalten hatte.

Hier stand auch das Lincoln Memorial, das ein Denkmal für Abraham Lincoln sein sollte – aber der Begriff Denkmal war entschieden untertrieben: In Wahrheit handelte es sich um einen monumentalen Tempel im altgriechischen Baustil, um dessen Fassaden herum 36 riesenhafte dorische Säulen gruppiert waren, und der den Besuchern durch seine schiere Größe den Atem raubte. Im Inneren fand sich eine Lincoln-Statue in ebenfalls mächtigen Dimensionen. Sie zeigte den historischen Präsidenten majestätisch sitzend auf einer Art Thron, und es war eine jener ikonischen Darstellungen, die einem ganz und gar vertraut waren, weil man sie schon hunderte Male bewusst oder unbewusst in Filmen oder auf Bildern gesehen hatte.

Die nächste Station war das Korean War Veterans Memorial, das sich als mehr als sehenswert entpuppte: 19 übergroße Edelstahlstatuen, die US-Soldaten im Korea-Krieg verkörperten, bevölkerten den Park und packten die Betrachtenden durch ihre lebensnahe, dramatische Darstellung: Man sah sie vorsichtig durch den Koreanischen Dschungel schleichen, jederzeit bereit, auf feindliche Truppen zu treffen oder auf eine Tretmine zu laufen, und man hielt instinktiv den Atem an.

Kaum weniger beeindruckend war das Martin Luther King Memorial, das ein gutes Stück südöstlich von der Stelle errichtet worden war, wo der Bürgerrechtler seinerzeit die berühmte Rede gehalten hatte.

Zunächst musste man den *Berg der Verzweiflung* passieren – einen sandfarbenen Granitfelsen, der in der Mitte geteilt war und auf diese Weise ein Tor bildete, und so gelangte man zum eigentlichen Denkmal. Es zeigte King in übergroßer Darstellung als Relief, das ebenfalls aus einem Granitblock gemeißelt war, der seinerseits den Namen *Stein der Hoffnung* trug. Insgesamt war es eine eindrucksvolle Würdigung der Verdienste Kings um die Rechte der afroamerikanischen Bevölkerung.

Um die Mittagszeit aßen sie ihren Lunch in der Filiale einer Sandwich-Kette und folgten dann der Mall auf der südlichen Seite Richtung Osten, wo es zum Capitol ging. Auf dem Weg dorthin kamen sie an drei berühmten Museen vorbei: dem National Museum Of Natural History, der National Gallery Of Art und dem National Air and Space Museum. Da diese Museen keinen Eintritt kosteten, statteten sie allen einen kurzen Besuch ab und bedauerten, dass sie nicht mehr Zeit hatten, denn jedes von ihnen hätte es verdient, einen ganzen Tag dort zu verbringen.

Schließlich beendeten sie ihre Sightseeing-Tour am Capitol, dem respekteinflößenden Sitz der U.S.-Legislative, das mit seiner opulenten Pracht auf eindringliche Weise die Macht des Volkes symbolisierte und Tim einen Schauer der Ehrfurcht abnötigte. Es blieb nicht aus, dass die erschreckenden Bilder von der Stürmung des Capitols durch den wütenden Mob der Trump-Unterstützer in ihm hochkamen, aber das tat der feierlichen Stimmung keinen Abbruch, die er an diesem geschichtsträchtigen Ort empfand. Gerne hätten sie das Gebäude auch von innen besichtigt, dafür allerdings hätten sie im Voraus eine Führung reservieren müssen, und das hatten sie versäumt. So begnügten sie sich damit, sich Bilder auf ihren Handys anzusehen, die immerhin eine Ahnung vermittelten, wie prächtig und sehenswert sich auch das Innere präsentierte.

Am folgenden Morgen checkten sie aus, fuhren zum Bahnhof Washington Union Station unweit des Capitols und bestiegen dort den Amtrak-Zug Richtung Harpers Ferry.

Nachdem sie das Stadtgebiet hinter sich gelassen hatten, ratterte der Zug entlang der Grenze zwischen den Bundesstaaten Maryland und Virginia, passierte beschauliche Städtchen, dichte Wälder, sattgrüne Wiesen, weitläufige Felder, auf denen Traktoren ihre Bahnen zogen, folgte zeitweise dem Lauf des Potomac River und bot dem Auge reichlich Abwechslung und landschaftliche Reize, sodass die Zeit im Handumdrehen verging.

Gegen Mittag erreichten sie schließlich Harpers Ferry. Das Örtchen war schon bei der Anfahrt mit dem Zug ein Anblick, wie er malerischer kaum hätte sein können: Eingerahmt vom Shenandoah River und dem Potomac, die hier zusammenflossen, lag es mitten im Wald und wirkte wie eine liebevoll in jahrelanger Kleinstarbeit gestaltete Modelleisenbahnanlage: ein wahres Schmuckstück. Harpers Ferry Station sah aus wie ein Kleinstadtbahnhof aus einem Western: Rote Holzfassade und Schindeldach mit einem putzigen kleinen Türmchen. Das Stadtbild präsentierte sich pittoresk und historisch-anheimelnd wie aus einem früheren Jahrhundert.

„Oh mein Gott, ist das hübsch!“, schwärmte Jessy, als sie ausstiegen. „Hier möchte ich am liebsten den Rest meines Lebens verbringen!“

„Du hast ja noch gar nicht viel gesehen!“, lachte Tim.

„Egal, das reicht mir schon. Ich verkauf die Ausrüstung wieder und suche mir eine Wohnung!“

„Schade, ich wäre gerne mit dir zusammen gewandert“, witzelte Tim.

„Aber im Ernst, ist das nicht unglaublich?“

„Ja, absolut!“

Zu ihrem Bed and Breakfast war es nicht weit, und so gingen sie die Strecke zu Fuß. Fürs Laufen waren sie schließlich hergekommen. Tatsächlich sah der Ort aus wie komplett aus der Zeit gefallen. Es war, als hätten sie eine Zeitmaschine benutzt und wären im Wilden Westen des 19. Jahrhunderts gelandet: Vom Zahn der Zeit gezeichnete Holzhütten, herrschaftliche Villen und zauberhafte Vorgärtchen mit Säulen und Veranden prägten das Bild. Als sie schließlich ihre Übernachtungsstätte erreicht hatten, fing Jessy aufs Neue an zu schwärmen. Sie zog an seinem Ärmel und rief:

„Guck dir das an! Oh Mann!“

Es war ein graues Holzhäuschen mit roten Dachziegeln und einem kleinen Minitürmchen. Tim war begeistert. Sie sogen den Anblick eine Weile lang in sich auf, bis eine Frau aus dem Nachbarhaus angelaufen kam und sie begrüßte – offenbar die Gastgeberin, eine steinalte hagere Dame in violettem Blümchenkleid und einer Schmetterling-Sonnenbrille mit dickem rotem Rand, vermutlich original aus den Fünfzigerjahren.

„Seid ihr die Leute aus Deutschland?“, fragte sie auf Englisch mit quäkendem Ostküstenakzent und nahm ihre Sonnenbrille ab.

Sie bejahten.

„Ich bin Rose“, strahlte sie und schüttelte herzlich ihre Hände. Ihre fühlte sich hager und knochig an, aber zugleich warm und sanft. Tim und Jessy stellten sich ebenfalls vor.

„Willkommen! Ihr habt bestimmt eine lange Reise hinter euch. Kommt, ich führe euch in eure Unterkunft!“

Während sie die beiden hineinführte, erzählte sie plappernd von der Geschichte des Hauses, das schon seit vier Generationen im Familienbesitz war, und zeigte ihnen Küche, Bad und die beiden Schlafzimmer. Die Einrichtung war märchenhaft altmodisch: Bad und Küche hatten vermutlich über sechzig, siebzig Jahre oder mehr auf dem Buckel, es gab antiquarische Fliesen und Armaturen, eine ziemlich angeschlagene Emaille-Badewanne, und es roch irgendwie nach alter Seife, war aber tadellos sauber. In den Zimmern standen bejahrte Möbel wie aus Großmutters Zeiten, auf Bettwäsche und Vorhängen prangten opulente Blumenmuster, die so absurd hässlich daherkamen, dass sie schon wieder kultverdächtig waren; selbstgemachte Häkeldeckchen lagen auf den Nachttischen, und alles roch ein bisschen stockig und nach altem morschem Holz. Aber das tat der Gemütlichkeit dieses Plätzchens keinen Abbruch. Alles war sauber, surreal und einfach herrlich.

„Ihr wollt also den Trail wandern?“, fragte die Dame.

„Genau!“

Sie nickte anerkennend. „Ich bin mal ein paar Tage gewandert. Als ich noch viel jünger war. Richtig mit Zelten und so. Also, für mich war das nichts. Schon wegen der Wölfe und der Bären.“

Tim wunderte sich, dass diese freundliche Dame so negativ sprach.

„Haben Sie denn Wölfe und Bären gesehen?“, fragte er.

„Das nicht gerade. Aber man weiß ja die ganze Zeit, dass der Wald voll davon ist. Und es sind auch komische Leute unterwegs“, fügte sie hinzu. „Aber ihr seid ja jung und wisst, wie man mit komischen Leuten fertig wird, richtig?“

„Klar“, erwiderte Jessy. „Was für komische Leute meinen Sie denn?“

„Ach, ich glaube ja, man muss schon von Haus aus ein bisschen sonderbar sein, um den AT zu wandern. Ich meine – ihr seid natürlich eine Ausnahme.“

„Selbstverständlich!“, sagte Tim. Einen Moment lang überlegte er, was AT bedeutete und kam schnell darauf, dass es natürlich eine Abkürzung war für Appalachian Trail.

„Gerade dieser Tage hatte ich einen komischen Vogel zu Gast, der auch zum Wandern gekommen ist. Chayton hieß der. Glaubt es oder glaubt es nicht, aber er war barfuß! Und so wollte er auch den Trail wandern."

„Wirklich?!", gab Jessy zurück.

„Wenn ichs doch sage! Er erzählte, dass er indigene Vorfahren hatte, und so sah er auch ein bisschen aus. Daher wohl auch der Indianer-Name." Sie unterbrach sich, fasste sich kurz mit der flachen Hand vor den Mund und sagte: „Huch, das sagt man ja nicht mehr." Sie hatte das englische Wort indian verwendet.

„Kein Problem", lächelte Jessy.

„Wie auch immer", fuhr die Alte fort, „jedenfalls stellt euch vor: Er sagte, er wäre ein Schamane! Ich muss wirklich sagen, der hatte was richtig Unheimliches. Ich war froh, als er wieder auscheckte."

Jessy nickte nachdenklich.

„Wandert ihr nach Norden oder Süden?"

„Süden", gab Jessy zurück.

„Dann lauft ihr ihm vielleicht über den Weg. Er ist vorgestern auch nach Süden gestartet."

„Tja, mal sehen...", antwortete die Jüngere.

„Also, hier ist der Schlüssel", sagte Rose, „wenn ihr irgendwas braucht, findet ihr mich nebenan."

„Danke!"

Damit verabschiedete sich die Dame, und Tim und Jessy machten sich frisch und aßen dann ihren Lunch in einem netten kleinen Restaurant. Dort gab es so genannte Buffalo Burger, also Burger aus Büffelfleisch. Sie schmeckten zünftig und saftig, aber auch nicht sonderlich anders als normales Rind. Dazu gab es French Fries, Coleslaw und Limo aus riesigen bräunlichen Plastikgläsern, die gespickt waren mit Eiswürfeln.

„Grauenhaft ungesund!", bemerkte Jessy. „Und sehr geil!"

Sie lachten und ließen es sich schmecken. Danach brachen sie auf zu ihrer kleinen Stadterkundung. Ihr erstes Ziel war der Sitz der Appalachian Trail Conservancy, der Hauptverwaltung des Wanderwegs. Dort gab es auch ein Besucherzentrum. Es war untergebracht in einem hübschen weißen zweistöckigem Bau, dessen unteres Geschoss aus einer urigen Natursteinwand bestand. Feierlich betraten sie das Gebäude und schauten sich um. Sie waren die einzigen Besucher.

„Wow, sieh dir das mal an!", sagte Jessy und zeigte auf ein riesiges kastenähnliches Ding. Wie sich herausstellte, war das eine Karte des Appalachian Trail – oder besser gesagt: ein Modell in großem Maßstab. Es war etwa viereinhalb Meter breit und zeigte den Trail, wie er sich über die zahllosen Gipfel der Appalachen schlängelte. Ihnen blieb der Atem weg. Jetzt erst wurde ihnen so richtig deutlich, was das bedeutete: 3.500 Kilometer Wanderweg! Sie suchten nach dem Abschnitt, den sie zu wandern geplant hatten und stellten betreten fest, was für eine vergleichsweise kurze Strecke das war – gemessen an der Gesamtlänge des Pfads. Und doch wirkten die 700, 800 Kilometer, die sie zu wandern beabsichtigten, wie eine unfassbar lange Reise mit einer schier endlosen Reihe von Bergen, die es zu erklimmen galt.

„Gibt es wirklich Leute, die den ganzen Weg laufen?“, fragte Tim ungläubig.

„Man kann es sich einfach nicht vorstellen, oder?“, erwiderte Jessy.

Ein Angestellter des Besucherzentrums kam zu ihnen. Laut dem Namensschild, das er auf der Brust trug, war sein Name Noah.

„Hi, welcome to Harpers Ferry!“, sagte er und fuhr auf Englisch fort: „Haben Sie irgendwelche Fragen?“

„Wir staunen gerade, dass es tatsächlich Leute gibt, die den ganzen Weg laufen“, antwortete Jessy. Ihr Englisch war ziemlich gut.

„Ja“, sagte Noah, „wir nennen sie Thruhikers. Die meisten starten im Frühjahr am Springer Mountain in Georgia und wandern nordwärts. Von da an sind es ungefähr fünf Millionen Schritte bis zum Mount Kathadin in Maine. Seid ihr SOBOs oder NOBOs?“

„Sind wir was bitte?“, fragte Jessy.

„Southbound oder northbound?“, fragte der Mann, also Südwärts- oder Nordwärts-Wanderer.

„Ach so“, lachte Jessy, „wir laufen nach Süden. Ich habe gelesen, dass das viele Vorteile hat, weil die meisten nordwärts wandern – so wie Sie sagten.“

„Sehr richtig. Ihr vermeidet es, mit einem ganzen Pulk zu wandern – und um die Schlafplätze in den Schutzhütten zu wetteifern.“

„Und wo seid ihr gestartet?“

„Wir starten hier“, gab Jessy zurück.

„Oh, okay. Das ist ungewöhnlich, aber eigentlich eine gute Idee. Und wie lange wollt ihr laufen?“

„Knapp sechs Wochen. Wir wollen durch den Shenandoah National Park wandern und dann durch die Smokies."

„Ja, wundervoll! Ihr könntet euch unter anderem auf eine fantastische Pflanzen- und Tierwelt freuen. Es gibt Weißwedelhirsche, Schwarzbären, Waschbären, Rotluchse, Nordoppossums, Skunks, Füchse, Kojoten, Flussotter, Biber und Florida-Waldkaninchen, über 200 Vogelarten – und Vieles mehr. In abgelegenen Gebieten sollen Pumas leben und angeblich auch Berglöwen."

„Okay, die muss ich nicht unbedingt antreffen", sagte Jessy. „Aber Waschbären sehen fände ich schon toll!"

„Kann durchaus vorkommen!", sagte Noah.

Jessy strahlte.

„Ich würde gerne nochmal auf die Thruhiker zurückkommen", sagte Tim, „wissen Sie, wie viele Wanderer den kompletten Trail gehen?"

„Pro Jahr starten 2.500 bis 3.000 Wanderer mit dem Vorsatz, den ganzen Trail zu laufen. Fast ein Viertel von ihnen gibt bereits nach einer Woche auf. Ein Drittel der Wanderer schafft es nur bis hierher, nach Harpers Ferry. Dann beschließen sie, dass die Hälfte genug ist und beenden ihre Wanderung. Das hören wir ziemlich oft. Nur gut zehn Prozent schaffen wirklich die gesamte Strecke. Viele unterschätzen die Strapazen."

„Kann ich mir denken", erwiderte Jessy.

„Und dann wieder gibt es erstaunliche Persönlichkeiten unter den Thruhikern. Einer war über achtzig

Jahre alt. Und legendär war Bill Irwin: Ein Blinder, der mit seinem Blindenhund gewandert ist und angeblich 5.000 Mal hingefallen ist."

„Wow!"

„Und berühmt ist auch Emma 'Grandma' Gatewood. Sie hat den Trail mit über 60 zweimal geschafft, und das obwohl sie ziemlich verwirrt war und sich andauernd verlaufen hat."

„Wahnsinn!", sagte Tim.

„Wie lange seid ihr noch in der Stadt?", fragte Noah zum Schluss.

„Bis morgen früh", erwiderte Tim.

„Dann solltet ihr euch auf jeden Fall auch das John-Brown-Wachsfiguren-Museum ansehen. Da erfahrt ihr alles über den berühmten Bürgerrechtler, eine spannende historische Persönlichkeit!"

„Danke für den Tipp!", erwiderte Tim.

Sie verabschiedeten sich und traten nach draußen.

„Spannende Persönlichkeit?", fragte Tim, „hast du schon mal von dem gehört?"

„Ich bin dem Namen nur flüchtig begegnet bei meinen Recherchen. Komm, wir gucken uns das mal an."

Das Museum entpuppte sich als durchaus sehenswert. Mit einigermaßen realistisch wirkenden Wachsfiguren wurden hier die Ereignisse rund um den Bürgerrechtler John Brown dargestellt. Dieser tapfere Mann aus Connecticut kämpfte im 19. Jahrhundert gegen die Sklaverei und schmiedete den Plan, die nordamerikanischen Sklaven zu befreien und im Nordwesten von Virginia mit ihnen einen eigenen

Staat zu gründen. Um das zu bewerkstelligen, baute er eine Privatarmee auf, mit der er dann ein Waffenarsenal des US-Heeres angreifen und plündern wollte, um genug Waffen zu haben für die Sklaven, die er befreien wollte. Mit diesen Waffen gedachte er, durch die Lande zu ziehen und unterwegs alle Sklaven dazu zu ermutigen, sich ihnen anzuschließen. Auf diese Weise wollte er in letzter Konsequenz eine Revolution anzetteln. Im Prinzip eine grandiose, bewundernswerte Idee. Nur leider war der ganze waghalsige Plan von Anfang an zum Scheitern verurteilt, vor allem weil Browns Privatarmee aus gerade mal 21 Personen bestand.

Im Oktober 1859 führte er also den Plan durch – und zwar in Harpers Ferry, da hier eine Waffenfabrik nebst reich bestücktem Arsenal stand, und es kam, wie es kommen musste: Innerhalb von weniger als 48 Stunden wurde der Aufstand von US-Truppen niedergeschlagen, und kein einziger Sklave schloss sich ihnen an. Insgesamt starben 17 Menschen, Brown überlebte zunächst, wurde aber zwei Monate später wegen Hochverrats gehängt.

Trotz dieser Pleite ging der Vorfall in die Amerikanische Geschichte ein, denn er schlug eine Menge Wellen und brachte das Sklavereiproblem der breiten Masse verschärft zu Bewusstsein, und er gilt daher als einer der Auslöser des Bürgerkriegs und als wichtiger Meilenstein bei der Abschaffung der Sklaverei. So wurde Harpers Ferry zu einem historischen Schauplatz von großer nationaler Tragweite.

Nach dem Museum liefen sie weiter durch das historische Örtchen bis zum John-Brown-Fort. Dabei handelte es sich um eine alte Feuerwache aus Backstein (auch dieses Gebäude hatte ein kleines Türmchen). Hier hatte Brown sich mit seinen Leuten verschanzt, nachdem sie das Waffenarsenal überfallen hatten.

Während sie sich umsahen, rief Jessy plötzlich:

„Okay, das ist jetzt ein magischer Moment!"

Tim brauchte einen Moment, um zu verstehen – und zwar bis er am Ende der Straße das Schild sah:

„Appalachian National Scenic Trail", stand da, schlicht und unprätentiös.

Er lief zu Jessy und schaute mit ihr auf den Fußweg, der hier von der Straße abging. Zwar führte der AT an dieser Stelle nordwärts – also nicht in die Richtung, in der sie morgen aufbrechen wollten – trotzdem war es ein erhebender Augenblick, zum ersten Mal einen Fuß auf den Trail zu setzen. Etwas später wurde ihnen klar, dass sie bereits vorher auf dem Trail gewandert waren – weil er hier in Harpers Ferry teilweise über die Straßen verlief. Jetzt aber genossen sie das inspirierende Gefühl, erstmals mit ihrem Wanderweg auf Tuchfühlung zu gehen.

Von hier aus liefen sie weiter zum so genannten Point Of The Rivers, der Stelle, wo der Shenandoah in den Potomac River mündete, und schauten andächtig in das strömende Wasser. Der Shenandoah River würde in den kommenden Wochen immer in ihrer Nähe sein, denn der Appalachian Trail verlief in dieser Gegend über weite Strecken parallel zu ihm.

Den Rest des Tages verbrachten sie damit, weitere Sehenswürdigkeiten des Ortes zu erkunden und zu guter Letzt, sich mit Proviant einzudecken. Sie gingen zu einem kleinen Lebensmittelladen, und kauften Wasser, einige Rollen Toilettenpapier sowie einen guten Vorrat an Müsli und einige Äpfel. Sie hatten beschlossen, auf ihrer Wanderung nicht zu kochen – weder Essen noch Tee oder Kaffee – damit sie sich das Equipment dafür sparen konnten, also Campingkocher, Gaskartuschen, Kochtöpfe und Ähnliches.

„Kein Kaffee?", hatte Tim gefragt. „Wie soll ich das schaffen?!"

„Kaffee ist für dich gar nicht so gut", hatte sie entgegnet. „Koffein steigert Blutdruck und Puls und erzeugt unnötigerweise eine innere Unruhe – und kann deswegen sogar Angstzustände auslösen. Probier es mal ohne!"

Und so hatte Tim zähneknirschend eingewilligt, dass sie während der Wanderung darauf verzichten wollten. Eigentlich hätte Tim auch gerne ein paar Schokoriegel mitgenommen, aber auch darauf verzichteten sie lieber, weil Bären extrem heiß auf Schokolade waren und davon angelockt wurden wie von kaum etwas anderem.

Jetzt suchten sie ein schönes Restaurant fürs Dinner und fanden ein einladend wirkendes gehoben-rustikales Lokal, in dem sie sich zur Feier des Tages ein Steak gönnten, und dann fielen sie ziemlich zeitig in ihre Betten, weil ihnen der Jetlag noch in den Knochen steckte. Noch vor neun Uhr war Tim eingeschlafen.

Nachdem sie zum Frühstück in einem kleinen Restaurant noch einmal Pancakes mit Ahornsirup geschlemmt hatten, machten sie sich auf den Weg. Zunächst liefen sie durch die Sträßchen von Harpers Ferry bis zur Shenandoah River Bridge, um dort den Fluss zu überqueren und dann Richtung Süden zu marschieren. Die Brücke war ein schmuckloses Betonmonster, hauptsächlich für die Fahrspuren der US Route 340, mit schmalen Streifen für Fußgänger. Nachdem sie den Fluss überquert hatten, ging es noch eine kurze Strecke auf der Brücke weiter, bis sie ein kleines, unscheinbares Treppchen am Straßenrand fanden.

Sie stutzten einen Moment, und Jessy fragte:

„Ist das wirklich der Zugang zum Trail?"

„Ja, da stehts." Tim wies auf ein Schild.

„Dann runter mit uns."

Sie stiegen die Stufen hinunter. Der Zugang war seltsam unspektakulär, fand Tim, gemessen daran, was für ein feierlicher Moment es für ihn und Jessy war. Unten angekommen standen sie mitten im Wald. Nur ein schmaler Pfad war zu sehen, außerdem Wegmarken an einem Baum, die den Trail markierten.

„Wir sind da!", sagte Jessy in einem bedeutungsvollen Ton.

Einen Augenblick lang standen sie einfach da, sogen die holzige-würzige Waldluft ein, lauschten dem Zwitschern der Vögel, dem Rauschen des leichten Windes in den Blättern und dem Summen der Insekten. Ein bisschen nervig waren winzige mückenartige

Biester, die in der Luft schwirrten, aber davon wollte Tim sich nicht die feierliche Stimmung verderben lassen.

„Herrlich, oder?“, fragte Jessy und strahlte.

„Ja! Unser neues Zuhause für die nächsten sechs Wochen!“

Sie drückte ihm einen Schmatzer auf die Wange und sagte:

„Also auf geht's!“

Und so begannen sie ihre Wanderung durch die endlosen Wälder der Appalachen.

9

Das Gehen mit dem schweren Rucksack hatten sie zwar schon ein wenig erprobt, aber jetzt, mit dem zusätzlichen Gewicht des Proviants, erwies es sich als spürbar beschwerlicher, als sie erwartet hatten. Offenbar wollte Jessy sich nichts anmerken lassen, denn sie lief ohne zu klagen, und so hütete sich auch Tim, irgendwelche Laute der Anstrengung von sich zu geben. Jedenfalls war Jessy für ihre Verhältnisse auffallend schweigsam.

Sie stapften wortlos durch den Wald, entlang der Staatsgrenze von Virginia und West Virginia. Der Weg war leidlich gut ausgebaut, eher ein Trampelpfad als ein Wanderweg, und es ging immer wieder auf- und abwärts, zum Glück nie wirklich steil. Hier und da tauchte zwischen den Bäumen der Shenandoah River auf, und immer hörbar und zum Teil auch sichtbar war eine Straße, die irgendwo in einiger Entfernung verlief. Ansonsten bot der Wald wenig Abwechslung fürs Auge. Mangels Ablenkung wurde nun umso mehr spürbar, was Tim auszublenden suchte: Die Riemen des Rucksacks zogen an Rücken und Schultern, und beides tat ihm zunehmend weh. Doch noch immer gab er sich alle Mühe, dass seine Begleiterin davon nichts merkte.

Schließlich, nach etwa einer Stunde, blieb Jessy plötzlich stehen, schnallte den Rucksack ab, stellte ihn am Wegesrand auf den Boden und setzte sich kurzerhand darauf.

„Ich kann nicht mehr!", keuchte sie.

„Danke, dass du das sagst!", sagte er, folgte ihrem Beispiel und setzte sich zu ihr. „Ich dachte schon, ich wäre der Einzige!"

In den vier Wochen vor der Reise hatten sie schon in Berlin das Wandern trainiert, indem sie regelmäßig lange Spaziergänge gemacht hatten. Aber das Wandern mit Rucksack war damit nicht zu vergleichen.

Sie saßen eine Weile lang, streckten und räkelten Rücken und Schultern, als eine Wanderin ihnen aus südlicher Richtung entgegen kam. Sie hielt einen Selfiestick vor sich und redete in ihr Handy. Offenbar machte sie ein Videotagebuch oder eine Instagram-Story oder so etwas. Als sie an ihnen vorbeikam, zeigte sie ihrem Publikum die beiden Wanderer auf ihren Rucksäcken, grüßte sie fröhlich und machte dann irgendeine launige Bemerkung für ihre Zuschauer darüber, dass sie schlapp gemacht hatten.

„Toll!“, sagte Jessy und verzog den Mund. „Jetzt sieht die ganze Welt, wie wir hier hocken und keuchen.“

„Naja, ich hoffe mal nicht, dass die so viele Follower hat, aber -“

Weiter konnte er nicht sprechen, denn urplötzlich sprang Jessy schreiend auf und klammerte sich an seinen Arm:

„Was ist das?!“, kreischte sie.

„Was denn?“

„Da!“ Sie zeigte ins Unterholz, und da sah Tim es auch: Keine zwei Meter vor ihnen kroch eine schwarze Schlange über den moosigen Boden. Die zwei wagten nicht sich zu rühren. In diesem Moment kam die Frau mit dem Selfiestick zurück und filmte die beiden unverhohlen, während sie sich ein Lachen verkniff. Offenbar hatte Jessys Geschrei ihre Aufmerksamkeit geweckt.

„Das Biest ist mindestens einen Meter lang!“, flüsterte Jessy, die Frau ignorierend.

„Ihr müsst keine Angst haben!“, lachte die Frau und filmte weiter, wie sie erstarrt da standen und sich an einander festklammerten. „Das ist eine Northern Black Racer, und die ist völlig harmlos. Solche Schlangen gehen in den Zoo, um sich *richtige* Schlangen anzusehen!“

„Sehr witzig!“, grummelte Tim.

„Hoffentlich ist die wirklich harmlos!“, flüsterte Jessy.

„Du musst nicht flüstern!“, lachte die Frau. „Außerdem interessiert die sich gar nicht für uns. Guckt mal, die ist schon fast weg.“

Jessy schaute der Schlange hinterher, wie sie sich immer weiter entfernte, und schüttelte sich.

„Viel Glück noch!“, sagte die Frau und ging lachend ihres Weges, während sie ihren Followern anscheinend irgendwelche unheimlich witzigen Kommentare ins Handy sprach, die Tim und Jessy aber nicht mehr hören konnten.

Noch immer klammerte sie sich stocksteif an ihn, während er selbst sich schon wieder beruhigt hatte. Er glaubte den Worten der nervigen Wanderin.

„Was ist aus Doctor Panic geworden?“, neckte er.

„Du warst bis eben selbst noch in Panik!“, konterte Jessy.

„Aber nur für eine Schrecksekunde.“

„Okay, ich brauche eben etwas länger.“

„Ich dachte, du hättest keine Angst vor Schlangen – hast du jedenfalls in Berlin gesagt.“

„Ja, aber da habe ich auch nicht ernsthaft damit gerechnet, dass wir wirklich einer begegnen. Nach dem, was ich gelesen habe, kriegt man Schlangen praktisch nie zu Gesicht. Und jetzt das! Und auch noch direkt am ersten Tag!“

„Ja, oder? Willkommen auf dem Appalachian Trail!“

„Aber du hast Recht. Ich bin ja nicht irgendwer. Immerhin bin ich Doctor Panic!“ Sie nahm Haltung an. „Wir beruhigen uns erstmal. An den Blumen riechen, die Kerzen auspusten.“

Das praktizierte sie eine Weile lang, bis sie sagte: „Okay, und jetzt gehen wir die Sache rational an. Lass uns doch noch mal recherchieren, was es hier überhaupt für Schlangen gibt!"

„Also gut!"

Er holte sein Handy hervor, googelte und fand eine Seite zum Thema Schlangen in Virginia. Gemeinsam schauten sie auf das Display, während Tim durchscrollte. Es waren erschreckend viele Arten, die es in dieser Gegend gab. Schließlich fanden sie eine, die ihrer schuppigen Bekanntschaft hier am ehesten ähnelte: Es war tatsächlich eine Northern Black Racer. Dann scrollte er weiter und fasste zusammen:

„Anscheinend gibt es hier nur drei Arten, die wirklich giftig sind: die Eastern Copperhead, die Northern Cottonmouth und die Timber Rattlesnake – eine echte Klapperschlange!"

„Soll mich das jetzt beruhigen?!"

„Lass mich doch erstmal weiterlesen. Also, die Copperhead greift normalerweise keine Menschen an. Wenn man eine sieht, sollte man trotzdem Abstand halten und sie nicht nervös machen. Ihr Gift ist nämlich nicht ganz ohne."

„Was heißt das?"

„Für Menschen tödlich."

„Gott...!"

Tim spürte, wie ihm wieder mulmig wurde.

„Und weiter?", fragte Jessy.

„Cottonmouths sind für Menschen nicht tödlich, und greifen wie die Copperheads nur an, wenn sie sich bedroht fühlen. Und die Klapperschlange ist sowieso nicht weiter von Bedeutung, da sie vom Aussterben bedroht ist und man sie somit nie zu Gesicht bekommt."

„Ich will nach Hause!", jammerte Jessy.

Tim schluckte und sagte dann:

„Denk dran, was du in Berlin gesagt hast", erwiderte er. „Schlangenbisse sind extrem selten, und wenn man sich richtig verhält, dann passiert auch nichts. Und ich habe unser Schlangenbiss-Set griffbereit in der Seitentasche vom Rucksack."

Sie nickte.

„Jetzt ruhen wir uns noch ein bisschen aus, und dann laufen wir weiter bis Keys Gap. Das ist nur noch eine gute Stunde. Da gibt es einen Laden und sogar eine Pizzeria."

„Pizza!", sagte sie, und ein Lächeln huschte in ihr Gesicht.

Tim musste lachen:

„Da hätte ich auch keine Einwände. Aber sag mal, ich dachte, wir müssten in der Wildnis picknicken."

„Noch haben wir Schonfrist! Die richtige Wildnis kommt erst noch!"

Sie blieben noch ein Weilchen sitzen, dann machten sie sich wieder auf den Weg. Die Wanderung bis Keys Gap blieb beschwerlich, bot aber einige Abwechslung: Sie sahen plätschernde Gebirgsbäche, feenhafte Wasserfälle, und ab und an bot sich ihnen eine wunderschöne Aussicht über die Wälder hinunter ins Shenandoah Valley.

Um sich auf dem Trail zu orientieren, hatte Jessy im Internet eine spezielle interaktive Karte ausfindig gemacht, auf der sie immer sehen konnten, wo der nächste Shelter war, wo es Einkaufsmöglichkeiten gab, und so fort. Allerdings hing das natürlich davon ab, dass hinreichend Handy-Empfang zur Verfügung stand. Und das war auf dem AT keineswegs immer der Fall.

Als sie endlich ihr Zwischenziel erreicht hatten, mussten sie gefrustet feststellen, dass die Pizzeria geschlossen war. Ihnen blieb nichts anderes übrig, als sich doch ein nettes Plätzchen für ein Picknick zu suchen. Sie ließen sich auf einer Wiese nieder, und Jessy legte ihre Solarpowerbank in die Sonne, eine Art mobile Handy-Tankstelle, die mithilfe von Solarzellen Strom erzeugte und mit der man das Handy unabhängig vom Stromnetz aufladen konnte. Die hatte sie gekauft, damit das Handy auf längeren Strecken im Wald nicht ausfiel. Mithilfe einer Klarsichthülle und einem Riemen hatte sie sie am Rucksack befestigt, damit sie sich unterwegs auflud, wo immer genug Licht durch die Baumwipfel brach. Jetzt aber konnte sie sie direkt in die Sonne legen und einen guten Schwung Energie einfangen.

Nachdem sie ihr Müsli aus Blechschüsseln gefuttert hatten, sagte Jessy:

„Ich glaube, ich muss mich ein bisschen ausruhen!"

Sie legte sich auf die Wiese, und nach wenigen Minuten war sie eingeschlafen. Tim folgte ihrem Beispiel, und als sie erwachten, war eine gute halbe Stunde vergangen. Sie fühlten sich erfrischt und waren bereit, ihre Wanderung fortzusetzen.

Nach ein paar Kilometern sahen sie ihren ersten Shelter: Eine dreiwandige Schutzhütte für Wanderer, dazu ein Grillplatz und ein weiterer überdachter Holzpavillon mit zwei Tischen und Stühlen, der zwar keine Wände hatte, aber immerhin Schutz vor Regen bot. Die eigentliche Schutzhütte hatte Platz für sechs bis acht Leute mit Schlafsäcken.

„Sieht ja eigentlich ganz urig aus", fand Jessy. „hier könnte man bestimmt schön schlafen – wenn man nur nicht mit Schlagen rechnen müsste!"

„Jetzt vergiss mal die blöde Schlange!", sagte Tim.

„Jaja", gab Jessy zurück und musterte weiter die Hütte. „Ich meinte nur... Eigentlich wäre es doch nett, hier zu übernachten, oder?"

Tim schaute auf die Uhr. „Es ist nicht mal drei Uhr. Klar könnten wir hier bleiben. Aber wenn wir noch ein paar Meilen weiter gehen, kommen wir zur nächsten Übernachtungsmöglichkeit, dem Blackburn Trail Center. Meinst du, du schaffst das?"

„Ich schätze schon. Du hast schon Recht, sehr weit sind wir heute noch nicht gekommen."

„Da gibt es allerdings keine Schutzhütte, nur einen Campingplatz."

Jessy überlegte und sagte:

„Das ist kein Problem für mich. Ich würde sowieso lieber im Zelt schlafen. Da kann ich wenigstens den Reißverschluss zumachen und die Schlangen aussperren."

So stapften sie weiter durch den Wald. Über einige Strecken liefen sie auf einem Boardwalk, einem befestigten Weg aus Holzplanken, und teilweise ging es ziemlich steil bergauf und bergab. Als sie am frühen Abend das Blackburn Center erreicht hatten, waren sie völlig entkräftet. Hier stand ein richtiges Hauptgebäude, vielleicht eine Art Besucherzentrum oder Ähnliches, aber es gab weder Gastronomie noch Gästezimmer. Stattdessen war rundherum ein Campingplatz eingerichtet mit Holztischen und -Bänken, die zum Verweilen und Picknicken einluden. Durch eine Schneise im Wald konnte man runter bis ins Tal blicken. Es war alles in allem ein unspektakuläres, aber anheimelndes Plätzchen.

Zwar kamen sie fast um vor Hunger, trotzdem beschlossen sie, zuerst ihre Zelte aufzubauen, bevor es dunkel wurde, und erst dann zu Abend zu essen. Schließlich hatten sie bisher keine Übung darin, und wer wusste schon, wie blöd sie sich dabei anstellen würden.

Wie sich zeigte, war das Aufbauen nicht allzu kompliziert. Nach einer halben Stunde hatten sie es geschafft und ihre beiden Zelte dicht nebeneinander aufgestellt. Und so setzten sie sich endlich an einen der Picknicktische und verschlangen ihr wohlverdientes Abendmüsli mit maximalem Appetit.

10

Sie saßen noch eine Weile zusammen und genossen die Abenddämmerung, als ein Pärchen mittleren Alters aufkreuzte, ihnen aus der Entfernung freundlich zuwinkte und sich dann daran machte, sein Zweierzelt aufzubauen – in gebührendem Abstand zu Tims und Jessys. Bislang waren sie die einzigen weiteren Übernachtungsgäste. Tim staunte, mit welchem routinierten Geschick sie das hinkriegten. Als sie fertig waren, kamen sie Richtung Picknickplatz gelaufen, stellten sich unweit von Tim und Jessy vor die Schneise im Wald und genossen den Blick ins Tal.

Nach einer Weile steuerten sie auf einen der freien Tische zu, grüßten sie im Vorbeigehen freundlich, und die Frau sagte auf Englisch:

„Nettes Plätzchen hier, oder?"

Tim bestätigte. Die Frau blieb stehen.

„Ihr seid nicht von hier, oder? Woher kommt ihr?"

„Aus Berlin."

„Deutschland! So weit! Und ihr seid extra hergekommen, um den Trail zu wandern?"

„Genau!"

„Wow, das gibt es hier nicht so oft. Und wie weit wollt ihr gehen?"

„Wir haben uns sechs Wochen vorgenommen."

Sie nickte anerkennend.

„Wo seid ihr gestartet?"

Tim gab Auskunft.

„In Harpers Ferry?", schaltete sich nun der Mann ein. „Dann seid ihr ja noch nicht sehr lang unterwegs!"

„Heute früh gestartet!", erwiderte Tim.

„Irre!", lachte die Frau. „Und? Wie gefällt es euch bisher?"

Sie schaute zu Jessy, die nicht unbedingt fröhlich aussah.

„Es ist ganz schön anstrengend!", sagte sie. „Härter, als wir dachten!"

„Ja, das ist immer so am Anfang!", lachte der Mann. „Uns ging es beim ersten Mal auch nicht anders. Aber man gewöhnt sich schnell daran. Und wenn man gar nicht mehr kann, dann macht man eben mal einen Tag Pause. Ihr werdet sehen! Wenn ihr nicht gleich aufgebt, werdet ihr noch eine tolle Zeit haben!"

„Ja, auf jeden Fall!", pflichtete die Frau strahlend bei.

Jessys Miene hellte sich auf bei diesen aufmunternden Worten.

„Setzt euch doch zu uns!", forderte sie die beiden auf.

Die zwei folgten der Einladung und packten ihr Picknick aus: Sandwiches und Limo. Sie stellten sich vor als Dave und Evie.

„Wenn ihr in Harpers Ferry gestartet seid, dann habt ihr ja heute 12 Meilen geschafft", stellte Dave fest. „Das sind bei euch in Europa etwa zwanzig Kilometer. Nicht schlecht für den ersten Tag!"

„Danke!", erwiderte Jessy. „Mir tut auch alles weh."

„Also ist das auch eure erste Nacht in der Wildnis!", bemerkte Evie scharfsinnig.

„Ja...", bestätigte Jessy, und ihr Gesicht nahm wieder einen missmutigen Ausdruck an.

„Ist das nicht so dein Ding?", fragte Evie lachend.

„Wir haben heute eine Schlange gesehen!", sagte Jessy und erzählte von der Begegnung.

„Und, was war das für eine?"

„Wir glauben, es war eine... wie hieß die noch?", wandte Jessy sich an Tim.

„Northern Black Racer."

„Na, aber die ist doch harmlos!", erwiderte Evie.

„Ja", gab Jessy zurück, „aber es gibt auch giftige Schlangen in dieser Gegend."

Evie lachte erneut:

„Also, wir wandern den Trail jetzt schon seit über zehn Jahren, jedes Jahr für drei Wochen. Und wir sind schon einer Menge Leute begegnet. Aber ich habe noch nie davon gehört, dass jemand von einer Schlange gebissen wurde. Klar, ab und zu sieht man mal eine, aber wenn man ein bisschen aufpasst, wo man hintritt, und nicht gerade nachts barfuß und im Dunkeln rumläuft, ist das überhaupt kein Problem."

Jessy nickte.

„Etwas anderes ist das mit den Schwarzbären", sagte Dave. „Wir sind mal einem begegnet."

„Oh ja!", nickte Evie eifrig. „Das war beängstigend!"

„Ja, aber auch wunderschön", fuhr Dave fort. „Wir liefen nichts Böses ahnend den Weg lang. Das war in den Blue Ridge Mountains. Wir hatten gerade unseren Lunch gegessen – und vielleicht hatte der Duft den Bären angelockt. Jedenfalls gingen wir um die Kurve, und da sahen wir ihn. Ungefähr 50, 60 Fuß entfernt – also vielleicht 20 Meter. Wir blieben schlagartig stehen und hielten den Atem an. Der Bär drehte den Kopf nach uns und schaute vorsichtig. Mein Herz pochte wie wild, das kann ich euch sagen."

„Ja, meins auch!“, pflichtete Evie bei. „Aber zum Glück wussten wir genau, wie man sich in so einer Situation verhält, und das taten wir auch.“

„Was habt ihr gemacht?“, fragte Tim.

„Man soll Bären nie den Rücken zudrehen“, erklärte Evie, „sondern sie im Auge behalten und langsam rückwärts gehen. Und das haben wir dann auch gemacht.“

„Aber vorher habe ich noch Bilder geschossen!“, sagte Dave stolz. Er holte sein Handy raus und zeigte die Aufnahmen, insgesamt fünf Stück. Der Bär war ein ziemlich beeindruckendes, massiges Vieh mit schwarzem Fell. Wirklich bedrohlich wirkte sein Gesichtsausdruck nicht. Er war zwar nicht gerade niedlich wie ein Teddy, aber hatte doch ein einigermaßen gutmütiges Gesicht. Die Bilder sahen sich alle recht ähnlich, aber man erkannte, dass der Bär eher neugierig wirkte und nicht verstört oder nervös.

„Wow!“, machte Jessy. „Tolle Bilder!“

Dave nickte stolz: „So viel Glück hat nicht jeder.“

„Was habt ihr dann gemacht?“, wollte Jessy wissen.

„Wir haben eine Weile lang gewartet und immer wieder mal geschaut, was der Bär macht. Irgendwann sahen wir, wie er sich zwischen den Bäumen aus dem Staub machte. Dann sind wir einfach weiter gewandert.“

„Wahnsinn!“, sagte Tim.

„Ja“, erwiderte Evie, „das war ein tolles Erlebnis!“

„Da könnte ich drauf verzichten…“, merkte Jessy an.

„Wenn du Angst hast“, entgegnete Evie, „dann könnt ihr euch unterwegs einfach laut unterhalten oder singen. Das schreckt die Bären schon von Weitem ab!“

„Singen?!“, lachte Jessy.

„Klar, warum nicht?“, gab Evie zurück. „Das machen manche Wanderer. Das macht ja auch Spaß und verkürzt die Zeit.“

„Ich überlegs mir“, lachte Jessy.

„Es gibt ja wirklich Leute, die versuchen, Selfies mit Bären zu machen – und die landen dann gerne mal im Krankenhaus!“, erzählte Evie.

„Ja“, sagte Dave. „Es soll sogar mal eine Mutter gegeben haben, die den Arm ihres Kindes mit Honig eingeschmiert hat, weil sie ein Foto machen wollte, wie der Bär an ihrem Kind leckt. Wie das ausging, kann man sich denken: Das Kind hatte keine Hand mehr.“

„Grauenhaft!“, sagte Jessy.

„Ja, aber ob diese Geschichte wirklich stimmt?!“, wandte Evie ein.

„Wir haben eh nicht vor, Selfies mit Bären zu schießen“, lachte Jessy.

„Wisst ihr, wie ihr euren Proviant vor Bären schützt?“, fragte Dave.

„Ja“, sagte Jessy, „nie mit ins Zelt nehmen, sondern in luftdichte Dosen packen, das Ganze in eine Food Bag, und dann mindestens 50 Meter entfernt in einen Baum hängen. Wir haben das Equipment dabei.“

„Gut!", lobte Dave. „Das ist eine der empfohlenen Methoden. Ich finde, die praktischste. So halten wir es auch. Und habt ihr das schon mal gemacht?"

„Nein."

„Dann kann ich es euch direkt mal zeigen!"

Dave und Evie hatten inzwischen aufgegessen. Sie packten alle Reste in Tupperdosen und die wiederum in einen Beutel, in dem auch ihr übriger Proviant lagerte. Tim machte es wie er, und Dave sagte:

„Jetzt suchen wir uns einen guten Baum."

Alle vier standen auf und hielten Ausschau. Als sie einen gefunden hatten, sagte Dave:

„Jetzt hängen wir den Beutel auf, und zwar mindestens drei, vier Meter über dem Boden und zwei Meter entfernt von Stamm."

Dann machte Dave es vor: Er nahm seine spezielle Kordel mit Karabinerhaken am Ende, warf sie über einen Ast gute vier Meter über dem Boden und ließ dann den Karabiner runter gleiten. Anschließend hängte er den Beutel daran, führte die Kordel in den Karabiner ein, sodass sie darin hindurch glitt, und zog ihn mit der anderen Seite der Kordel hoch bis zum Ast. Schließlich bildete er in der Kordel eine Schlinge, steckte einen Stock durch, ließ die Food Bag wieder ein Stück runter, sodass der Stock nach oben gezogen wurde, bis er am Karabiner festhakte und der Beutel somit hängen blieb.

„Coole Technik!", sagte Tim und machte es ihm nach. Er brauchte einen Moment, den Kniff herauszufinden, mit dem man die Schlinge bildete, aber dann hatte er es raus. Jessy ließ es sich nicht nehmen, das ebenfalls zu üben, und schließlich beherrschten sie beide das Manöver. Danach setzten sie sich zurück an den Tisch und plauderten über dies und das. Als es zu dämmern begann, holte Evie zwei Outdoor-Kerzen und stellte sie auf den Tisch. Das waren zwar nur LED-Lampen, aber die gaben ein angenehm schummriges Licht hier draußen, während der Vollmond aufging und die Grillen zirpten. Es war herrlich urig, und Tim konnte an Jessys Gesicht ablesen, dass sie mit dem Trail schon wieder versöhnt war, so wie er selbst.

Mit einem Mal brachte Evie ein Thema aufs Tapet, das Tim bekannt vorkam.

„Man trifft ja allerlei Sorten Leute auf dem Trail", fing sie an, „aber gestern..."

„Oh ja!", schaltete Dave sich ein, „der Schamane!"

Tim und Jessy horchten auf.

„Von dem hat uns unsere Gastgeberin in Harpers Ferry auch schon erzählt", sagte Jessy. „Die meinte, der wäre unheimlich..."

„Unheimlich...", wiederholte Evie, „ja, das passt. Nachts möchte ich dem nicht begegnen."

„Was ist denn mit dem?", fragte Jessy.

„Also, erstmal... wie der rumläuft!", sagte Evie. „Der trug so braune Wildlederklamotten, eine Hose und eine Art Poncho, wie ein *native american*. Dazu einen braunen Lederhut."

„Klingt doch ganz okay...", fand Jessy.

„Ja", meinte Evie, „aber das Beste ist: Er lief barfuß!"

„Ja, das meinte unsere Gastgeberin auch", entgegnete Jessy, „unfassbar!"

„Sag ich ja!“, gab Evie zurück. „Er kam mittags anspaziert, als wir gerade an einem Shelter Pause gemacht hatten. Fragte, ob er sich zu uns gesellen dürfe und fing dann an zu schwadronieren, wie kraftvoll und lebendig die Natur hier wäre und so Zeug. Auf meine Frage, was er im normalen Leben so macht, meinte er, er wäre Schamane, also hauptberuflich.“

„Wie das?“, lachte Tim.

„Er hat so ein Meditationszentrum in New England, irgendwo in Massachusetts. Da gibt er Kurse und Seminare und sowas“, erläuterte Evie. „Er macht auch irgendwelche alten indigenen Rituale, bei denen man mit den Toten in Verbindung treten und Kontakt mit Naturgeistern aufnehmen kann und so....“

„Ja, und er hatte einen echt eigenartigen Blick“, fügte Dave hinzu. „So leicht abwesend und nicht von dieser Welt. Wirklich unheimlich. Komischer Typ!“

„Ja“, meinte Evie, „als er ging, meinte er zu uns: Mögen die Geister mit euch sein!“

Sie und Dave lachten.

„Und er war Richtung Süden unterwegs?“, fragte Jessy, der ein deutliches Unbehagen anzumerken war.

„Ja“, bestätigte Evie. „Aber keine Sorge, er ist mindestens einen Tagesmarsch vor euch.“

Jessy nickte.

„Ich glaube kaum, dass wir ihn überholen werden“, warf Tim ein, „bei unserem Tempo...“

„Da hast du wohl Recht...“, gab Jessy zurück.

Sie plauderten noch eine Weile, dann sagte Evie, sie brauche dringend Schlaf, und so verabschiedeten sich alle und zogen sich in die Zelte zurück.

„Gute Nacht!“, sagte Tim, bevor er den Reißverschluss seines Zelteingangs zuzog.

„Hoffentlich...!“, gab Jessy zurück und schloss den ihren. Tim machte es sich in seinem Schlafsack bequem und fand es überraschend kuschelig. Es dauerte nicht lang, und er fiel in tiefen Schlaf.

Er hatte keine Ahnung, wie lange er geschlafen hatte, als er plötzlich aufschreckte.

„Tim!“, hörte er Jessy aufgeregt herüber zischen. Er sah auf die Uhr. Es war noch vor Mitternacht.

„Tim!“, zischte sie noch einmal nachdrücklicher.

„Was ist?“, flüsterte er zurück.

„Da ist was!“

„Was denn?“

„Keine Ahnung. Es raschelt, und zwar ganz schön laut!“

Er hörte auf zu atmen und horchte. Tatsächlich, das Geräusch war ziemlich deutlich und eindringlich.

„Ob das ein Bär ist?“, flüsterte Jessy.

Tim horchte weiter. Wieder Geräusche. Ein Rascheln, dann eine Art Schnaufen – und wieder Rascheln. Tim spürte sein Herz klopfen.

„Keine Ahnung, was das ist...“, flüsterte er.

„Und wenn es wirklich ein Bär ist?“

„Glaube ich nicht“, brachte Tim hervor. Er versuchte beruhigend zu klingen, aber in Wahrheit war er genauso beunruhigt.

Wieder ein Rascheln.

„Es wird lauter!“, wisperte Jessy verängstigt.

Tim horchte, und tatsächlich schienen die Geräusche näher zu kommen.

„Ich hab Angst!", wimmerte sie leise.

„Es wird schon nichts passieren...", gab er zurück und versuchte, auch sich selbst damit zu beruhigen. Möglichst lautlos holte er sein Klappmesser aus seiner Hüfttasche, das er extra für die Wanderung angeschafft hatte.

„Kann ich zu dir rüber?"

Tim schaute sich um. Das Zelt war nicht gerade groß. Zu zweit würde es sehr kuschelig werden.

„Klar...", antwortete er.

Sie schwieg eine Weile lang.

„Wo bleibst du?", flüsterte er.

„Ich weiß nicht, wie ich das machen soll..."

„Komm einfach rüber!", gab er zurück.

„Aber dann muss ich ja erstmal aus meinem Zelt raus... ins Freie!"

„Hmm."

„Wie weit ist das Vieh wohl weg?", flüsterte sie.

„Keine Ahnung... vielleicht so zehn, fünfzehn Meter?"

„Das ist ganz schön nah... Kannst du nicht zu mir rüber kommen?", fragte sie flehentlich.

„Klar, ich komm rüber."

Vorsichtig und so geräuschlos wie möglich öffnete er den Reißverschluss und schaute raus. Viel war nicht zu sehen. Der Mond steckte offenbar hinter einer Wolke. Er nahm sein Handy, startete die Taschenlampen-App und leuchtete raus. Jetzt konnte er das Gras vor den Zelten ganz gut sehen, aber irgendwelche Tiere konnte er nicht erkennen. In weiterer Entfernung verlor sich das Licht. Er sah genau nach, ob er irgendwo die Silhouette eines Tieres sehen konnte, aber da war nichts.

„Ich glaube, die Luft ist rein“, flüsterte er, „mach mal dein Zelt auf. Ich komm rüber.“

„Okay“, gab sie zurück und öffnete behutsam ihr Zelt. Gerade, als Tim aus seinem herausgeklettert war, hörte er plötzlich wieder ein Rascheln, und zwar ziemlich laut.

„Tim!“, zischte Jessy panisch.

Er spürte, wie sein Puls raste. Vorsichtig leuchtete er in die Richtung, aus der das Rascheln gekommen war, und plötzlich war ihm, als sähe er zwei leuchtende Augenpaare. Hektisch krabbelte er zu Jessy ins Zelt. Sie sahen sich eine Weile lang verängstigt an, dann sagte Tim plötzlich:

„Shit!“

„Was ist?“

„Ich habe meinen Schlafsack vergessen!“

„Oh nein... dann musst du wohl nochmal rüber.“

„Keine Chance! Ich habe Augenpaare gesehen.“

„Augenpaare? Wie gruselig!“

„Ja...“

„Was waren das für Viecher?“

„Ich weiß es nicht. Das kann alles Mögliche gewesen sein. Vielleicht zwei Bären...“

„Und jetzt?“

„Keine Ahnung... jetzt warten wir erstmal ab.“

„Was hast du da?“, fragte sie mit Blick auf das Messer, das er in der rechten Hand hielt.

„Wie sieht es denn aus?“, gab er zurück.

„Glaubst du, dass so ein Messer gegen einen ausgewachsenen Bären hilft – oder zwei?“

„Keine Ahnung... ich hoffe!“

Zu zweit hockten sie in Jessys Zelt, sie im Schlafsack, er ungeschützt in der kühlen Nachtluft, in T-Shirt und Boxershorts, und allmählich begann er zu frieren. Nach einer Weile stellten sie fest, dass das Rascheln leiser zu werden schien, und bald fasste Tim seinen Mut zusammen und holte seinen Schlafsack rüber. Als sie schließlich nebeneinander in ihren Schlafsäcken lagen, flüsterte Jessy:

„Ich glaube, diese ganze Sache ist nichts für mich. Ich glaube, es ist besser, wir kehren wieder um.“

„Ist das dein Ernst?“

Er drehte sich auf die Seite und schaute Jessy ins Gesicht.

„Ich denke schon. Ich habe echt Angst.“

„Ehrlich gesagt geht es mir auch nicht viel besser.“

Er nahm ihre Hand. Nach einer Weile sagte er:

„Aber du bist doch Doctor Panic! Ich dachte, du hättest Methoden gelernt gegen Angst.“

„Ja, stimmt...“

„Was für Methoden hast du denn genau gelernt?“

„Tja...“, sie überlegte und sagte dann: „Zum Beispiel... PMR – progressive Muskelrelaxation.“

„Und was ist das?“

„Eine Entspannungsmethode halt. Du spannst der Reihe nach die Muskeln in deinem Körper für ein paar Sekunden ganz doll an und lässt sie dann bewusst wieder los. Dabei versuchst du ganz ruhig zu atmen.“

„Aha..."

„Ich weiß schon, du bist skeptisch bei Entspannungsmethoden. Aber ich habe sie ausprobiert, und sie funktioniert. Mein Therapeut meinte damals, dass das die am besten erforschte Methode sei und dass sie daher auch am häufigsten empfohlen wird. Und noch etwas spricht dafür: Sie ist die Methode, die am leichtesten zu erlernen ist."

„Okay, meinetwegen. Dann machen wir das jetzt mal. Was muss ich tun?"

„Erstmal drehst du dich locker auf den Rücken und atmest ruhig und langsam. Und dann ballst du die rechte Hand zur Faust und spannst so doll an, bis deine Muskeln weh tun. Das hältst du zehn Sekunden lang, ohne den Rest des Körpers zu verkrampfen und atmest ruhig weiter."

Tim tat, was sie sagte, und sie selbst machte mit.

„Und jetzt lässt du die Hand wieder locker und spürst bewusst, wie entspannt sich die Muskeln anfühlen."

„Ja, fühlt sich ganz angenehm an."

„So, und das machen wir jetzt mit der linken Hand."

So taten sie, und setzten dann die Übung fort, indem sie nacheinander die Arme, die Beine, das Gesäß, den Rücken, Bauch und Brust, Schultern und Nacken und zu guter Letzt die Gesichtsmuskeln anspannten und wieder entspannten.

„Und, was sagst du?", fragte Jessy.

„Tja, ich muss sagen, ich fühle mich wirklich entspannter... und innerlich ruhiger."

„Geht mir auch so. Irre, oder? Angeblich werden durch diese bewussten Muskelentspannungen weitere Beruhigungseffekte ausgelöst: die Herzfrequenz geht runter, der Blutdruck sinkt, die Atmung wird ruhiger und so weiter. Also, ich komme gut damit zurecht. Gut dass du mich dran erinnert hast!"

„Ja, zu blöd, wenn man vor lauter Anspannung vergisst, dass man Entspannungsmethoden beherrscht!"

Sie lachten.

„Also, wenn du dich dafür interessierst", sagte Jessy, „dann würde ich in Berlin mal einen richtigen Kurs machen. Ich konnte dir jetzt eine ungefähre Vorstellung vermitteln, aber besser ist es natürlich, wenn man das bei einem richtigen Profi lernt."

„Ich werde es mir überlegen."

Inzwischen war es still um sie herum, nur das Zirpen der Grillen war zu hören und das sanfte Rauschen des Windes in den Wipfeln. Es dauerte nicht lange, da hörte er Jessys leises Schnarchen, und kurz darauf fiel auch er in tiefen Schlaf.

11

Als Tim erwachte, war es bereits taghell, und er fühlte sich wunderbar ausgeschlafen. Allerdings hatte er einen ordentlichen Muskelkater in den Beinen, im Rücken und den Schultern. Er setzte sich auf und schaute auf die Uhr: Es war kurz vor acht. Auch Jessy begann sich zu regen, und er wünschte ihr einen guten Morgen.

„Na?“, fragte er, „wie hast du geschlafen?“

Sie blinzelte und sagte mit verschlafenem Schmollmund:

„Gar nicht so schlecht eigentlich.“

„Wir wurden nicht von Bären gefressen!“, witzelte Tim.

„Sagen wir so: Wir wurden knapp verschont.“

Tim lachte, stand auf und wechselte in sein eigenes Zelt, putzte sich dort mit Flaschenwasser die Zähne und zog sich an. Es war ein eigenartiges Gefühl, nicht duschen zu können, und sich stattdessen nur provisorisch frisch zu machen. Und Deo sollte man auch nicht verwenden, da der Geruch Bären anlocken konnte. Es würde nicht mehr lange dauern, und sie würden müffeln wie ein Wildschweingehege.

Zum Frühstück setzten sie sich wieder an den Picknicktisch.

„Ich hätte jetzt echt gerne einen Kaffee!“, sagte Tim. „Seit drei Tagen habe ich keinen mehr gehabt.“

„Und wie geht es dir damit?“

„Ich hab einfach einen extremen Kaffeedurst.“

„Und wie fühlst du dich sonst?“

Tim überlegte.

„Also ich muss zugeben“, erwiderte er, „dass ich innerlich ruhiger bin. Allerdings hatte ich in den letzten Tagen auch ein bisschen Kopfschmerzen.“

„Ja, das ist ganz typisch für den Koffeinentzug. Das kann ein paar Tage dauern. Aber dann wirst du merken, dass du dich viel fitter fühlst und innerlich ruhiger. Wenn man Probleme mit Angst und Unruhe hat, ist es wirklich das Beste, auf Koffein zu verzichten.“

„Wahrscheinlich hast du Recht."

„Klar habe ich Recht!", grinste sie.

„Trotzdem hätte ich jetzt gerne einen Kaffee!"

Jessy lachte:

„Das geht vorbei."

Es dauerte nicht lang, bis Dave und Evie sich dazugesellten und die beiden begrüßten.

„Hey, wie war eure erste Nacht im Zelt?", wollte Dave wissen.

„Aufregend!", gab Jessy zurück.

„Wirklich? Warum?"

„Habt ihr nichts gehört?"

„Nein, nichts Besonderes", sagte Dave verwundert.

„Da war ein ziemlich lautes Rascheln, und Tim hat zwei Augenpaare gesehen. Wir dachten, das könnten Bären sein."

„Tja, das könnte durchaus sein", erwiderte Dave mit spitzbübischem Blick.

„Wie jetzt?!", gab Jessy erschrocken zurück.

„Und zwar Waschbären", fügte er lachend hinzu.

Jessy stöhnte und lachte dann mit:

„Also Waschbären würde ich wirklich gerne mal sehen! Die sind ja sooo süß!"

„Aber zu deiner Beruhigung: Man hört nachts immer irgendwelche Viecher, das ist ganz normal. Überlegt mal: Die Tiere hier in der Gegend kennen die Shelters und wissen, dass da regelmäßig Menschen mit Nahrung rumhantieren. Also kommen sie nachts und schauen, ob sie Reste ergattern können – Waschbären, Stinktiere, Opossums, Ratten, Mäuse – alles Mögliche. Ihr werdet euch daran gewöhnen."

„Wir waren am Anfang auch nervös deswegen", sagte Evie, „aber jetzt hören wir das gar nicht mehr. Genauso wie man in der Stadt die Autos nicht mehr hört."

„Hmm...", machte Jessy.

„Wirklich, ihr braucht euch deswegen keine Sorgen zu machen."

„Ehrlich gesagt habe ich gestern Nacht überlegt, abzubrechen", gab Jessy zu.

„Weil es ein bisschen geraschelt hat?", sagte Dave. „Also ernsthaft, wenn euch das so nervös macht, dann solltet ihr erst recht noch eine Weile bleiben: um euch abzuhärten!"

„Vielleicht...", sagte Jessy nachdenklich. „Allerdings habe ich einen Mördermuskelkater vom Wandern."

„Auch völlig normal!", sagte Dave. „Das beste Mittel dagegen: Weiterwandern!"

„Ich finde auch, wir sollten nicht so schnell aufgeben", schaltete sich Tim ein. „Ich meine, wir wussten, dass wir uns auf ein kleines Abenteuer einlassen, und jetzt sollten wir nicht so schnell das Handtuch werfen."

„Okay, okay. Wir gehen weiter...", sagte Jessy.

„Sehr gut!", lobte Tim. Dave und Evie bestärkten sie darin und versprachen, sie würde ihre Entscheidung nicht bereuen.

Nach dem Frühstück verabschiedete sich das Paar und startete in Richtung Harpers Lee, während Tim und Jessy den Weg nach Süden einschlugen. Ihr Plan war, bis zur Mittagszeit zu einem Punkt namens Snickers Gap zu gelangen, das waren sieben Meilen, also rund elf Kilometer. Schweigsam folgten sie dem Trampelpfad, der über weite Strecken sanft abwärts führte. Eine Weile lang genoss Tim die Stille, das Vogelgezwitscher und die warmen Sonnenstrahlen, die durch die Baumkronen brachen und immer wieder ihre Gesichter trafen. Vom Muskelkater merkte er kaum noch etwas, und er fühlte sich gut.

Doch dann kamen ihm ungute Gedanken, und die Spirale fing wieder an sich zu drehen. Sie kreiste um seinen Job und was er tun würde, wenn er ihn verlor, ob er Bürgergeld beantragen müsste und ob das nicht ohnehin egal wäre, weil eh alles den Bach runter gehen würde wegen des Klimas und der Wirtschaft und des Krieges und dies und das und jenes. Seine Stimmung wurde zusehends schlechter, seine innere Unruhe größer. Auch Jessy wirkte nicht gerade glücklich. Sie hatte ihre Ohrstöpsel drin und stapfte in sich gekehrt ihres Weges.

Nach einer Weile erreichten sie eine Stelle, die den träumerischen Namen Ravens Rock Vista trug, von der aus sie einen eindrucksvollen Blick ins Tal hatten: Imposante Felsformationen und die Weite des Waldes lagen zu ihren Füßen, und so beschlossen sie, eine kleine Rast einzulegen. Sie setzten sich auf einen massigen Felsen, tranken Wasser und genossen die Aussicht. Nach einer Weile des Schweigens fiel Tim auf, dass Jessy versonnen mit dem Silberkettchen an ihrem Handgelenk spielte.

„Alles okay?“, fragte er.

„Klar...“

„Hmm. Du siehst nachdenklich aus."

„Ach...", machte sie und sagte nach kurzem Schweigen: „Ich kriege Gwen einfach nicht aus dem Kopf... ich denke immer, wie es wohl wäre, mit *ihr* zu wandern... Ich meine, es ist sehr schön mit dir und so, aber -"

„Ich verstehe das schon. Alles gut."

Immer noch spielte sie mit dem Kettchen, und auf einmal bemerkte er, dass ein Herzchen-Anhänger dranhing.

„Hübsche Kette!", sagte er. „Hat es damit was Besonderes auf sich?"

„Ach die...", murmelte Jessy und wandte sich mit einem merkwürdigen Gesichtsausdruck ab.

„Keine Antwort?", fragte Tim grinsend.

Sie sah ihn mit einem unergründlichen Blick an, bis sie schließlich sagte:

„Ein Geschenk von Gwen."

Tim nickte.

„Ich weiß schon, was du denkst", fuhr sie fort. „Die Kette gehört eigentlich in die Kiste."

„Das ist allein deine Entscheidung.", gab er zurück.

„Ich weiß... aber das schaffe ich nicht. Nicht das Kettchen!"

Tim sah, dass ihr die Tränen kamen, und sie kämpfte tapfer dagegen an. Er legte seine Hand auf ihre Schulter.

Nachdem sie sich wieder gefangen hatte, sagte sie:

„Du siehst aber auch nicht gerade happy aus."

„Ich weiß... die Gedanken kreisen schon wieder."

Sie nahm seine Hand und drückte sie tröstend.

„Schon merkwürdig...", sagte er, „wir haben diese Reise gestartet, um auf andere Gedanken zu kommen... Und jetzt sind wir hier – und die Gedanken sind auch wieder da."

„Tja... man kann vor sich selbst nicht weglaufen. Aber trotzdem: Ich muss sagen, dass wir in den letzten Tagen viel Ablenkung hatten, und das hat mir schon geholfen, nicht ständig an Gwen zu denken."

„Stimmt. Wir waren so mit Schlangen und Bären beschäftigt, dass wir keine Zeit zum Grübeln hatten."

Sie mussten lachen.

„Aber im Ernst", sagte Tim, „trotz allem bin ich froh, dass wir hier sind. Und im Moment möchte ich auch wirklich weiter machen."

„Ja, ich auch. Ich schätze, wir müssen uns einfach Zeit geben. Wäre auch zu einfach gewesen, wenn unsere Probleme mit einem Fingerschnippen verschwunden wären."

Tim nickte nachdenklich, dann setzten sie ihre Wanderung fort. Nach einer Weile fügte es sich, dass sie gezwungenermaßen aufhören mussten mit ihren Grübeleien, denn der Weg wurde anspruchsvoll. Um zum Snickers Gap zu gelangen, mussten sie einen ziemlich steilen Abhang hinunterkraxeln, und das nicht etwa auf einem festen Pfad, sondern auf einem Hindernisparcour aus Felsen, umgestürzten Baumstämmen, Ästen und Geröll. Jeder Schritt forderte ihre volle Aufmerksamkeit, und so war ihr Kopf komplett ausgelastet und ließ keinen Freiraum für üble Gedanken.

Tim war ziemlich mulmig zumute: Eine Fußgelenkzerrung konnten sie nun wirklich nicht gebrauchen. Aber mit der Zeit wurden sie sicherer und begannen Gefallen zu finden an dem kniffligen Hindernislauf.

Um die Mittagszeit erreichten sie Snickers Gap. Auch hier erwartete sie ein sehenswertes Panorama: Über einen mächtigen Felsgrat hinweg schauten sie in das malerische Shenandoah Valley und genossen den Ausblick auf dieses hübsche, sonnenbeschienene Fleckchen Erde. Nur einige Fußminuten entfernt gab es ein Gasthaus mit dem urigen Namen „Bear Chase Brewing Company", ein eher wenig ansprechend aussehendes Ausflugslokal, das aber mit einem spektakulären Blick ins Valley bestach. Sie beschlossen, sich hier für die entgangene Pizza zu entschädigen, setzten sich an einen der Tische im Außenbereich und studierten die Karte.

„Guck mal!", prustete Jessy los, „hier gibt es *echt amerikanisches Kölsch*! Aus der eigenen Brauerei!"

„Stimmt. Kodiak Kölsch!", lachte Tim.

„Was bedeutet nochmal Kodiak?", fragte Jessy.

„Das ist glaube ich eine Insel in Alaska, und da gibt es die berühmten Kodiakbären."

„Ach ja."

„Die machen hier regelmäßig Special Events: Live Music und Grill on the Hill!"

„Wer? Die Kodiakbären?", frotzelte Jessy.

„Die Inhaber!", lachte Tim. „Und jedes Jahr gibt es ein Oktoberfest! Die Heimat holt uns wieder ein!"

Auf der Karte gab es alles, was das amerikanische Wandererherz begehrte, von Burgern über Hot Dogs bis hin zu Pizza. Es gab sogar eine spezielle A.T.-Seite mit proteinreichen Tacos und Burritos für hungrige Langstreckenhiker. Jessy bestellte einen Chicken Burrito, Tim den Angry Burger – extra scharf mit Jalapenos, dazu große Gläser Sportlerlimo.

Die Pause tat den beiden gut, und so ließen sie es sich schmecken.

12

Einige Zeit später waren sie wieder auf dem Trail. Sie wanderten vorbei an vielfältigen Felsenlandschaften mitten im Wald, passierten rieselnde Gebirgsbäche, fröhlich sprudelnde Wasserfälle, und das Wetter hätte angenehmer kaum sein können. Zum ersten Mal seit Längerem war Tims Kopf frei, und er konnte diesen Teil des Marsches geradezu genießen. Auch Jessy wirkte fröhlich, und so gelangten sie alsbald erschöpft, aber guter Dinge an eine weitere Schutzhütte, den *Sam Moore Shelter*. Sie überlegten einen Moment lang, ob sie bereits hier ihr Lager aufschlagen wollten, aber es war noch früh am Nachmittag, sie hatten genügend Kraftreserven, um weiterzulaufen, und so machten sie sich sie kurzerhand wieder auf den Weg.

Doch schon nach kurzer Zeit begannen sie zu zweifeln, ob das eine gute Idee gewesen war, denn nun ging es ziemlich steil rauf und runter. Jessy erinnerte sich, dass sie zuvor irgendwo gelesen hatte, wie dieser Abschnitt des Trails genannt wurde: Rollercoaster, zu Deutsch: Achterbahn. Jetzt wurde klar, wie es zu dem Spitznamen gekommen war. Die Tour wechselte zwischen steilen Anstiegen, dass die Oberschenkel schmerzten, und nicht weniger steilen Abstiegen, die man nur in vorsichtig trippelnden Seitwärtsschritten bewältigen konnte – immer in Gefahr auszurutschen und sich die Fußgelenke zu verstauchen. Mit den 15 Kilo auf dem Rücken eine Herausforderung, die an die Substanz ging.

Immer wieder mussten sie Pause machen und sich auf Felsen setzen, um durchzuatmen und Wasser zu trinken. Für die Naturschönheiten, die sich ihnen hier boten – etwa den Ausblick vom Buzzard Hill oder die Pua Falls-Wasserfälle – hatten sie kaum den Kopf frei.

Endlich erreichten sie keuchend, mit brennenden Beinmuskeln und schmerzenden Füßen den *Rod Hollow Shelter*, eine weitere schlichte Schutzhütte mit drei Wänden, davor eine Feuerstelle und ein Picknicktisch aus massivem Holz mit ebensolchen Bänken. Sie warfen ihre Rucksäcke von sich und legten sich platt auf den Boden.

Eine Weile lang schauten sie durch die Baumwipfel in den Himmel und verschnauften, dann sagte Jessy:

„Weißt du was? Heute sind wir fast 17 Meilen gelaufen, das sind ungefähr 27 Kilometer!“

„Wahnsinn! Aber genau so fühle ich mich auch. Wie von einem Amtrak-Zug überfahren.“

„Oder einem Rollercoaster.“

„Ja!“, lachte Tim entkräftet.

„Jedenfalls können wir stolz auf uns sein!", fügte sie hinzu.

„Allerdings!"

Sie atmeten noch eine Weile durch, bis sie plötzlich einen seltsamen Ausspruch hörten:

„Welcome to Paris!"

Es war eine tiefe, warme Stimme, die aus einiger Entfernung zu ihnen drang.

Sie schauten sich fragend an, dann setzten sie sich auf, um zu sehen, wer gesprochen hatte – und waren noch irritierter: Etwa zehn Meter von ihnen entfernt stand ein Mann mit freiem Oberkörper – und zwar auf dem Kopf! Mit dem Blick in ihre Richtung. Sie hatten ihn vorher nicht bemerkt. Offenbar machte er da irgendeine Art von Yoga-Übung, und er hielt den Kopfstand mit erstaunlicher Präzision, ohne das geringste Wackeln oder Zittern. Er trug eine braune Wildlederhose.

„Der Schamane!", flüsterte Jessy.

Tim nickte und sagte zum Fremden gewandt:

„Danke...!"

„Mir ist unheimlich!", wisperte Jessy.

„Seltsamer Vogel", gab Tim leise zurück.

„Wieso denkt der, wir wären in Paris?!"

„Anscheinend ist er nicht ganz knusper im Kopf", überlegte Tim.

„Ein Psychopath!"

Tim beäugte ihn verstohlen. Auf dem Kopf stehend war sein Gesicht nicht richtig fassbar – es wirkte grimmig, geradezu finster. Er hatte eine Halbglatze, und den verbliebenen Haarkranz zu einem ziemlich beeindruckenden silbernen Pferdeschwanz zusammen gebunden, der vom Hinterkopf auf den Boden baumelte. Er mochte Anfang, Mitte fünfzig sein.

„Ich hoffe, der übernachtet nicht auch hier!", raunte Jessy beunruhigt.

„Ich fürchte, du hoffst vergeblich. Da vorne, das ist wohl sein Zelt."

Tim zeigte auf ein dunkelgrünes Igluzelt am Rand des Camps.

„Mist!", zischte Jessy.

„Dann lass uns wenigstens unsere Zelte so weit wie möglich weg von dem aufbauen", schlug Tim vor.

„Oder wir wandern noch weiter."

„Im Ernst?" Du willst heute noch weiter laufen?! Also, ich schaffe keinen Schritt mehr."

„Ich auch nicht... verdammt! Wir sitzen in der Falle."

Tim ächzte. „Dann lass uns am besten gleich anfangen mit dem Aufbauen."

Jessy stimmte zu, und so suchten sie sich einen Platz am anderen Ende des Camps.

„Eigentlich brauchen wir nur eins aufzubauen", sagte Jessy, „Ich schaffe es eh nicht, allein zu schlafen heute Nacht. Also, wenn das für dich okay ist."

„Klar, ist okay."

Zusammen bauten sie Jessys Zelt auf. Zwischendurch sahen sie immer wieder verstohlen zu ihrem Nachbarn. Der hatte sein Yogastündchen beendet und saß nun auf einem umgestürzten Baumstamm und schaute versonnen in den Wald. Obwohl er jetzt einen braunen Lederhut trug, konnten sie sein Gesicht schon etwas besser sehen. Es war kantig, markant, und sein Blick wirkte tatsächlich furchterregend finster.

„Der Typ ist mir nicht geheuer...", raunte Jessy.

Tim nickte.

Als sie fertig waren, sagte er:

„Fragt sich, was wir mit meinem Rucksack machen. Ins Zelt passt der nicht auch noch. Mit deinem wird es schon eng."

„Du könntest ihn in die Holzhütte packen. Da ist er geschützt, falls es regnet."

„Meinst du, da ist er sicher?", fragte Tim. „Was, wenn der Irre nachts da ran geht?"

„Hmm... willst du lieber das andere Zelt aufbauen?"

„Nee, das nun auch nicht."

Schließlich entschied sich Tim zähneknirschend für den Shelter als Lagerplatz. Dann setzten sie sich an den Picknicktisch, packten Geschirr und Zutaten aus, bereiteten ihr Müsli zu und begannen zu essen.

Plötzlich zuckte Tim heftig zusammen. Ein lautstarkes Krachen und Klappern direkt vor ihrer Nase versetzte die beiden in Schock, während ein Schatten über den Tisch und ins Unterholz huschte, gefolgt von einem spitzen Schrei von Jessy.

„Was war das?!", fragte Tim mit hämmerndem Herzen.

„Da!", rief Jessy und fing im nächsten Moment an zu lachen: „Ein Futterdieb!"

Tim schaute zu der Stelle, auf die Jessy zeigte. Etwa fünf Meter von ihnen entfernt saß ein Waschbär und war dabei, den Apfel zu verputzen, den er vom Tisch stibitzt hatte, wobei er immer wieder verstohlen zu ihnen her spähte.

„Oh nein, ist der süß!", lachte Jessy. Und tatsächlich war er ein atemberaubend putziger kleiner Kerl. Mit seinen Kulleraugen und dem schwarzen Knopfnäschen sah er so niedlich aus, dass man ihn direkt in die Arme schließen wollte – und das, obwohl der schwarze Streifen um seine Augen fast ein bisschen martialisch aussah – wie eine Zorro-Maske. Seine Pfötchen, mit denen er den Apfel bearbeitete, waren wie die Hände eines Babys, und das glänzende, langhaarige Fell, besonders der buschige gestreifte Schweif, wirkten so flauschig, dass es einen in den Fingern juckte, ihn zu streicheln.

Mit einem Mal zuckten Tim und Jessy erneut zusammen, denn hinter ihnen stand wie aus dem Nichts der Schamane. Er hatte sich unhörbar genähert und stand nun einen Meter hinter ihnen. Mit amüsiertem Lächeln schaute er zu dem pelzigen Gauner, und sein Lächeln wirkte ausgesprochen gutmütig und sympathisch, wie Tim überrascht feststellte.

„Der Apfel scheint ihm zu schmecken!", flüsterte der Fremde.

„Ja", erwiderte Tim einsilbig, während Jessy wie erstarrt zum Waschbären schaute. Eine Weile lang beobachteten sie den kleinen Kerl, bis er sich schließlich aus dem Staub machte.

„Ooh", machte Jessy, „wie schade!"

„Du magst Waschbären?", fragte der Mann.

„Klar...", gab Jessy zurück.

„Einen Moment!“, schmunzelte der Schamane und lief zu seinem Zelt. Kurz darauf kam er wieder und hatte einen Beutel in der einen und eine Art Röhrchen in der anderen Hand. Er setze sich auf einen Baumstumpf, legte den Beutel ab, umfasste das Röhrchen mit beiden Händen, führte es zum Mund, und urplötzlich kam ein so merkwürdiger Ton raus, dass Jessy kichern musste. Es war ein ziemlich hoher rasselnder Ton, der klang wie eine Mischung aus Rabengekrähe und Entengeplärr.

„Was ist das?“, fragte Jessy.

„Ein Waschbärlocker“, erwiderte der Angesprochene, „damit macht man Töne, die so klingen wie die Laute, die Waschbären von sich geben, wenn sie sich um Futter streiten. Wenn wir Glück haben, machen wir welche neugierig. Vielleicht kommt dein Freund nochmal zurück.“

Jessy strahlte. Das gefiel ihr offensichtlich.

Der Schamane blies wieder in das Röhrchen, und tatsächlich huschte etwas durch das Unterholz, allerdings aus einer anderen Richtung als sie erwarteten. Es war also nicht der Apfeldieb. Schon im nächsten Moment kam etwas zögerlich herangeschlichen: ein drolliger pelziger Fleischklops mit frechem Waschbärengesicht. Vorsichtig griff der Fremde in seinen Beutel, holte eine Weintraube heraus und warf sie dem kleinen Besucher zu. Der schnappte sie sich und verspeiste sie genüsslich, während der Schamane erneut in sein Röhrchen blies.

Tim und Jessy trauten ihren Augen nicht, als sich in den nächsten Minuten eine ganze Bande von fünf

Waschbären zu ihnen gesellte, und je mehr Weintrauben sie bekamen, desto entspannter und zutraulicher wurden sie, hockten da mit ihren kleinen Pfoten, mümmelten und ließen sich die Fütterung sichtlich gefallen. Anfangs zankten sich zwei um eine Beere, aber schnell war klar, dass es für alle genügend gab, und so blieben sie schließlich friedlich.

„Oh mein Gott, die sind sooo süß!", schwärmte Jessy, und es war klar, dass sie am liebsten alle nach Berlin mitnehmen würde. Zum Schamanen gewandt sagte sie: „Du bist ein Waschbärflüsterer!"

Er sah Jessy schmunzelnd an und entgegnete:

„Anscheinend ist der Waschbär dein Spirit Animal."

„Mein was?"

„Dein *Spirit Animal,* oder auch Totemtier. Im Schamanismus mancher indigener Völker gibt es die Vorstellung, dass jedem Menschen so ein Tier zugeordnet ist, eine Art spiritueller Begleiter. Wenn du in Not bist oder es dir schlecht geht, und du dich mit deinem Spirit Animal verbindest, bringt es dir Kraft und Hoffnung."

„Soso", brummte Tim, während Jessy lächelnd nickte.

„Was mag wohl *dein* Totemtier sein?", fragte der Fremde ihn.

Tim überlegte kurz und sagte grinsend:

„Ein wilder Hengst, würde ich sagen."

„Ja natüüürlich!", gab Jessy prustend zurück.

„Vielleicht ein majestätischer Adler oder ein Berglöwe", erwiderte Tim.

„Träum weiter!", lachte Jessy. „Ich habe jedenfalls kein Problem damit, einen Waschbären als spirituellen Begleiter zu haben!"

„Ein kleiner Hinweis von mir", fuhr Chayton fort, „streng genommen ist es nicht ganz politisch korrekt, dass ich mit euch über *Spirit Animals* rede."

„Ach so?", sagte Jessy, „warum?"

„Weil viele N*ative Americans* es als ziemlich entwürdigend empfinden, wenn in der amerikanischen Popkultur mit diesen Begriffen so rumhantiert wird wie mit Horoskopen oder Pendeln. Abgesehen davon gibt es die Idee der Totemtiere in den meisten Stämmen gar nicht. Ich persönlich bin da nicht so empfindlich und verwende den Begriff auch eher ironisch. Aber wie gesagt, es ist dünnes Eis."

„Okay, verstehe...", sagte Jessy.

Eine ganze Weile lang setzten sie die Fütterung fort, bis sich die Waschbären trollten.

„Das war schön!", flötete sie. „Allein schon deswegen hat es sich gelohnt, nach Amerika zu fliegen!"

Sie lachten, und der Fremde fragte, woher sie denn kämen. Jessy antwortete.

„Berlin... das ist ein weiter Weg!", entgegnete der Fremde. „Was hat euch darauf gebracht, ausgerechnet hier zu wandern?"

Als Jessy nicht antwortete, übernahm Tim:

„Tja, wir sind beide an einem Punkt im Leben angekommen, wo wir nicht so recht weiter wussten. Ich schätze, wir brauchten einfach mal einen Tapetenwechsel."

Einen Moment lang wunderte sich Tim über sich selbst, dass er dem Fremden direkt so persönliche Dinge anvertraute, aber irgendwie hatte der Mann etwas Vertrauenswürdiges an sich, sodass es sich ganz richtig anfühlte.

Der Schamane nickte mit einem Ausdruck voll Verständnis und sagte:

„Dann habt ihr es genau richtig gemacht. Nirgendwo kommt der Mensch so sehr zu sich selbst zurück wie in Natur und Wildnis. Kommt, ich lade euch zu einer Tasse Tee ein!"

„Und?", fragte Tim verstohlen, als der Fremde in seinem Zelt verschwunden war, um Utensilien zu holen, „was hältst du von ihm?"

„Er scheint ganz okay zu sein", meinte Jessy. „Jedenfalls nicht ganz so verrückt, wie ich dachte."

„Findest du, ja? Meinst du wirklich, wir sollten seinen Tee trinken? Wer weiß, was er da rein tut..."

Jessy überlegte und sagte schließlich:

„Ich finde, wir sollten ihm eine Chance geben."

13

Im goldenen Licht der untergehenden Sonne saßen sie zusammen am hölzernen Campingtisch. Der Schamane goss allen dreien Tee in blecherne Becher, den er in einem Blechtopf über einem Gaskocher zubereitet hatte.

„Was genau ist da drin?", fragte Jessy.

„Eine Kräutermischung. Alles Pflanzen hier aus der Gegend."

Sie nickte.

„Probiert!", forderte er die beiden lächelnd auf.

Jessy hob den Becher und ließ den Dampf in ihre Nase aufsteigen. Es roch angenehm würzig. Sie schaute kurz auf Tim und nahm dann einen Schluck.

„Und?", fragte der Fremde.

„Gut!", sagte Jessy. Daraufhin wagte auch Tim zu probieren, trank und nickte:

„Nicht übel."

„Danke! Ihr habt mir noch gar nicht eure Namen gesagt", bemerkte der Schamane.

Jessy nannte sie und fügte hinzu:

„Und du bist Chayton, richtig?"

„Ganz genau! Woher weißt du das?"

„Du bist eine kleine Berühmtheit", lachte sie. „Unsere Vermieterin in Harpers Ferry hat ihn uns gesagt. Du hast im selben Haus übernachtet."

„Ach wirklich? Ihr wart da auch?", lachte Chayton, „eine nette alte Lady."

Tim verkniff sich eine Bemerkung darüber, dass die nette alte Lady sie vor ihm gewarnt hatte und sagte stattdessen:

„Und du bist also ein Schamane?"

„Ja, das bin ich."

„Erzähl mal, was bedeutet das genau?"

„Nun, meine Vorfahren waren Cherokee. Mein Großvater war Ältester und Medizinmann und noch vertraut mit den Sitten und Bräuchen des Stammes. Er starb, als ich 17 Jahre alt war, aber davor hat er mir alles beigebracht, was er wusste. Das hatte mich tief beeindruckt und geprägt. Meine Familie lebte damals in Charleston, West Virginia. Ursprünglich waren meine Vorfahren sehr arm gewesen und hatten sich als Hilfsarbeiter auf Farmen durchgeschlagen. Aber mein Vater war ein guter Schüler und bekam schließlich ein Stipendium, studierte an der privaten University of Charleston und wurde sogar Dozent für Pharmakologie. Sein Spezialgebiet war die wissenschaftliche Untersuchung von Heilkräutern. Leider wurde er von seinen Fachkollegen eher belächelt, die sich der Pharmaindustrie verpflichtet sahen."

„Interessant", sagte Jessy, „das heißt, er hat die traditionelle Heilkunde auf wissenschaftliche Füße gestellt."

„So kann man das sagen", erwiderte Chayton. „Und so ähnlich habe ich das auch gemacht. Ich habe an derselben Uni Psychologie studiert und immer versucht, die alten Weisheiten meiner Vorfahren mit der modernen Wissenschaft zu verknüpfen – wie mein Vater."

„Und was genau ist ein Schamane?", fragte Jessy, „ich meine, das Wort habe ich schon öfter gehört, aber was es genau bedeutet..."

„Nun", sagte Chayton, „das Wort selbst ist im 17. Jahrhundert aus Sibirien nach Europa geschwappt – ins Englische genau wie ins Deutsche. Es stammt von den tungusischen Völkern, die im Gebiet des heutigen Russland, Chinas und der Mongolei verbreitet waren. Ursprünglich lautete es *šaman* und bedeutete *Jemand, der weiß* oder auch *Wissender*. In der tungusischen Kultur wurden damit Menschen mit besonderen spirituellen Fähigkeiten und Heilkräften bezeichnet. Das Wort hat sich in vielen Sprachen eingebürgert und steht nun in einem universelleren Sinne für eine Vielzahl unterschiedlicher spiritueller oder religiöser Personen in der ganzen Welt, die besondere Heilkräfte besitzen, mit den Geistern in Kontakt treten können und sogar magische Fähigkeiten besitzen sollen."

„Hmm", machte Tim skeptisch.

„Interessanterweise gibt es den Glauben an Menschen mit solchen Fähigkeiten in der ganzen Welt, und natürlich heißen sie überall anders. Schamanismus ist im Prinzip die Fähigkeit, mit der Natur und der Geisterwelt in Kontakt zu treten und sich deren Kräfte zunutze zu machen. Hier in Amerika sind es die so genannten Medizinmänner, in Europa waren es in früheren Zeiten zum Beispiel die keltischen Druiden, aber es gibt sie überall auf der Welt. Und das Faszinierende ist, dass sich die Kenntnisse und Praktiken oftmals sehr ähnlich sind. Es handelt sich um eine uralte spirituelle Kultur, die die gesamte Menschheit schon seit frühester Zeit begleitet."

„Und du willst nun sagen", hakte Tim nach, „dass du magische Fähigkeiten hast?"

„Genau!", schmunzelte Chayton, „und ihr beide seid leider nur Muggels."

„Haha!", machte Tim und verzog den Mund. „Jetzt mal im Ernst."

„Ich glaube", sagte Chayton, „dass die Welt ohnedies voller Magie steckt. Die Natur ist ein Wunder, das Leben ist ein Wunder. Wir haben heutzutage nur verlernt, dieses Wunder zu sehen. Die Naturwissenschaft hat die Welt entzaubert, und sie ist dadurch ein bisschen ärmer geworden. Wir leben heute weit weg von den Ursprüngen. Wir leben in Städten und sind umgeben von haufenweise menschengemachtem Zeug. So sind wir aufgewachsen, und wir kennen es nicht anders. Aber wenn wir dann mal die Zivilisation verlassen und wieder in die Natur eintauchen – so wie ihr das gerade tut – dann atmet die Seele auf. Es fühlt sich an, als käme sie nach Hause, und wir spüren eine Erneuerung und Erweiterung in unserem Inneren, die uns zutiefst gut tut. Oder geht es euch nicht auch so?"

„Doch", sagte Jessy. „Da ist schon was dran. Ich meine, wir waren schon sehr beschäftigt damit, die schweren Rucksäcke zu tragen, uns zurechtzufinden – uns im Wald ganz einfach erstmal einzuleben… aber es gab schon einige Momente, wo ich so etwas erlebt habe wie das, was du gerade gesagt hast. Wenn man so auf einem Berg steht und über die Wälder schaut – das ist schon erhebend."

Tim wunderte sich über Jessy. War sie jetzt auch unter die Esoteriker gegangen?

„Und wir haben verlernt", sagte Chayton, „uns mit den Naturgeistern zu verbinden und aus ihnen Kraft zu schöpfen, denn in der Natur ist alles beseelt."

„Aber wie passt das zusammen?", schaltete Tim sich ein, „Wissenschaft und Naturgeister? Ich meine, du hast doch mal studiert."

„Das passt durchaus sehr gut zusammen!", gab der Schamane zurück. „Die Naturwissenschaft erforscht, beschreibt und erklärt die Phänomene, die wir mit unseren Sinnen und mit Beobachtungsinstrumenten wahrnehmen können – empirische Wissenschaft! Die Geisterwelt entzieht sich dem, weil wir sie nicht mit unseren Sinnen wahrnehmen können – zumindest nicht mit den äußeren Sinnen. Aber es gibt auch einen *inneren* Sinn, der nicht erforscht ist – oder *noch* nicht – mit dem wir sehr wohl in Kontakt mit jener anderen Welt treten können. Nur weil sie der Naturwissenschaft nicht zugänglich ist, bedeutete es nicht, dass es sie nicht gibt. Sie entzieht sich eben nur der Erforschung. Jedenfalls ist das noch lange kein Beweis dafür, dass sie *nicht* existiert."

„Na gut", sagte Tim, „du sagst also, dass du mit den Geistern in Kontakt treten kannst?"

„Richtig!", gab Chayton zurück. „Und du kannst das auch."

„Okay", sagte Tim daraufhin, „da bin ich raus, sorry, aber das ist mir zu schräg."

„Diese Reaktion kenne ich gut", entgegnete Chayton, „und es ist völlig okay. Jeder hat das Recht an das zu glauben, an das er glauben möchte. Das ist ein freies Land."

„Das stimmt wohl", erwiderte Tim angriffslustig, „und solange es genug Leute gibt, die daran glauben, kannst du damit Geld verdienen, richtig?"

„So wie du das sagst, klingt es furchtbar!", gab der Angesprochene lächelnd zurück, „ich helfe Menschen, geistig und seelisch gesund zu werden, und dafür erhebe ich ein Honorar. Das ist nichts Verwerfliches. Das tun Ärzte, Psychiater und Heilpraktiker auch."

„Und wie funktioniert so etwas?", fragte Jessy. „Ich meine, wie behandelst du die Leute?"

„Ich mache Einzel- aber auch Gruppensitzungen mit meinen Klienten. Sie wenden sich mit einer bestimmten Fragestellung oder einem konkreten Problem an mich, und wir besprechen das ausführlich in einem Vorgespräch. Und dann helfe ich ihnen mit speziellen Ritualen dabei, ihr Problem zu klären, innere Blockaden aufzulösen, Traumata zu bewältigen, die inneren Dämonen zu vertreiben. Dabei kommen oft auch Heilpflanzen zum Einsatz."

„Ah ja...", machte Tim mit sarkastischem Unterton.

Chayton ließ sich nicht aus der Ruhe bringen:

„Ob ihr es glaubt oder nicht, aber die meisten meiner Klienten sagen mir, dass ihnen meine Behandlung sehr hilft."

Mit einem entspannten Lächeln nahm er einen Schluck aus seinem Becher, schaute in die Dämmerung und sagte dann:

„Es wird langsam Zeit, dass ich mich zurückziehe."

„Eine Frage habe ich noch", entgegnete Jessy, „warum hast du vorhin eigentlich gesagt: Willkommen in Paris?"

„Ganz einfach: Weil wir tatsächlich in Paris sind. Paris, Virginia. Es gibt eine Menge Orte mit diesem Namen in den USA. Es gibt auch haufenweise Berlins."

„Verstehe...", lachte Jessy.

„Dachte ich mir doch, dass ich euch damit ein bisschen drankriegen kann“, erwiderte Chayton schmunzelnd.

„Ja, das ist dir gelungen!“

„Gute Nacht euch beiden!“, sagte der Schamane. „Ich wünsche euch alles Gute für euren weiteren Weg. Mögen die Geister euch gewogen sein! Und wenn sie es wollen, sehen wir uns vielleicht bald wieder.“

„Wir werden sehen...“, gab Tim zurück.

„Was für ein Spinner!“, sagte er zu Jessy, als Chayton in seinem Zelt verschwunden war.

„Ja, schon ziemlich krauses Zeug, was der so redet“, fand sie, „aber was solls. Das ist ein freies Land, genau wie er gesagt hat.“

„Schon. Trotzdem ist er ein Quacksalber, der die psychischen Probleme der Leute ausnutzt, um ihnen das Geld aus der Tasche zu ziehen.“

„Was ich allerdings irgendwie interessant finde“, fuhr Jessy fort, „ist, dass er auch mal Psychologie studiert hat. Er kennt sich also auch mit der Wissenschaft aus.“

„Wenn das mal stimmt. Behaupten kann das schließlich jeder.“

„Auf mich wirkt er wie jemand, der was im Kopf hat. Ich fand das Gespräch jedenfalls interessant.“

„Ja, auf eine ziemlich schräge Art.“

„Zumindest habe ich keine Angst mehr, in seiner Nähe zu schlafen.“

„Tja... ich bin mal gespannt, wie diese Nacht wird.“

„Ich auch.“

14

Als Tim am folgenden Morgen erwachte, wünschte Jessy ihm einen guten Morgen und sagte:

„Na, gut geschlafen?"

„Ja, richtig gut! Ich glaube ich bin direkt eingeratzt, nachdem wir uns hingelegt haben."

„Und du hast geschnarcht. Ich musste dir ein paarmal die Nase zuhalten, damit du aufhörst."

„Wirklich? Habe ich nichts von bemerkt."

„Aber ein Gutes hatte es: Ich habe nicht so auf die Geräusche außen geachtet."

„Gab es denn wieder welche?"

„Ab und zu ein Rascheln. Aber wir wissen ja jetzt, dass das ganz normal ist, und deswegen hat es mich nicht so gestresst."

„Und wann bist *du* eingeschlafen?"

„Vielleicht eine halbe Stunde nach dir. Und bin auch gerade erst wieder wach geworden. Mir geht's richtig gut. Nur dass ich schon wieder ziemlich Muskelkater habe. Und mir tun die Füße weh."

„Geht mir auch so. Und ich könnte eine Dusche vertragen."

„Oh ja!", sagte Jessy.

Als sie darüber sprachen, wurde Tim bewusst, dass er nicht nur den eigenen, sondern auch ihren Körpergeruch wahrnahm – und dass er ihm durchaus nicht unangenehm war, ja, dass er sich sogar davon angezogen fühlte. Ohne dass sie es merkte, sah er sie an und einmal mehr nahm er wahr, was für ein hübsches Gesicht sie hatte. Doch er verbot sich gleich, sich dem weiter hinzugeben. Sie stand auf Frauen, und es war völlig zwecklos, sie zu begehren. Sie waren als Freunde hier!

Kurz darauf setzten sie sich an den Holztisch, um zu frühstücken. Chayton hatte sein Zelt abgebaut und war über alle Berge. Während sie ihr Müsli futterten, planten sie den weiteren Marsch. Sie nahmen sich vor, zunächst acht Meilen zur nächsten Schutzhütte zu wandern, die den launigen Namen *Whiskey Hollow Shelter* trug, dort eine Mittagspause einzulegen und dann weitere zehn Meilen zum *Manassas Gap Shelter* zu laufen.

Nachdem sie eine Weile lang schweigend gegessen hatten, sagte Jessy:

„Weißt du was? Mir ist gestern Abend unser Schamane nicht aus dem Kopf gegangen, und irgendwie kam mir so ein Gedanke."

„Was denn?"

„Naja... wir beide sind unterwegs, um mit unseren Problemen klarzukommen und unser Leben neu zu sortieren – und dann treffen wir einen Schamanen, der beruflich nichts anderes macht, als anderen Leuten mit genau solchen Problemen zu helfen."

„Na und?"

„Ist das nicht komisch?"

„Keine Ahnung... nein?", sagte er achselzuckend.

„Also ich finde es komisch."

„Ach so, du meinst, das ist irgendwie vom Schicksal so eingefädelt?"

„Naja, wenn du es so sagst, klingt es albern."

„Ich glaube nicht an Schicksal oder solchen esoterischen Kram."

„Ich ja auch nicht. Aber sagen wir so: Für mich fühlt es sich an wie eine Chance."

„Und das heißt?"

„Ich weiß nicht... ich fände es cool, wenn wir ihn nochmal treffen. Vielleicht bringt er uns irgendwie weiter."

„Was? Willst du mit ihm irgendwelche Geisterbeschwörungen machen? Oder sonst irgendeinen Voodoo-Zauber?"

„Nein! Das natürlich nicht. Aber ich habe so das Gefühl, dass er uns noch was zu sagen hat."

„Hmm", machte Tim. „Jedenfalls hast du bestimmt nichts dagegen, wenn er wieder seinen Waschbärlocker rausholt."

„Oh ja!", strahlte sie. „Da bin ich dabei!"

Wenig später waren sie wieder auf den Beinen. Das Wetter war angenehm, und das Wandern fiel den beiden schon deutlich leichter als an den Vortagen. Dieser Abschnitt war eher arm an Eindrücken: Abgesehen von dem einen oder anderen Gebirgsbach sahen sie nichts als Bäume – für einen Wald nicht unbedingt ungewöhnlich, überlegte Tim.

Während sie wanderten, dachte er an das, was Chayton gesagt hatte: Dass die Menschen den Kontakt zur Natur verloren hatten und dass es der Seele gut tat, wieder nach Hause in die Natur zu kommen. Tatsächlich musste er zugeben, dass es ein ganz besonderes Gefühl war, durch den Wald zu gehen... der würzig-harzige Duft der Bäume, Kräuter und Blüten, das Rauschen des Windes in den Wipfeln und das Knacken und Knirschen des Unterholzes unter den Schuhen, das Sonnenlicht, das märchenhaft durch das Blätterwerk funkelte – all das hatte einen wohltuenden Reiz, und Tim konnte nicht leugnen, dass all dem eine besondere Magie eigen war. Vielleicht nicht in dem Sinn, dass die Bäume von Geistern beseelt waren, wie Chayton gesagt hatte, aber doch so, dass der Wald etwas Mystisches an sich hatte und die Seele berührte.

Plötzlich kam ihm ein Wort in den Sinn, das ihm noch aus der Kindheit vertraut war: Märchenwald! Er dachte daran, wie er als Kind mit seinem Vater Wanderungen im Wald gemacht hatte. Oft waren sie am Wochenende mit dem Auto zu einem bestimmten See gefahren, und dort hatte es einen Waldabschnitt gegeben, der besonders dicht, urtümlich und verwunschen gewirkt hatte. Diesen Wald hatte sein Vater Märchenwald getauft. „Komm, wir fahren heute wieder zum Märchenwald", hatte er etwa gesagt. Tim spürte, wie dieses Wort eine ganze Flut von Erinnerungen auslöste – es waren gute Erinnerungen – aber auch weniger gute...

Während er grübelte, fiel ihm plötzlich auf, dass Jessy nicht mehr in Sichtweite war. An sich war das nicht unbedingt besorgniserregend. Sie gingen gelegentlich in unterschiedlichem Tempo, und es kam öfters vor, dass er einen Vorsprung gewann und dann irgendwo auf sie wartete. Jetzt aber sah er weit und breit keine Spur von ihr. Er hielt inne und begann sich Sorgen zu machen. Einen Moment lang dachte er nach, dann beschloss er, wieder zurück zu gehen, ihr entgegen.

Er lief eine ganze Weile, aber von Jessy war keine Spur. Was, wenn sie vom Weg abgekommen und sich verlaufen hatte? Gut, sie hatte ihr Handy dabei, und damit würde sie schon den richtigen Weg finden. Auch konnte sie ihn anrufen, damit sie wieder zueinander fanden. Aber was, wenn irgendetwas passiert wäre? Vielleicht war sie irgendeinem Verrückten über den Weg gelaufen war, der ihr sonst was antat. Oder sie hatte Tuchfühlung mit irgendeinem wilden Tier aufgenommen... Tim spürte, wie sein Herz anfing, immer heftiger zu pochen.

Nachdem er ein Stück weiter gelaufen war, sah er sie endlich um eine Kurve kommen. Sie hatte ihre Ohrstöpsel drin und starrte beim Gehen auf den Boden, ohne ihn zu bemerken. Ihr Gesicht wirkte teilnahmslos und betrübt. Während sie sich näherte, winkte er ihr zu, bis sie ihn schließlich doch bemerkte. Sie nahm die Ohrstöpsel raus.

„Alles okay?", fragte er sie.

„Ja, warum?"

„Weil du so weit zurückgefallen bist."

„Ich bin wohl ein bisschen langsam gelaufen."

Tim sah sie an.

„Du siehst traurig aus", stellte er fest.

„Ja?"

„Ja."

Sie zuckte mit den Schultern. Ihm wurde bewusst, dass sie öfter so traurig aussah, wenn sie die Kopfhörer drin hatte.

„Was hörst du da eigentlich?“, fragte er daher.

„Nichts Besonderes.“

Er sah sie eindringlich an.

„Irgendeine Playlist“, sagte sie.

Sie wirkte fahrig, wie jemand, den man bei etwas ertappt hat. Er sah sie weiter eindringlich an.

„Okay, okay!“, sagte sie schließlich. „Es ist meine Gwen-Playlist. Und du brauchst gar nichts zu sagen. Ich weiß schon, was jetzt kommt. Ich bin selbst schuld, dass es mir schlecht geht, wenn ich diese Musik höre, blablabla.“

„Warum hörst du sie dann?“

„Weil ich... weil ich nicht anders kann. So habe ich das Gefühl, sie ist bei mir.“

„Du musst wissen, was du tust.“

Sie machten sich wieder auf den Weg und hingen ihren Gedanken nach, bis Jessy ihn plötzlich ansprach:

„Schau mal da!“

Sie waren an eine Stelle gekommen, an der der Wald lichter wurde und man auf die umgebende Landschaft blicken konnte.

„Weinberge!“, sagte sie.

„Stimmt...“

„Hier in der Gegend gibt es davon so einige, habe ich gelesen. Donald Trump hat hier wohl auch welche.“

„Im Ernst?“

„Ja, irgendwo in Charlottesville, gar nicht weit von hier. Da können wir echten Trump-Wein kaufen.“

„Oder auch einfach nicht!“, gab Tim zurück. „Den Mann wollen wir mal besser nicht unterstützen.“

„Wir könnten ihn uns schön trinken“, lachte Jessy.

„Dann müssten wir aber schon ganz schön viel Wein trinken!“

Plaudernd setzten sie ihren Marsch zu ihrem nächsten Etappenziel fort und erreichten es um die Mittagszeit. Der *Whiskey Hollow Shelter* entpuppte sich als eine schmucke Holzhütte, hübscher und netter als die anderen, die sie bisher gesehen hatten. Am hölzernen Picknicktisch hatte sich bereits ein älterer Herr niedergelassen. Mit seinen akkurat geschorenen weißen Haaren, der Hornbrille und der eleganten Wanderkleidung, die ziemlich hochwertig aussah, machte er einen kultivierten und wohlhabenden Eindruck.

Er wandte sich nach den Ankömmlingen um, deutete mit einer Geste an, dass noch Platz am Tisch sei, und schob seine Siebensachen zusammen.

„Müssen wir uns unbedingt zu dem Zausel setzen?“, flüsterte Tim.

„Sei nicht so negativ!“, erwiderte Jessy streng. „Er macht doch einen sympathischen Eindruck!“

Sie bedankte sich freundlich, dann holten die beiden ihren Proviant aus dem Rucksack und nahmen Platz. Der Mann machte sich ihnen als Bob Robinson bekannt, und es stellte sich heraus, dass er seit über zwanzig Jahren mehrmals im Jahr den AT wanderte und tatsächlich die gesamte Strecke wiederholt gelaufen war, wenn auch nie an einem Stück. Jessy brachte ihre Bewunderung zum Ausdruck, und er erwiderte:

„Der AT hat mich einfach verzaubert und in seinen Bann geschlagen. Der Wald – besonders hier in Virginia – hat einfach seine spezielle Magie."

„Lustig", sagte Tim, „genau das habe ich heute auch schon gedacht."

„Ja, der Wald ist eine ganz eigene Welt. Wusstet ihr, dass über ein Drittel der Fläche der USA mit Wald bedeckt sind? Das sind annähernd 300 Millionen Hektar!", sprudelte der Alte hervor, „hier im Shenandoah National Park wachsen vor allem Eichen, aber auch die Tulpenpappel, Ahorn, Weide, Kastanie und Hickory. Früher war die Amerikanische Kastanie der vorherrschende Baum. Aber dann ereignete sich eine botanische Tragödie, denn diese Bäume wurden Anfang des 20. Jahrhunderts von Kastanienkrebs befallen und komplett ausgerottet."

„Das ist ja furchtbar!", sagte Jessy.

„Ja", entgegnete Bob, der anscheinend schon länger mit niemandem geredet und daher Nachholbedarf hatte. „Aber wenn man bedenkt, wie viele Tier- und Pflanzenarten durch den Menschen und die Umweltverschmutzung zugrunde gehen, ist das ja noch eine vergleichsweise harmlose Geschichte: Weltweit sind ein Drittel aller Baumarten vom Aussterben bedroht, dazu ein Viertel aller Säugetierarten, jede achte Vogelart, mehr als 30 Prozent der Haie und Rochen und 40 Prozent der Amphibienarten. Das heutige Artensterben ist das Schlimmste seit dem Aussterben der Dinosaurier vor 65 Millionen Jahren."

„Man darf gar nicht dran denken!“, sagte Jessy. „Aber sag mal, wie kommt es, dass du dich so gut auskennst und all diese Zahlen parat hast?“

„Ich war schon immer ein großer Naturfreund. Eigentlich bin ich ja Bauingenieur, aber nebenbei habe ich ein Faible für Geologie, und speziell die Appalachen. Und glaubt mir, es gibt eine Menge faszinierende Dinge über die Appalachen zu erzählen. Wenn es euch interessiert...“

„Schieß los!“, sagte Jessy, und Bob war offenbar ganz aus dem Häuschen, dass er seine Leidenschaft mit anderen Leuten teilen konnte, denn er nahm eine aufrechte Haltung an und begann mit einem seligen Funkeln in den Augen auszuführen:

„Die Appalachen zählen zu den ältesten landschaftlichen Strukturen der Welt, weitaus älter als die meisten Gebirge. Und ihr müsst euch vorstellen, dass sie einmal fast so hoch waren wie der Himalaja. Vor einigen Jahrmillionen waren manche Gipfel weit über 6.000 Meter hoch! Und wisst ihr, wie sie entstanden sind?“

„Nicht wirklich“, gab Tim zurück.

„Vor rund einer Milliarde Jahren gab es nur einen einzigen großen Kontinent: den Urkontinent Pangäa. Sämtliche Landmassen bildeten eine riesige Fläche, drum herum ein gewaltiger Urozean, das Panthalassische Meer. Forscher vermuten, dass es irgendeine mysteriöse Art von Erschütterung des Erdmantels gegeben haben muss, sodass die Landmasse zerbrach.“

„Vielleicht ein Meteoriteneinschlag!“, vermutete Jessy.

„Vielleicht. Das ist bis heute ungeklärt. Jedenfalls begannen mehrere Blöcke des Urkontinents auseinanderzudriften, in unterschiedliche Richtungen. Dabei stießen sie immer wieder aufeinander. Und dann, vor etwa 470 Millionen Jahren, schlug bei einem solchen Zusammenstoß die Geburtsstunde der Appalachen. Wobei das Wort Stunde wohl schlecht gewählt ist, denn es handelt sich da um Prozesse, die Hunderttausende von Jahren gedauert haben. Jedenfalls: Bei dieser Kollision wurden die Randgebiete der Platten zusammengequetscht und bildeten Falten wie ein Teppich. Und diese Falten nun sind die Appalachen. Natürlich gab es im Lauf der Erdgeschichte immer wieder solche Kollisionen – und so entstanden die übrigen Gebirge der Welt. Streng genommen entwickelten sich die Appalachen in drei Phasen: Es gab dreimal solche Plattenkollisionen und dabei entstanden zunächst die nördlichen, und dann die mittleren und südlichen Appalachen. Diese Phasen haben Namen wie aus einem Fantasy-Roman: Die takonische, akadische und die alleghenische Phase. Oft waren diese Kollisionen begleitet von vulkanischen Aktivitäten, und nicht selten kommt es bei der Entstehung von Gebirgen vor, dass eine Platte, die zuvor aus Meeresboden bestand, von einer anderen Platte unterhebelt und nach oben gestemmt wird. Das ist der Grund, warum man im Gebirge manchmal Fossilien von Meereslebewesen findet."

„Interessant!", sagte Jessy. „Aber du sagtest, die Appalachen wären mal 6.000 Meter hoch gewesen. Warum ist das jetzt nicht mehr so?"

„Wegen der Erosion. Du musst bedenken, dass Wind und Regen ständig auf die Berge einwirken. Stell dir einen Gebirgsbach vor. Davon habt ihr ja schon einige gesehen. So ein Bach spült ständig feinen Sand und Steinpartikel Richtung Tal. Laut Wissenschaftlern trägt ein einziger durchschnittlicher Bach auf diese Weise pro Jahr 28 Kubikmeter Gesteinsmasse ab – das ist ungefähr die Menge, die auf einen Kipplaster passt. Auf diese Art könnte ein einziger Bach im Verlauf von 500 Millionen Jahren einen Berg von der Größe des Mount Washington komplett plattmachen. Aber natürlich gibt es auf einem Berg weit mehr als nur einen Bach, und daher reichen bei den meisten Bergen schon zwei Millionen Jahre, um sie verschwinden zu lassen. Momentan schrumpfen die Appalachen um rund 0,03 Millimeter pro Jahr."

„Hä?", sagte Jessy, „aber du meintest doch, die Appalachen wären schon 470 Millionen Jahre alt. Wieso sind sie dann überhaupt noch da?"

„Gut aufgepasst!", gab Bob zurück. „Wegen der Plattentektonik und der wiederholten Kollisionen der Landmassen wurden die Appalachen immer wieder aufs Neue zusammengepresst und aufgeschichtet. Sie wuchsen und schrumpften in mehreren Zyklen."

„Okay, dann macht es Sinn", entgegnete Jessy.

„Aber jetzt habe ich euch mit meinem Vortrag genug Zeit gestohlen."

„Gar nicht! Das war hochinteressant!", sagte Jessy.

„Danke. Aber ich muss weiter, und zwar in die andere Richtung als ihr."

Die drei verabschiedeten sich und machten sich in entgegengesetzten Richtungen wieder auf den Weg.

15

„Siehst du", sagte Jessy, „hat sich doch total gelohnt, mit ihm zu quatschen!"

„Ja, stimmt schon."

„Dass du immer so negativ sein musst! Ohne mich hättest du was verpasst!"

„Ich arbeite dran, okay?"

Sein Geist blieb noch eine ganze Weile lang beschäftigt mit den Ausführungen des kenntnisreichen Hobbygeologen. Diese gewaltigen, unbegreiflich ausladenden Zeiträume, von denen er gesprochen hatte; die Vorstellung, dass Kontinente über den halben Planeten wanderten und ganze Gebirge entstanden und wieder vergingen – all das bewirkte eine belebende Weitung und Ausdehnung seines Inneren, er fühlte sich beflügelt und inspiriert. Die Welt war so atemberaubend groß und erhaben – wie klein und unbedeutend waren da die kleinen Problemchen seines Lebens!

So hing er seinen Gedanken nach, und während sie schweigend wanderten, glaubte er, den Wald, die Berge und den Himmel mit neuen Augen zu sehen. All das schien durchdrungen zu sein von etwas großem, unsagbar Bedeutendem, und mit einem Mal kam ihm ein Wort in den Sinn, dass er mal irgendwo aufgeschnappt hatte und dessen Bedeutung er jetzt erst zu erahnen glaubte: Weltseele.

Und dann hatte er das Gefühl, sich wachrütteln zu müssen. Was waren das für merkwürdige Anwandlungen? Seine Gedanken kamen ihm schon vor wie das krause Zeug, das der Schamane gestern von sich gegeben hatte. Aber seltsam: Ausgerechnet die wissenschaftlichen Ausführungen eines vernünftigen alten Mannes, der mit beiden Beinen auf dem Boden der Realität zu stehen schien, hatte solche Betrachtungen in ihm ausgelöst – und nicht etwa das Geschwurbel des Geisterbeschwörers von gestern.

„Wir sind da!", brachte Jessy ihn vollends wieder in die Wirklichkeit zurück. Sie zeigte auf einen Wegweiser, der darauf hinwies, dass der *Manassas Gap Shelter* nur noch wenige Meter entfernt war. Tim staunte, wieviel Zeit vergangen war. Und so erreichten sie ihr Tagesziel.

Die Schutzhütte war errichtet aus übereinandergestapelten Baumstämmen, dazwischen jeweils eine Schicht aus weißem Mörtel. Der Boden der Hütte war erhöht, sodass der Eingang eine Stufe bildete, auf der man sitzen konnte. Davor gab es Bänke und eine Feuerstelle. Etwas abseits entdeckten sie das Zelt des Schamanen. Von seinem Bewohner allerdings keine Spur. In einiger Entfernung bauten sie ihre eigenen Zelte auf. Jessy fühlte sich inzwischen sicher genug, allein in ihrem eigenen Zelt zu schlafen. Zu zweit in einem war es dann doch ein wenig eng gewesen.

Als sie sich auf einer der Bänke niederließen, um zu Abend zu essen, tauchte Chayton auf: Er kam aus dem Wald gestapft, mit einem Beutel in der Hand, aus dem Grünzeug herausragte. Offenbar hatte er Kräuter gesammelt. Er begrüßte sie herzlich, und da Jessy ihn bat, sich zu ihnen zu gesellen, holte er sein Abendessen aus seinem Zelt und setzte sich dazu.

Zunächst plauderten sie über den Trail-Abschnitt, den sie heute gewandert waren, bis Jessy den Schamanen fragte:

„Sag mal, du behandelst ja Leute, die persönliche Probleme haben."

„Genau."

„Wie sieht es mit Trennungsschmerz aus?"

„Das ist einer der häufigsten Gründe, warum Leute sich an mich wenden."

„Und wie hilfst du ihnen?"

„Dagegen ist kein Kraut gewachsen", gab Chayton mit einem ironischen Lächeln zurück.

„Oh...", sagte Jessy.

„Und trotzdem behandelst du sie?", fragte Tim.

„Natürlich!", sagte der Schamane. „Ich unterstütze sie dabei, so gut wie möglich durch diesen natürlichen Prozess hindurchzukommen."

„Und wie machst du das?", wollte Jessy wissen.

„Ich finde es wichtig, dass Betroffene ihre Trauer strukturieren."

„Das klingt ziemlich technisch – für eine Herzensangelegenheit. Und für einen Schamanen", sagte Tim.

„Bei einem Verlust besteht immer die Gefahr, dass man im Sumpf der Traurigkeit versinkt und sich völlig darin verliert", sagte Chayton, „egal, ob bei einer Trennung oder dem Tod eines geliebten Menschen. Damit das nicht passiert, muss man sich Raum geben für die Trauer – und dann aber auch bewusst gegen den Sog des Sumpfes ankämpfen."

„Wie das?", fragte Jessy.

„Ich empfehle meinen Klienten, die Trauer auf eine bestimmte Zeit des Tages zu bündeln, in Form einer regelmäßigen Trauerzeremonie. Das könnte zum Beispiel so aussehen: Ich hatte einen Klienten, der Jacob hieß. Bei ihm war die Traurigkeit in der Frühe am größten. Daher empfahl ich ihm, sich morgens eine halbe Stunde Zeit zu nehmen, um sich ganz diesem Gefühl hinzugeben und es strömen lassen.

Jeder Klient denkt sich sein eigenes Ritual aus, das für ihn passt. Jacob setzte sich dafür auf seine Couch im Wohnzimmer, wo er mit seiner Frau oft gesessen hatte, zündete eine Kerze an, die sie ihm geschenkt hatte und spielte dann den Song ab, bei dem sie sich zum ersten Mal geküsst hatten. Es war glaube ich *I'll Never Break Your Heart* von den Backstreet Boys." An dieser Stelle musste Chayton schmunzeln. „Und dann ließ er die Tränen fließen. Ich riet ihm, sich dem ganz und gar hinzugeben und es lustvoll auszukosten. Für einige Klienten ist das eine harte Übung, dann rate ich ihnen, das nach Möglichkeit in Gegenwart eines Menschen zu praktizieren, dem sie vertrauen und der sie auffängt."

Jessy nickte interessiert.

„Für den Rest des Tages empfehle ich, den Geist bewusst auf andere Dinge zu richten. Sich zu beschäftigen. Etwas zu erleben. Kurz: das Leben weiterzuleben."

„Stelle ich mir schwierig vor... man kann ja die Traurigkeit nicht einfach wegzappen."

„Richtig. Das ist eine Frage der Gewöhnung und der Übung. Am besten gelingt das, wenn man sich mit irgendeiner Sache beschäftigt, die einen geistig in Beschlag nimmt, bei der man sich aber auch nicht allzu sehr konzentrieren muss. Alles Handwerkliche funktioniert gut, oder Bastelarbeiten, Malen, Musik machen – was immer für einen passt. Oder man trifft sich mit Freunden und redet über andere Dinge als die oder den Ex. Oder man spielt gemeinsam etwas. Wichtig ist, dem Gehirn die Chance zu geben, sich von der Liebe zu lösen. Dafür ist es besonders wichtig, dass man konsequent alles, was einen an die oder den Ex erinnert, aus dem Blickfeld verbannt, denn all diese Erinnerungsstücke sind wie Brennholz, das du ins Feuer wirfst: Du fachst es immer wieder an, anstatt es langsam verglühen zu lassen."

„Das hat Tim auch gesagt." Sie warf ihm einen gewissen Blick zu und grinste: „Ich meinte natürlich: Doctor Love von der Youtube-Uni."

„Und Bücher!!!", gab Tim zurück.

Chayton schmunzelte über den kleinen Insider, wenn er auch nicht wirklich wissen konnte, was er bedeutete, während Jessy den Gesprächsfaden wieder aufnahm:

„Okay. Ich soll also nur einmal am Tag trauern. Das hört sich so einfach an. Was, wenn es mir tagsüber trotzdem immer wieder elend geht?"

„Dann lass es zu, aber verliere dich nicht darin. Lenke dich bald wieder ab und konzentriere dich auf etwas Positives. Gewöhne dir an, das Trauern auf die Trauerzeremonie zu begrenzen. Das ist nicht ganz leicht, aber es wird mit der Zeit immer leichter."

„Hmm."

„Und im Laufe der Wochen und Monate versuchst du, die Trauerzeremonie zu verkürzen und in immer größeren Abständen abzuhalten. Du könntest nach ein paar Wochen die Zeit von 30 Minuten auf 15 reduzieren, dann auf 10, nur noch jeden zweiten Tag trauern, dann nur noch jeden dritten – so, wie es sich für dich richtig anfühlt. Jeder und jede hat das eigene Tempo."

„Tja, vielleicht sollte ich das wirklich mal ausprobieren."

„Und noch was kann ich dir empfehlen: Es gibt einige Heilpflanzen, die helfen, den Schmerz zu lindern."

„Ich dachte, gegen Trennungsschmerz wäre kein Kraut gewachsen?", sagte Tim.

„Das war natürlich eine scherzhafte Bemerkung. Damit wollte ich zum Ausdruck bringen, dass Liebeskummer etwas ist, das man nicht nach Belieben ein- und ausknipsen kann. Ich wäre schon ein ziemlich lausiger Schamane, wenn ich nicht wüsste, was die Waldapotheke für Mittelchen bereit hält."

„Schieß los!", sagte Jessy.

„Benediktenkraut hilft, auch Rosmarin, Melisse Baldrian und Johanniskraut. Mach dir daraus eine Teemischung und trinke davon einige Tassen am Tag. Und für die Trauerzeremonie empfehle ich, eine Tasse heiße Schokolade aus hochwertigem Kakao zu trinken. Darin sind Substanzen enthalten, die das Herz öffnen und dazu beitragen, dass die Gefühle frei fließen können. Zugleich hat der Kakao eine leicht euphorisierende Wirkung."

„Hört sich verlockend an!", sagte Jessy.

„Ja, ist es auch", schmunzelte der Schamane.

„Was für Substanzen sind das denn?", fragte Tim.

„In gutem, hochwertigen Kakao sind Anandamid und Beta-Endorphine enthalten, die eine euphorisierende Wirkung haben, außerdem Theobromin, das belebend und aktivierend wirkt."

„Okay...", sagte Tim.

„Und was den Tee betrifft: Ich habe einige Heilkräuter gesammelt. Ich kann uns gerne einen Tee bereiten, der speziell für dich heilsam sein könnte."

„Das Angebot nehme ich gerne an!", gab Jessy zurück.

„Wenn wir es uns schon gemütlich machen: Wie wärsmit einem kleinen Lagerfeuer?"

„Klar. Wir kümmern uns drum!", sagte Jessy.

Während Tim und Jessy getrocknete Zweige und Äste zusammensammelten, sagte sie:

„Und? Bist du immer noch so skeptisch was unseren Schamanen betrifft?"

„Er ist ein schräger Vogel, auf jeden Fall!"

„Aber eins dürfte dir aufgefallen sein: Er hat diesmal nicht ganz so esoterisches Zeug von sich gegeben. Das meiste war vernünftig und wissenschaftlich fundiert. Kam mir wenigstens so vor."

„Das stimmt wohl", gab er zu. „Und? Wirst du das machen mit dieser Trauerzeremonie?"

„Ich schätze, ich werde es mal ausprobieren."

„Die Frage ist aber, ob du es auch schaffst, dich ansonsten abzulenken und *nicht* an Gwen zu denken."

„Ja, das ist tatsächlich die Frage..."

„Bestimmt hilft es, nicht immer diese Musik hören, die dich an sie erinnert."

Jessy ging darauf nicht ein. Als sie genügend Holz beisammen hatten, trugen sie es zur Feuerstelle. Chayton war dabei, den Tee zuzubereiten. Er saß auf dem erhöhten Boden der Hütte und rührte im Topf.

Tim begann, zunächst dünne Zweige auf die richtige Länge zu brechen und in die Feuerstelle zu legen, dann tat er dasselbe mit dickeren Ästen und zündete dann die unten liegenden Zweige mit seinem Sturmfeuerzeug an. Nach wenigen Augenblicken züngelten kleine Flammen auf und setzten bald auch die dickeren Zweige knackend in Brand. Chayton warf ihm einen anerkennenden Blick zu. Tim und Jessy nahmen ihm gegenüber auf der Bank Platz. Die Sonne war bereits hinter den Blue Ridge Mountains verschwunden, und die Szenerie war in ein uriges violettes Dämmerlicht getaucht, während das knisternde Feuer einen warm glühenden Schimmer verbreitete.

Der Schamane goss den Kräutertee in seine blechernen Becher und verteilte sie. Jessy bedankte sich herzlich, während Tim sagte:

„Da ist jetzt aber nichts drin, was irgendwie high macht, oder?" Er merkte, dass sein Ton einen Tick angriffslustig geraten war.

„Nein, natürlich nicht!“, gab Chayton zurück und schaute ihn nachdenklich an. Da Tim dieser intensive Blick bald ziemlich unangenehm wurde, stieß er gereizt hervor:

„Was ist?!“

„Ich denke darüber nach, was wohl *dein* Grund ist, den AT zu wandern.“

„Inwiefern?“

„Ihr hattet vorgestern gesagt, dass ihr beide an einem Punkt wart, an dem ihr nicht weiter wusstet, und dass ihr deswegen hierher gekommen seid. Jessys Grund kenne ich inzwischen. Ich frage mich, was wohl mit *dir* los ist.“

„Ziemlich indiskrete Frage, meinst du nicht?“, gab Tim zurück.

„Wenn du nicht reden willst, ist das in Ordnung“, entgegnete Chayton gelassen. „Aber vielleicht verpasst du eine Gelegenheit, deine Probleme zu verarbeiten und hinter dir zu lassen.“

„Und du meinst, du wärst derjenige, der mir helfen sollte?“, fragte Tim provozierend.

„Tim!“, schaltete sich Jessy ein. „Sei doch nicht so abweisend. Er meint es doch nur gut mit dir.“

Tim zuckte mit den Schultern.

„Was hast du für ein Problem mit mir?“, fragte der Schamane.

„Ich halte einfach nichts von diesem ganzen abgedrehten Voodoo-Blödsinn. Da sollen mal schön andere drauf reinfallen.“

„Das ist ganz schön unfair!“, schalt Jessy ihn. „Weißt du, was ich glaube? Ich glaube du bist eifersüchtig, weil er dir deinen Platz als Doctor Love streitig machen könnte."

„So ein Quatsch!", konterte Tim.

„Mir ist durchaus nicht entgangen, dass du die Augen verdreht hast, als Chayton mir von seiner Liebeskummer-Behandlung erzählt hat."

„Das hast du dir eingebildet."

„Mir ist das auch aufgefallen...", sagte Chayton.

Tim hatte keine Ahnung warum, aber er kochte innerlich:

„Ist doch schön, dass ihr einer Meinung seid und dass ihr euch so gut versteht. Warum macht ihr euch nicht einfach noch einen netten Abend?"

Damit stand Tim auf.

„Geh nicht zu weit in den Wald bei dem schwachen Licht!", riet Chayton, „man kann sich hier sehr leicht verlaufen."

„Vielen Dank, ich bin alt genug!", motzte Tim und ließ die beiden zurück, die ihm mit irritierten Blicken nachschauten.

16

Tim schäumte, stapfte zum Trail und lief dann Richtung Norden, um sich abzureagieren. Nachdem er ein Stück gegangen war, ließ seine Wut ein wenig nach, und ihm wurde bewusst, wie albern er sich aufgeführt hatte. Ein unangenehmes Schamgefühl mischte sich in seinen Ärger. Er verlangsamte seine

Schritte, und nachdem er ein paarmal tief durchgeatmet hatte, kehrte er zurück zum Feuer.

„Sorry, da sind wohl die Gäule mit mir durchgegangen", sagte er und setzte sich wieder.

„Kein Problem", erwiderte Chayton, „wir alle haben unsere Emotionen. Es ist alles in Ordnung."

Tim nickte. Nach einer Weile des Schweigens fragte der Schamane:

„Kennt ihr die Geschichte vom schwarzen und weißen Wolf?"

Die beiden verneinten.

„Die Geschichte ist sehr alt, und sie ist schon oft erzählt worden. Aber sie hat so viel Weisheit in sich, dass man sie gar nicht oft genug erzählen kann. Also hört:

Der alte Cherokee-Häuptling saß mit seinem Sohn am Lagerfeuer.

'Wie schön das Feuer die Nacht erhellt!', sagte der Sohn.

'Ja', gab der Häuptling zurück, und nach einigem Nachdenken sprach er: 'Licht und Dunkelheit, das sind auch die Namen der zwei Wölfe, die in unserem Herzen wohnen.'

'Was für Wölfe?'

'Der eine Wolf ist schwarz. Er trägt all die dunkle Kraft in sich, die uns Menschen oft umtreibt: Wut, Angst, Sorgen, Neid, Hass, Rachsucht und Grausamkeit. Diese dunkle Kraft kann nicht nur uns selbst vergiften, sondern auch das Zusammenleben mit unseren Mitmenschen.'

'Und der zweite Wolf?'

'Der zweite Wolf ist weiß. Er ist durchdrungen von guter Kraft, Freude, Hoffnung, Liebe, Vertrauen, Verständnis, Mitgefühl, Gelassenheit, Großzügigkeit und Dankbarkeit. Diese helle Kraft sorgt dafür, dass wir glücklich und zufrieden sind und dass wir in Frieden mit unseren Mitmenschen leben.'

Er machte eine Pause und fuhr fort:

'Die zwei Wölfe liegen im ständigen Kampf miteinander. Aber einer wird den Kampf gewinnen.'

'Welcher?', wollte der Sohn wissen.“

An dieser Stelle seiner Erzählung hielt Chayton inne und fragte Tim und Jessy:

„Nun? Was denkt ihr, welcher der beiden Wölfe gewinnt?“

Tim zuckte mit den Schultern.

„Leider allzu oft der Schwarze“, murmelte Jessy.

Chayton nickte und fuhr mit der Erzählung fort:

„'Welcher Wolf gewinnt den Kampf?', wollte der Sohn also wissen.

Der Häuptling sah ihn an und sprach:

'Der Wolf wird gewinnen, den du fütterst.'“

Jessy nickte zustimmend.

Tim ließ die Pointe der Geschichte auf sich wirken, und auch er nickte.

„Ich glaube“, sagte Chayton, „dass dein weißer Wolf ziemlich ausgehungert ist, Tim, und dass der schwarze allzu gut genährt ist.“

„Das sind ja schöne Worte", gab der Angesprochene zurück, „aber wie meinst du das? Ich meine, konkret?"

„Ich spüre viel negative Energie bei dir. Du bist mir gegenüber feindselig gestimmt, und ich sehe in deinen Augen, dass du voller Sorgen und Ängste bist."

„Das kann man sehen?!", fragte Tim.

„Sagen wir so: Es ist schwer, das *nicht* zu sehen", erwiderte der Schamane. „Deine Gedanken kreisen immerzu um das Schlechte, um all das, was schiefgehen kann, um das, was andere Schlechtes tun könnten. Habe ich Recht?"

Tim nickte zögerlich.

„Das erzeugt Ängste und Sorgen" fuhr der Schamane fort, „und wer Angst hat, wird leicht auch angriffslustig und wütend, denn Wut ist die Schwester der Angst."

Tim staunte, wie treffend Chayton seine mentale Verfassung auf den Punkt gebracht hatte.

„Und ich glaube, du bist nicht glücklich damit, oder?"

Tim schüttelte den Kopf.

„Das Problem ist", sagte der Schamane, „wenn man den schwarzen Wolf ständig füttert, dann wird er nicht nur stark. Er wird auch immer hungriger. Je stärker er wird, desto mehr Futter fordert er. Und das ist ein Teufelskreis."

Er machte eine Pause und schaute nachdenklich ins Feuer. Dann fuhr er fort:

„Wenn man das Ganze mal psychologisch betrachtet, kann man auch sagen: Wenn wir den schwarzen

Wolf füttern, dann trainieren wir unser Gehirn darauf, negativ zu denken und zu fühlen. Und das wird irgendwann zum Selbstläufer. Langfristig entstehen dadurch neuronale Verknüpfungen, und daraus wird zuerst eine Gewohnheit, dann eine Charaktereigenschaft."

„Uff", sagte Tim, „das klingt ziemlich endgültig."

„So scheint es", gab der Schamane zurück, „aber wir können das Gehirn auch wieder umprogrammieren."

„Wie das?"

„Indem wir den weißen Wolf füttern!", sagte Chayton und grinste verschmitzt.

„Schon klar. Aber was heißt das *konkret*?"

„Wann immer du spürst, wie negative Gedanken und unangenehme Gefühle in dir aufsteigen – sei es Wut, Angst, Sorge, Hass oder auch einfach nur miese Laune – dann ist das ein Zeichen dafür, dass du gerade Gefahr läufst, den schwarzen Wolf zu füttern. In solchen Momenten solltest du kurz innehalten und dir bewusst machen, was gerade vor sich geht. Mache einen Realitätscheck. Ist diese Situation wirklich so bedrohlich, wie sie sich anfühlt? Oder *bewerte* ich sie nur so? Ist der Mensch, über den ich mich gerade ärgere, wirklich unfair mir gegenüber? Oder *bewerte* ich ihn gerade nur so?"

Chayton ließ seine Worte einen Moment lang wirken und sagte dann:

„Wenn du wütend bist, frag dich: Ist diese Wut überhaupt begründet? Lohnt es sich überhaupt, sich zu ärgern? Ich behaupte: In den meisten Fällen lohnt sie sich nicht. Natürlich: Wenn du siehst, wie jemand ungerecht behandelt, tätlich angegriffen wird oder Ähnliches, dann ist Wut darüber vollkommen angemessen. Aber der Ärger über die vielen unbedeutenden Kleinigkeiten, der uns allzu oft überfällt – der ist es bestimmt nicht."

„Hmm...", machte Tim.

„Nehmen wir deinen kleinen Wutausbruch eben: War der wirklich berechtigt? Hat er sich gelohnt?"

„Natürlich nicht", musste Tim zugeben. „Aber ich kann das ja auch nicht einfach so abstellen. Die Wut hat mich eben überkommen."

„Weil dein Gehirn darauf programmiert ist, sich schnell aufzuregen. Weil der schwarze Wolf zu stark geworden ist."

„Also, was hätte ich tun sollen?"

„Nun, wenn du mal ehrlich bist, warst du mir gegenüber schon von Anfang an negativ eingestellt. Bereits da hattest du eine schlechte Meinung von mir gefasst und hast sie fortan genährt, hast deinen schwarzen Wolf mit unguten Emotionen und Gedanken gegen mich gefüttert."

Tim schwieg, musste ihm aber innerlich zustimmen.

„Du hast schon Recht: Deine Gefühle kannst du vielleicht nicht so ohne Weiteres steuern. Wohl aber deine Gedanken. Du hattest die Wahl zu denken: *Dieser komische Typ ist ein abgedrehter Voodoo-Priester* – so ähnlich hattest du dich, glaube ich, ausgedrückt. *Mit so einem will ich nichts zu tun haben*. Du kannst stattdessen aber auch denken: *Schräger Typ, aber mal sehen. Bestimmt hat er auch positive Seiten. Vielleicht kann ich trotz seinem Voodoo-Quatsch etwas von ihm lernen.*

Und dann kannst du dich entscheiden: Wirst du dich auf das fokussieren, das dir nicht gefällt und eine Abneigung gegen den schrägen Typen pflegen, oder wirst du offen sein für das Positive? Wirst du die Person pauschal und in Bausch und Bogen ablehnen oder wirst du dich öffnen und darauf fokussieren, welche *guten* Eigenschaften du vielleicht entdecken könntest? Du hast die Wahl!"

Tim nickte langsam.

„Überleg mal, wie viele schöne und interessante Dinge dir in der Welt und bei den Menschen entgehen, wenn du mit einer so ablehnenden Haltung durchs Leben läufst! Überlege dir, was du stattdessen alles erleben kannst, wenn du dich öffnest und dir selbst die Chance gibst, wunderbare Dinge zu entdecken!"

„Ja genau!", sagte Jessy. „Zum Beispiel die Begegnung mit Bob heute Mittag. Du hattest keine Lust, dich zu ihm zu setzen. Überleg mal, was er uns alles Interessantes erzählt hat. Das hätten wir verpasst, wenn wir einfach weitergegangen wären."

„Ist ja schon richtig", musste Tim einräumen.

„Ich würde gerne nochmal auf das Thema Wut zurückkommen", setzte Chayton wieder an. „Was fällt dir noch für eine Situation ein, in der du dich unnötig geärgert hast, Tim?"

Tim überlegte.

„Mir fällt gerade nichts ein", sagte er schließlich.

„Mir aber!", schaltete Jessy sich ein. „Vor unserem Abflug in Berlin! Du bist durch den Terminal gestapft und hast nichts Besseres zu tun gehabt, als über den schlimmen Flughafen zu schimpfen. Du warst nur damit beschäftigt, dich über alles Negative zu ärgern."

„Viel Positives gibt es da leider auch nicht!", wandte Tim ein.

„Das mag sein", entgegnete Jessy. „Ich finde den Flughafen auch scheußlich. Aber ich habe nicht die ganze Zeit rumgemeckert. Sondern ich habe mich darüber gefreut, dass wir eine tolle Reise vor uns haben. Ich habe mich einfach auf das Positive konzentriert."

„Das ist schön, dass du das kannst", gab Tim zurück. „Aber ich kann das eben nicht so einfach."

„Doch!", sagte Chayton. „Das kannst du! Vielleicht nicht auf Anhieb, weil dein Gehirn daran noch nicht gewöhnt ist. Aber du kannst es dir *angewöhnen*."

„Und wie?"

„Indem du dich jeden Tag, in jeder Situation, in der dich die schlechte Stimmung überfällt, selbst dabei ertappst. Und dann nimmst du sozusagen einen höheren Standpunkt ein und hältst dich bewusst dazu an, die Kette der negativen Gedanken zu unterbrechen und dich auf das Positive zu konzentrieren. Schau dich gezielt nach dem Guten, Schönen und Erfreulichen um und dann fokussierst du dich *darauf*. Füttere den weißen Wolf, jeden Tag! Und dann, nach einigen Wochen oder Monaten, wird der weiße Wolf gesund und kräftig sein und stärker als der schwarze. Anders ausgedrückt: Es wird für dich zur Gewohnheit geworden sein, das Positive zu sehen. Und damit verbunden wirst du auch ein positives Lebensgefühl haben. Natürlich geht das nicht von heute auf morgen. Du musst daran arbeiten und es jeden Tag üben. Aber du wirst dafür belohnt, glaub mir!"

„Ich werde drüber nachdenken", sagte Tim.

„Und genauso verhält es sich mit Sorgen und Grübeleien", sagte Chayton. „Wenn es etwas gibt, das dir Sorgen bereitet und das deine Gedanken nicht loslässt, dann mache auch hier zuerst den Realitätscheck: Ist diese Sache wirklich so bedrohlich, wie sie mir im Augenblick erscheint? Meist stellt sich heraus, dass alles halb so schlimm ist und wir einfach nur mal tief durchatmen sollten. Wenn du aber zu dem Ergebnis kommst, dass die Sache tatsächlich bedrohlich ist, dann stellst du dir als nächstes die Frage: Gibt es etwas, was ich daran ändern kann? Falls ja: Fasse einen konkreten Plan, etwas daran zu ändern. Falls nein: Nimm die Situation hin und versuche, das Beste daraus zu machen – aber versinke nicht in sinnlosen Grübeleien, die sich immer im Kreis drehen, ohne etwas Sinnvolles zu bewirken. Sinnloses Grübeln heißt auch wieder: den schwarzen Wolf füttern."

Chayton machte eine kurze Pause und sagte:

„Der griechische Philosoph Epiktet hat diese Idee so formuliert: Es sind nicht die Dinge selbst, die uns beunruhigen, sondern unsere eigenen Vorstellungen und Meinungen von den Dingen."

Der Schamane machte eine Pause und sagte dann:

„Dieser Satz ist so wichtig und bedeutend, dass ich ihn gleich noch einmal aussprechen möchte:

Es sind nicht die Dinge selbst, die uns beunruhigen, sondern unsere eigenen Vorstellungen und Meinungen von den Dingen.“

„Das alles klingt sehr interessant“, sagte Tim. „Aber irgendwie kann ich mir noch immer nicht so richtig was drunter vorstellen. Gib mir mal ein Beispiel.“

„Gut. Gegenfrage: Wann hast du dir das letzte Mal große Sorgen gemacht und viel darüber gegrübelt?“

Tim überlegte kurz und sagte:

„Wegen meines Jobs. Es gab Gerüchte, dass bei uns Stellen gekürzt werden sollen, wegen der Wirtschaftskrise.“

„Okay, gutes Beispiel. So geht es sehr vielen Menschen im Moment. Zunächst der Realitätscheck: Ist die Sorge begründet?“

„Ich würde sagen ja.“

„Wie kommst du darauf?“

„Ich habe mit meinem Chef geredet.“

„Das ist schon mal gut. Was hat er gesagt?“

„Dass es, Stand jetzt, keinen Grund gibt, sich Sorgen zu machen.“

„Und das hat dich nicht beruhigt?“

„Nein.“

„Warum nicht?“

„Weil es so klang, als wollte er nur eine Panik unter den Mitarbeitern verhindern. Es klang wie eine Sprachregelung.“

„Aber das ist *deine* Interpretation, oder nicht?“

„Das stimmt schon. Aber die allgemeine Wirtschaftslage ist ja *wirklich* bedenklich, und überall sparen die Unternehmen – vor allem bei den Personalkosten."

„Nun gut. Nehmen wir also an, dein Job ist in Gefahr. Jetzt stellst du dir als nächstes die Frage: Gibt es etwas Konkretes, was du dagegen tun kannst?"

„Ich kann gute Arbeit leisten und gewissenhaft und fleißig sein."

„Was noch?"

„Sonst fällt mir nichts ein."

„Nun, du könntest dich auf die mögliche Kündigung *vorbereiten*. Du könntest einen Plan fassen, was du in diesem Fall tun könntest."

„Das stimmt."

„Also: Anstatt fruchtlos zu grübeln und dich in Sorgen zu wälzen, machst du dir *konstruktive* Gedanken. Das heißt: du entwirfst einen konkreten Plan für den Fall der Fälle: Wo kann ich sonst arbeiten? Mach eine Liste von Firmen, wo du dich bewerben könntest. Frag dich weiter: Wie gehe ich mit einer vorübergehenden Arbeitslosigkeit um? Wie nutze ich diese Zeit? Was kann ich tun, um mit weniger Geld auszukommen? Gibt es Möglichkeiten, auf andere Weise Geld aufzutreiben? Vielleicht mit Nachhilfestunden oder Ähnlichem? Und so weiter."

Er hielt inne, um seine Worte sacken zu lassen. Dann fuhr er fort:

„Und sobald du diesen Plan hast, hörst du auf, dich damit zu beschäftigen. Du hörst auf, den schwarzen Wolf zu füttern und konzentrierst dich auf das Positive: Lenke dich ab! Beschäftige dich mit etwas Erfreulicherem! Tu dir etwas Gutes! Oder, noch besser: Tu jemand anderem etwas Gutes! Beende aktiv das Grübeln und setze etwas Gutes an seine Stelle!"

Tim dachte über diese Worte nach und spürte, dass sie etwas Beruhigendes hatten.

„Fällt dir noch eine Gelegenheit ein, bei der du dir in letzter Zeit Sorgen gemacht hast?"

„Der Krieg in der Ukraine. Es ist so schrecklich zu erleben, was diese armen Menschen durchmachen müssen. Außerdem habe ich manchmal wirklich Angst, dass wir einen dritten Weltkrieg bekommen und die Atomraketen fliegen."

„Sehr verständlich. So geht es Vielen", sagte Chayton. „Und es ist eine berechtigte Sorge. Die Frage ist: Kannst du etwas an der Situation ändern?"

Tim schüttelte den Kopf:

„Da sind wir als Normalbürger ohnmächtig und dem Schalten und Walten der Mächtigen ausgeliefert."

„Auch das ist leider wahr. Hier haben wir also einen Fall, wo du eben nichts an der Sachlage ändern kannst. Die Frage ist: Wie geht man damit auf gesunde Art um?"

„Ja, genau!", sagte Tim.

„Entscheidend ist auch hier wieder, nicht tatenlos herumzusitzen und in Grübeleien zu versinken. Wir können diese Energie, die die Angst auslöst, auch positiv nutzbar machen. Wir können uns fragen: Wie können wir den Menschen in der Ukraine helfen? Wir könnten Geld spenden. Wir könnten dringend benötigte Hilfsgüter verschicken, wir könnten uns freiwillig melden als Helfer bei der Versorgung der Flüchtlinge und Vieles mehr. Kurz: Wir können den weißen Wolf füttern!"

Tim nickte nachdenklich.

„Nebenbei bemerkt empfehlen die Behörden ja, sich auf Notfälle vorzubereiten, also einen Notvorrat anzulegen, einen Notfallrucksack zu packen und so weiter. Auch damit kann man sich aktiv beschäftigen. Allerdings sollte man es damit auch nicht übertreiben. Denn sonst verbringt man schon wieder zu viel Zeit damit, sich auf das Negative zu fokussieren.

Ansonsten hilft es auch hier, sich abzulenken und mit positiven Dingen zu beschäftigen. Es ist nicht hilfreich, den ganzen Tag die Nachrichten zu verfolgen."

Tim musste lachen:

„Das sagst du dem Richtigen – ich bin Journalist! Es ist mein *Job*, den ganzen Tag die Nachrichten zu verfolgen."

„Okay", sagte Chayton. „In diesem Fall könntest du natürlich darüber nachdenken, ob du perspektivisch nicht einen Jobwechsel in Erwägung ziehen solltest. Ich meine, wenn dir die Flut der schlechten Nachrichten so aufs Gemüt schlägt..."

„Ja, tatsächlich habe ich auch schon daran gedacht. Aber das ist natürlich eine gravierende Entscheidung. Zumindest könnte ich erstmal versuchen, das Ressort zu wechseln – weg von der Politik hin zu Kultur, Unterhaltung oder Vermischtes."

„Klingt wie ein guter Gedanke“, sagte der Schamane. „Aber das musst du natürlich nicht jetzt entscheiden. Und vor allem solltest du darüber nicht ins Grübeln verfallen.“

„Nein“, sagte Tim. „Das wohl besser nicht.“

„Du kannst dich zu einem geeigneten Zeitpunkt gezielt und konstruktiv mit dieser Idee beschäftigen und einen konkreten Plan ausarbeiten.“

Tim nickte.

„Wie dem auch sei: Wir selbst haben es in der Hand zu entscheiden, wieviel Zeit und Energie wir in Sorgen und Nachgrübeln investieren über Dinge, die wir ohnehin nicht ändern können. Wir sollten uns bewusst dazu anhalten, uns abzulenken und die Aufmerksamkeit auf das Positive zu richten. Vielleicht machen wir mit Freunden Musik, oder wir spielen etwas, lesen ein gutes Buch, machen einen Spaziergang oder was auch immer uns hilft, den Geist in eine andere Richtung zu lenken. Ständiges unkontrolliertes Grübeln jedenfalls führt zu nichts Gutem, raubt uns Energie und macht uns am Ende krank.“

„Davon kannst du ja ein Lied singen“, sagte Jessy zu Tim, „bei dir hat es zu Panikattacken geführt.“

„Tja...“, sagte Tim. „Da ist in meinem Kopf wohl ein bisschen was aus dem Ruder gelaufen...“ Er überlegte kurz und fuhr fort: „Aber ist es denn wirklich so wünschenswert, immer alles positiv zu sehen? Es gibt ja so Leute, die krampfhaft alles nur in rosarotem Licht sehen wollen und alles Negative ausblenden. Das kanns doch auch nicht sein, oder?“

„Was du da beschreibst", erwiderte Chayton, „nennt man toxische Positivität. Aber mach dir mal keine Sorgen: Davon bist du weit entfernt!"

Jessy grinste bestätigend.

„Du hast schon Recht: Es ist nicht gesund, echte Probleme zu ignorieren und den Kopf davor in den Sand zu stecken oder sich etwa eine toxische Beziehung schönzureden. Ebenso ungesund ist es, unangenehme Gefühle zu verdrängen und immer so zu tun, als gäbe es sie nicht."

„Aber Moment!", entgegnete Tim. „Du hast doch gesagt, wir sollen den schwarzen Wolf nicht füttern."

„Richtig. Und damit ist gemeint, sich nicht in den negativen Gefühlen zu suhlen und sie überhand nehmen zu lassen. Wir sollen den schwarzen Wolf durchaus wahrnehmen. Und er wird auch nie ganz verschwinden. Wenn du negative Gefühle hast, dann sollst du ihnen Raum geben. Aber du sollst sie nicht unnötig füttern und größer machen und sie zu mächtig werden lassen. Akzeptiere den schwarzen Wolf, aber füttere ihn nicht. Füttere immer nur den weißen Wolf, denn das kann dir nur Gutes bringen."

„Okay...", erwiderte Tim, „ich denke, ich weiß was du meinst."

„Und was dich betrifft, Jessy", sagte der Schamane, „dich und deinen Trennungsschmerz: Wenn du auf gesunde Art mit deinem Schmerz umgehst – so wie wir das besprochen haben, also in einem gesunden Maß und bewusst – dann heißt auch *das*, den weißen Wolf zu füttern. Wenn du dich aber exzessiv in Selbstmitleid und Gram um das verlorene Glück suhlst, dann fütterst du den schwarzen Wolf, denn du erzeugst damit eine Menge negativer Energie."

Jessy nickte nachdenklich.

Chayton sah sie an und schwieg eine Weile lang. Dann setzte er wieder an:

„Vielen meiner Klienten geht es so, dass sie bereits von ihren Eltern gelernt haben, den schwarzen Wolf zu füttern, oder dass sie sich in ihrer Kindheit in einer schwierigen Familiensituation befunden haben, und es sich daher selbst angewöhnt haben. Deswegen ist es für Viele von uns wichtig, dass wir uns mit unserer eigenen Kindheit versöhnen und Frieden schließen. Wie sieht es bei euch aus mit der Kindheit?"

„Nicht mein Lieblingsthema", gab Tim zurück.

„Same here", sagte Jessy.

„Nun", setzte der Schamane wieder an, „ich möchte euch nahelegen, dass ihr euch beizeiten damit beschäftigt. Das könnte euch in eurer Entwicklung ein großes Stück vorwärts bringen." Er macht eine Pause. Dann fügte er hinzu:

„Alles das, worüber wir heute gesprochen haben, sind hilfreiche Möglichkeiten, die guten Seelenkräfte zu wecken, den weißen Wolf zu füttern. Darüber hinaus gibt es aber noch die Königsdisziplin, die seit Jahrtausenden in der ganzen Welt bekannt ist und praktiziert wird."

„Welche ist das?", fragte Tim.

„Ratet doch mal."

Tim und Jessy sahen sich an. Nach kurzem Überlegen sagte Jessy:

„Ach natürlich: Meditation!"

„Aha!", sagte Chayton lachend.

„Oh no!", stöhnte Tim.

„Ich sehe schon, du bist kein Fan davon!", sagte Chayton.

Tim schüttelte eifrig den Kopf.

„Hast du es denn schon probiert?"

„Ja... letztens mit meiner zauberhaften Therapeutin."

„Und es hat nichts gebracht?"

„Nein, nicht wirklich."

„Das ist schade", sagte der Schamane. „Denn Meditation könnte dir sehr helfen – könnte *euch beiden* sehr helfen – zu Seelenfrieden und innerer Stärke zu finden."

„Übrigens haben wir ja schon mal zusammen progressive Muskelrelaxation gemacht, Tim", schaltete Jessy sich ein, „an unserem ersten Abend im Zelt. Das hat dir schließlich schon was gebracht, oder etwa nicht?"

„Doch, stimmt", lenkte Tim ein, „aber das ist ja auch keine Meditation."

„Im weitesten Sinne schon", sagte Chayton. „Und auf jeden Fall eine hilfreiche Sache. Da hast du schon mal ein Tool, das dir helfen kann."

Tim nickte.

„Ich bin sicher, du könntest von Meditation sehr profitieren, Tim."

Der Angesprochene zuckte mit den Schultern.

„Aber ich will euch heute Abend nicht überfordern. Ich habe euch schon eine ganze Menge erzählt, das ihr in Ruhe verarbeiten solltet. Und wer weiß?

Vielleicht haben wir ja nochmal Gelegenheit, darüber zu sprechen."

„Das wäre toll!", sagte Jessy lächelnd. Tim nickte.

„Jetzt ist es Zeit, mich in mein Zelt zurückzuziehen."

„Ja, ich bin auch schon ganz schön müde", gab Tim zurück, und Jessy stimmte zu.

„Für den Fall", fuhr Chayton fort, „dass wir uns morgen früh nicht mehr sehen... erlaubt mir, euch noch einen Rat mit auf den Weg zu geben: Probiert es doch mal aus: Achtet in den kommenden Tagen ganz bewusst darauf, wann ihr den schwarzen Wolf füttert. Vielleicht macht ihr euch auch gegenseitig darauf aufmerksam, wenn ihr es bemerkt. Und dann versucht ihr sofort und aktiv, damit aufzuhören und bewusst den *weißen* Wolf zu füttern. Macht euch das zur Gewohnheit, und ich wette mit euch: Es wird euer Leben verändern!"

„Wir werden es versuchen!", erwiderte Jessy, „also zumindest ich." Sie schaute fragend zu Tim.

„Klar, warum nicht?", entgegnete er.

„Dann wünsche ich euch eine gute Nacht! Mögen die Geister euch gewogen sein!"

„Ebenso...", murmelte Tim, etwas genervt von der Formulierung.

„Dir auch!", sagte Jessy, deutlich herzlicher.

Wenig später steckten Tim und Jessy in ihren Schlafsäcken, und Jessy fragte leise von Zelt zu Zelt:

„Wie fandest du den Abend mit Chayton?"

„Tja...“, machte Tim und überlegte. Nach einer Weile sagte er: „Du hast schon Recht, er ist nicht ganz so bekloppt, wie man zuerst denken könnte. Und das, was er über Psychologie sagt, klingt, als hätte es Hand und Fuß.“

„Das meine ich auch. Und ich finde es faszinierend, wie er die Weisheit der Cherokee mit der modernen Wissenschaft verbindet. Das macht ihn irgendwie glaubwürdig.“

„Das stimmt. Und da waren eine Menge interessanter Gedanken dabei, die ich erstmal verarbeiten muss.“

„Geht mir auch so“, pflichtete Jessy ihm bei. „Jedenfalls sollten wir uns an seinen Rat halten und das mit den Wölfen ausprobieren.“

„Und wie?“

„Wir achten einfach ab morgen bewusst darauf, wann wir dabei sind, den schwarzen Wolf zu füttern. Und wenn wir das beim anderen bemerken, machen wir uns darauf aufmerksam.“

„Ja, warum nicht?“

„Also, Deal!“

„Bin dabei!“

17

Als Tim am nächsten Morgen das Zelt verließ, sah er, dass Jessy wach war und bereits den Picknicktisch gedeckt – sprich Müsli bereitet und Wasserbecher hingestellt hatte. Dort saß sie und war mit ihrem

Handy beschäftigt. Als sie ihn bemerkte, wischte sie eilig über das Display und legte es fahrig beiseite.

„Guten Morgen, Schlafmütze!", sagte sie.

„Guten Morgen!", gab er zurück. „Du hast ja mit dem Frühstück auf mich gewartet. Wie nett!"

„Klar!"

„Bist du schon lange wach?"

„Nein, vielleicht eine halbe Stunde."

Tim sah sich um.

„Chayton ist schon wieder weg, oder?"

„Ja, er war schon weg, als ich wach wurde."

Tim nickte und setzte sich. Sein Blick fiel auf ihr Handy.

„Was hast du eigentlich so Peinliches gemacht mit dem Handy, als ich kam?", fragte er grinsend.

„Peinliches? Wie kommst du darauf?"

Tim sah, dass sie rot wurde.

„Nur so", sagte er und grinste ihr noch ein bisschen mehr ins Gesicht.

„Gar nichts!", behauptete sie und wurde noch roter.

„Du benimmst dich ja gerade so, als hätte ich dich beim Pornogucken erwischt."

„Sehr witzig."

„Zeig doch mal!"

Sie sah ihn entnervt an, dann nahm sie das Handy, wischte darauf rum und zeigte ihm dann das Display. Er sah eine hübsche rothaarige Frau, stutzte kurz und verstand dann.

„Das ist Gwen?", fragte er.

Sie nickte.

„Fotos hast du also auch noch von ihr."

„Ja. Und jetzt sag bitte nichts mehr. Ich will es nicht hören."

„Aber hübsch ist sie, das muss man ihr lassen."

Schweigend aßen sie ihr Müsli. Plötzlich hörten sie das Unterholz rascheln und knacken, und als sie aufsahen, zuckte Jessy zusammen, weil in einiger Entfernung eine ganze Anzahl Tiere durchs Gehölz strich.

„Was ist das?", flüsterte sie nervös.

Tim schaute genauer hin und musste schmunzeln.

„Das sind Rehe", flüsterte er zurück, „ein ganzes Rudel!"

Offensichtlich hatten die Tiere sie nicht bemerkt, denn sie näherten sich unbekümmert dem Shelter. Es war ein halbes Dutzend, zwei große, offenbar erwachsene Weibchen und vier Kälber mit weißen Flecken auf dem grauen Fell. Sie streiften durchs Unterholz, schnüffelten am Boden, offenbar auf der Suche nach dem einen oder anderen Leckerbissen, die Großen im langsamen Schritt, während die Kälber zum Teil spielerisch hin und her hüpften und trabten und sich ihres jungen Lebens freuten.

„Lauter Bambis!", schwärmte Jessy leise. „Das sind keine Rehe, sondern weibliche Weißwedelhirsche, die sehen so aus wie die, die ich auf Bildern gesehen habe."

Inzwischen hatte sich das Rudel auf schätzungsweise zehn Meter angenähert. Mit einem Mal blickte eine der beiden Hirschkühe zu ihnen her, hielt in der Bewegung inne, stand da wie eine Skulptur, und Tim hatte das Gefühl, als schaute sie ihm direkt in die Augen. Im nächsten Moment hielt auch die zweite Kuh inne und schaute zu ihnen her. Eindeutig hatten die Tiere sie entdeckt, doch von Angst keine Spur. Es war eher ein respektvolles Mustern und Abschätzen. Tim merkte, wie Jessy mit ihrer Hand seinen Unterarm anfasste – offenbar war sie vollkommen gepackt von diesem Schauspiel, und ihm erging es nicht anders. Es war ein erhebendes, zutiefst bewegendes Gefühl, diesen Wildtieren in solcher Nähe, Auge in Auge, zu begegnen.

Dieser magische Moment währte vielleicht eine halbe Minute oder länger, bis die Tiere wohl zu dem Schluss kamen, dass von ihnen beiden keine Gefahr ausging, und so streiften sie gelassen weiter ihres Weges, bis sie schließlich im Wald verschwunden waren.

„Mein Gott!", sagte Jessy, kaum fähig zu sprechen vor Ergriffenheit.

„Was für schöne Tiere!", gab Tim zurück.

„Ja, und dass die so zutraulich sind!"

„Wahrscheinlich kennen die das schon, dass hier Leute durch den Wald latschen."

Einen Moment lang schauten sie noch schweigend zu der Stelle, wo die Hirsche verschwunden waren, bis Jessy vorschlug, aufzubrechen, und so packten sie ihre Sachen zusammen, bauten die Zelte ab und setzten ihre Wanderung Richtung Süden fort.

In dieser Gegend verlief der AT mehr oder weniger parallel zum Skyline Drive, einer Panoramastraße, die vor allem als Touristenattraktion gebaut worden war. Er führte über eine Reihe von Bergkämmen und bot eine Vielzahl von Aussichtspunkten. Mal befand sich der Drive in größerer Entfernung, dann wieder nur einen Steinwurf entfernt, oder er kreuzte ihren Pfad. Mehrmals kam es vor, dass sie plötzlich zusammenzuckten, weil ein Motorrad oder ein SUV wie aus dem Nichts an ihnen vorbeifuhr – weil sie nicht gemerkt hatten, dass die Straße in unmittelbarer Nähe zum Trail verlief.

An einer Stelle entschieden sie sich, eine Weile lang auf dem Asphalt des Drive zu laufen. Da sie noch in der Vorsaison unterwegs waren, fuhren nur wenige Autos, und für Trucks war die Straße ohnehin gesperrt. Es tat zur Abwechslung mal ganz gut, auf festem Boden zu laufen und einen Hauch von Zivilisation zu spüren.

Als sie durch eine Ortschaft kamen, entdeckten sie einen Lebensmittelladen und beschlossen, die Chance zu nutzen, ihren Proviant aufzufüllen. Kaum hatten sie ihn betreten, stieg ihnen der betörende Duft von gegrilltem Rindfleisch und French Fries in die Nase. Wie sie feststellten, gehörte zu dem Laden ein Imbissbereich mit einigen Tischen, von denen nur einer besetzt war. Die beiden schauten sich an und dachten offensichtlich dasselbe, denn im nächsten Moment prusteten sie los.

„Ich weiß, es ist noch nicht mal 12 Uhr", sagte Tim, „aber -"

„Du musst nicht weiterreden. Ich bin dabei. Aber erst kaufen wir ein!"

Sie betraten den Verkaufsbereich und gingen rüber zu dem Regal mit den Cerealien, um Müsli zu kaufen. Während sie die verschiedenen Produkte unter die Lupe nahmen, merkte Tim auf einmal, wie der köstliche Grillgeruch überlagert wurde von einer massiven Parfümwolke. Er wandte sich um und erblickte eine beleibte Dame um die 50, stark geschminkt und in ein opulentes, vermutlich sehr teures buntes Sommerkleid gequetscht, das wohl früher mal besser gepasst haben mochte. Langsam näherte sie sich, während sie schlendernd die Regale begutachtete.

Auch Jessy wandte sich um und flüsterte:

„Gott, die verstößt ja mit ihrem Kampfgas gegen das Verbot chemischer Waffen."

Offenbar merkte die Frau, dass sie beobachtet wurde, denn nun schaute sie zu ihnen herüber und hielt dann auf sie zu.

„Irgendein Problem?", fragte sie mit einer scharfen, angriffslustigen Stimme.

„Nein nein, wir haben nur Ihr hübsches Kleid bewundert!", sagte Jessy geistesgegenwärtig.

„Danke", sagte sie kalt, musterte die beiden und wollte dann wissen:

„Ihr wandert wohl den Trail?"

„Ja!", erwiderte Jessy lächelnd.

Die Frau nickte und sprach die Worte:

„Ihr müsst dringend mal duschen. Ihr riecht wie die Tiere. Ich würde mich schämen."

Jessy hob die Augenbrauen und prustete los, während Tim spürte, wie ihm das Blut ins Hirn schoss und sein Kopf heiß wurde.

„Ernsthaft?!", zischte er, „ausgerechnet du redest von Gerüchen? Wo der ganze Laden nach deinem Parfum riecht wie ein kolumbianischer Puff?"

„Tim!", rief Jessy entsetzt.

„Das muss ich mir nicht anhören!", motzte die Frau und stampfte mit erhobenem Haupt und heiligem Zorn von dannen.

„So was kannst du doch nicht sagen!", schalt ihn Jessy. „Du kannst froh sein, wenn sie dich nicht anzeigt."

„Wieso denn?!", entgegnete Tim, der immer noch kochte. „Sie hat uns mit Tieren verglichen!"

„Trotzdem...!"

„Pff...", machte Tim und blickte der Frau finster hinterher.

„Jedenfalls wundert es mich nicht, wenn wir etwas müffeln. Vielleicht sollten wir lieber draußen lunchen..."

Sie bezahlten ihren Proviant – Müsli, H-Milch in verschließbaren Flaschen und mehrere Flaschen Wasser – und wechselten dann zur Snackbar. Hier sah es ziemlich edel aus: Gepflegter Dielenboden, hochwertige Tische und Stühle, angenehm warme Beleuchtung. Sie bestellten Cheeseburger, Fries und Blueberry-Donuts und sahen dabei zu, wie ihre Rindfleisch-Patties auf dem Grillrost über den glühenden Kohlen brutzelten, während immer wieder Fetttröpchen zischend in die Glut fielen und als kleine Stichflammen wieder hochzüngelten. Ein unwiderstehlicher Duft verbreitete sich, und Tim lief das Wasser im Mund zusammen. Sie entdeckten, dass es einen Hinterhof gab, in dem weitere Tische und Stühle standen, die unbesetzt waren. Als sie ihr Essen bekamen, gingen sie damit raus und ließen sich an einem der Tische nieder. Sie packten ihr Essen aus und begannen schweigend zu futtern, bis Jessy sagte:

„Jetzt krieg dich mal wieder ein!“

„Was denn?!“

„Du ziehst immer noch soo ein Gesicht…“

Sie machte eine grimmige Grimasse, über die Tim fast gelacht hätte, wenn er nicht immer noch so geladen gewesen wäre.

„Denkst du etwa immer noch an die alte Schachtel?“

„Mir gehen solche Leute massiv auf den Zeiger!“, maulte er.

Sie sah ihn kommentarlos an, kaute auf ihrem Burger herum und meinte schließlich:

„Ich sage nur: schwarzer Wolf!“

Tim stöhnte.

„Ja, allerdings!“, beharrte sie. „Das ist jetzt genau so eine Situation, von der wir gestern geredet haben. Du steigerst dich total in einen Ärger rein, der völlig unnötig ist.“

„Ich steigere mich nicht rein!“

„Aber du hörst auch nicht auf, dich zu ärgern. Und mich ziehst du direkt mit runter mit deiner miesen Aura.“

„Dann sag mal, Schweinchen Schlau, was ich deiner Ansicht nach dagegen tun soll.“

„Blöde Frage! Genieß dein Essen! Du sitzt hier in einem malerischen Örtchen in den märchenhaften Blue Ridge Mountains in Virginia und isst frisch gegrillten Burger. Was könnte geiler sein?“

Tim gab einen grummelnden Ton von sich und musste ihr insgeheim Recht geben. Er atmete ein paarmal tief durch und versuchte dann, sich auf den Burger zu konzentrieren, den unwiderstehlichen Duft auszukosten, den köstlichen rauchigen Geschmack zu genießen. Und tatsächlich spürte er bald, wie sich sein Inneres wieder entkrampfte und er ruhiger wurde.

Jessy schaute ihn an und lächelte:

„Na also, geht doch!"

Tim grinste wortlos.

„So einen Leckerbissen wie diesen Cheeseburger hat dein weißer Wolf bestimmt schon lange nicht mehr gehabt!", scherzte sie.

„Warte ab, bis er den Donut bekommt!"

Wenig später waren sie wieder auf den Beinen. Der Weg zu ihrem nächsten Nachtlager belohnte sie mit mehreren Aussichtspunkten, die immer wieder neue Perspektiven auf das idyllische Shenandoah Valley und die Blue Ridge Mountains boten, die mit ihrer unvergleichlichen Schönheit die Seele berührten und so klangvolle Namen trugen wie Indian Run Overlook, Hogwallow Flats Overlook und Range View Overlook. Unweit von Letzterem lag auch der Shelter, an dem sie heute übernachten wollten: Die *Range View Cabin*. Dorthin gelangten sie am frühen Abend, als die Sonne schon golden über dem Horizont stand und bald untergehen wollte. Dieser Shelter war kein bloßer Bretterverschlag mit offener Front, sondern ein richtiges historisch anmutendes Häuschen. Es hatte urige Natursteinwände, einen opulenten Schornstein und sogar eine Veranda. Auf dieser saßen sechs Jugendliche zusammen, je drei Jungs und Mädels um die 20, tranken Bier, schwatzten, lachten und ließen es sich gut gehen. Als Tim und Jessy sich näherten und nach einem guten Platz für ihr Zelt suchten, rief ihnen eines der Mädels eine freundliche Begrüßung zu, und Jessy rief ebenso freundlich zurück.

Während sie ihre Zelte aufschlugen, drang das Gelächter der Gruppe lautstark zu ihnen her.

„Na toll!", maulte Tim.

„Was denn?"

„Ich wette mit dir, das geht die ganze Nacht so. Wir werden nicht viel Schlaf bekommen."

Jessy antwortete nicht, aber Tim konnte förmlich hören, wie sie ihre Augen verdrehte. Als eins der Mädels besonders kreischend loslachte, motzte Tim:

„Was soll das? Haben die keine Ahnung, wie man sich auf dem Trail benimmt? Sämtliche Tiere im Umkreis von drei Meilen kriegen Panikattacken bei dem Krach."

„Boah Tim, krieg dich bitte ein!", zischte Jessy zurück.

„Ist doch wahr!"

„Ja, es ist wahr. Aber ich kann deinen abgenervten Ton einfach nicht mehr ertragen. Bei jeder Gelegenheit motzt du rum und ziehst mich mit runter!"

Tim antwortete nicht. Er schielte zu der Gruppe rüber. Offenbar hatten sie noch nicht mitbekommen, dass Jessy und er drauf und dran waren, in Streit zu geraten.

„Auf jeden Fall sollten wir denen mal `ne Ansage machen!“, sagte er.

„Aber ganz sicher nicht du!“, antwortete sie.

„Warum nicht?“

„Weil du dich todsicher im Ton vergreifst.“

Tim wollte schon losmeckern, merkte aber dann, dass er ihr damit nur den Beweis liefern würde, dass sie Recht hatte. Er bemühte sich um einen ruhigen Ton und brummte:

„Ich hab eh keinen Bock, mit so `nem Haufen schlecht erzogener Teenager zu reden. Mach du das ruhig.“

„Wie du redest! Wie so ein grumpy old man. Wie alt bist du, 70?“

„Ja, du mich auch“, grummelte er zurück.

„Augenblick mal. Rede bitte nicht in so einem Ton mit mir! Und ganz abgesehen davon: Darf ich dich daran erinnern, was wir gestern gelernt haben?“

„Fang bitte nicht mit dem Wolf-Quatsch an!“

„Ich sag's nur. Wir haben einen Deal. Und du treibst dich schon wieder mit dem falschen Wolf herum.“

„Whatever...“, stöhnte Tim und konzentrierte sich darauf, sein Zelt zu bauen.

Als sie fertig waren, sagte Jessy:

„So, ich werde jetzt mal rüber gehen und mit denen quatschen. Und ich fände es schon cool, wenn du mitkommen würdest und ein bisschen nett wärst.“

„Danke, kein Bedarf!“, sagte er, setzte sich mit seinem Handy vor das Zelt und öffnete irgendeine Spiele-App, die er ewig nicht benutzt hatte. Aus den Augenwinkeln beobachtete er, wie Jessy zu der Gruppe rüber ging und sie ansprach. Offenbar machte sie Smalltalk, es sah jedenfalls nicht so aus, als würde sie ihnen gleich ihre Ansage um die Ohren hauen. Was sie sprachen, konnte er nicht hören. Ihm war klar, dass es ziemlich albern rüberkam, wenn er hier wie ein beleidigter Schuljunge rumhockte und sich absonderte, aber das war ihm egal. Was wollte er mit diesen pubertierenden Nervensägen? Sollte sich ruhig Jessy mit ihnen rumärgern.

Offenbar verstand sie sich mit ihnen ziemlich gut, denn inzwischen hatte sie sich auf die Veranda gesetzt. Eins der Mädels bemerkte, dass er zum Häuschen rüberschaute und forderte ihn mit einem Winken auf, sich dazuzugesellen. Er winkte jedoch nur ab, worauf sie mit geschauspielerter Traurigkeit die Mundwinkel runterzog und mit den Schultern zuckte.

Nach einer Weile machte sich auf einmal Aufregung breit, es wurde applaudiert, und als Tim rüber sah, bemerkte er, dass einer der Jungs eine Gitarre hervorgeholt hatte und nun irgendein zeitgenössisches Stück anstimmte, das Tim nicht kannte. Der Typ spielte mitreißend rhythmisch, und als er mit seinem Gesang einsetzte, zeigte sich, dass er eine beachtliche Stimme hatte.

So ein Angeber!, dachte Tim voller Neid und fragte sich, wieso der zum Wandern überhaupt eine Gitarre mit sich herumschleppte. Während die kleine Lichtung immer mehr in der Dämmerung versank und das Feuer knisterte und leuchtete, spielte der Kerl zwei weitere stimmungsvolle Songs, und das Mädel von eben winkte Tim noch einmal auffordernd zu. Er dachte an das Gespräch mit Chayton, dachte an die Geschichte mit den Wölfen und sah ein, dass dies eine Gelegenheit war, über seinen Schatten zu springen und aufzuhören, den schwarzen Wolf zu füttern, indem er hier rumhockte und grummelte. So gab er sich einen Ruck und ging rüber, was sogleich einen Begeisterungssturm in der Gruppe auslöste. Er wurde beklatscht und bejubelt. Tim kam sich ein bisschen dämlich vor, wie er angeschlichen kam, der seltsame Sonderling. Doch er wurde mit echter Herzlichkeit aufgenommen, und als der Junge seinen Song beendet hatte, sagte das Mädel, das ihm zugewinkt hatte:

„Du bist Tim, oder?"

„Ja genau."

„Schön, dass du auch noch dazu kommst."

Sie stellte sich als Lucy vor und machte ihn mit dem Rest der Gruppe bekannt. Wie sich herausstellte, waren sie keine Langstrecken-Hiker, sondern nur fürs Wochenende hergekommen. Ihr Auto stand nicht weit weg. So erklärte sich auch die Gitarre. Nachdem sie alle ein bisschen Smalltalk gemacht hatten, sagte einer der Jungs, der Tyler hieß, zu Eric, dem Gitarrenspieler:

„Spiel doch mal was, was alle kennen und mitsingen können!"

Allgemeine Zustimmung. Daraufhin spielte Eric *Wonderwall* von Oasis, und jeder und jede sang mit, so gut es ging – außer Tim.

„Sing mit!", forderte Lucy, und nach einigem Zögern stimmte Tim mit ein, erst zaghaft, dann immer freier – und er musste zugeben, dass es Spaß machte. Als der Song zuende war, wurde geklatscht und gejubelt, die Stimmung hätte nicht besser sein können. Eric wandte sich an Tim und Jessy und fragte:

„Spielt jemand von euch Gitarre?"

Tim verneinte, während Jessy schüchtern sagte:

„Ein kleines bisschen..."

Daraufhin reichte Eric ihr sein Instrument rüber.

„Oje...", sagte sie und machte sich mit der schwarzen Westerngitarre vertraut. Schließlich sagte sie:

„Ich könnte eine Ballade spielen. Aber ich möchte die gute Stimmung nicht verderben."

„Doch, bitte!", forderte Eric sie auf. „Welchen Song willst du spielen?"

„Angel von Sarah McLachlan."

„Oh, okay...", sagte Eric mit einem Gesichtsausdruck, der etwas besagte: *Da hast du dir aber was vorgenommen.* Jessy begann, zarte Arpeggio-Akkorde zu zupfen, und als sie die erste Zeile des Songs sang, bekam Tim sofort eine Gänsehaut. Er hatte nicht die leiseste Ahnung gehabt, dass sie so musikalisch war. Ihr Gitarrenspiel war nicht sonderlich ausgefeilt und bei Weitem nicht so versiert wie Erics, aber sie spielte sicher und fehlerfrei. Ihre Stimme hatte nicht die überragende Ausdruckskraft von Sarah McLachlan – aber sie klang warm, zart und feenhaft, und berührte offensichtlich nicht nur Tim, sondern auch die übrigen Zuhörenden in der Seele. Wie sie so dasaß, vom Schein des Feuers magisch in Szene gesetzt, der Gesichtsausdruck melancholisch und versonnen, ging es ihm durch Mark und Bein...

Bis nach Mitternacht saßen die beiden mit der Gruppe zusammen, lachten, musizierten und hatten eine gute Zeit. Schließlich verabschiedeten sie sich, da sie einigermaßen zeitig aufstehen wollten, um ihre nächste Tagesetappe zu schaffen, und zogen sich zurück. Wie sich zeigte, nahmen die Jugendlichen Rücksicht und verhielten sich leise.

„Wow, das war toll!", sagte Jessy, als sie in ihren Zelten lagen.

„Ich wusste gar nicht, dass du so gut singen kannst!", erwiderte Tim.

„Danke! Du singst aber auch schön. Ich fand's klasse, dass du noch dazugekommen bist."

„Ja, ich auch. Unter normalen Umständen hätte ich das nie gemacht."

„Warum nicht?"

„Keine Ahnung... ich bin eh nicht so der Typ, der leicht mit Leuten ins Gespräch kommt."

„Umso besser, dass du dich überwunden hast."

„Tja, ich habe halt Chaytons Rat befolgt."

„Und es hat sich gelohnt!"

„Ja, absolut!", sagte Tim und fügte nachdenklich hinzu: „Wo er wohl steckt? Meinst du, wir treffen ihn nochmal?"

„Wir werden sehen."

„Ja."

„Das war ein sehr schöner Abend, Tim. Gute Nacht!"

„Gute Nacht!"

18

Noch am folgenden Morgen waren die beiden beschwingt von dem lustigen Abend und marschierten voll Energie und bei schönstem Sonnenwetter weiter südwärts. Wie sich herausstellte, reihte sich auf dieser Strecke ein traumhafter Aussichtspunkt an den anderen. Als sie schließlich am frühen Abend ihr Tagesziel erreicht hatten, waren sie auf angenehme Weise erschöpft und in aufgeräumter Stimmung. Die Hütte mit dem kuscheligen Namen *Byrd's Nest* sah ein bisschen so aus wie ein Schauplatz im Film *Blair Witch Project* – ein ziemlich verwunschen aussehendes kleines Natursteingemäuer. Und obwohl es ziemlich gruselig wirkte, hatte es zugleich einen irgendwie heimeligen Charakter.

Da sie die einzigen Wanderer hier waren, beschlossen sie, sich heute einmal das Zelten zu sparen und in der Hütte selbst zu übernachten – auch wenn sie dann nicht vor unliebsamen Begegnungen mit Tieren geschützt waren wie im Zelt. Aber inzwischen hatten sie sich an die Allgegenwart der Natur gewöhnt. Noch vor Anbruch der Dunkelheit lagen sie in ihren Schlafsäcken, und es dauerte nicht lange, bis Tim eingeschlafen war.

Als sie am folgenden Morgen erwachten und vor die Hütte traten, mussten sie feststellen, dass das Wetter umgeschlagen hatte: Dicke Wolken hingen am Himmel.

„Ich hoffe, es gibt keinen Regen…“, sagte Tim.

„Warte!", erwiderte Jessy, holte ihr Handy heraus und konsultierte die Wetter-App. „Tja, Regenwahrscheinlichkeit 80 Prozent. Aber vielleicht haben wir ja Glück."

„Na toll...", grummelte Tim.

„Am besten machen wir uns gleich auf die Socken."

Sie frühstückten zügig, packten ihren Kram zusammen, legten den Regenschutz für die Rucksäcke an, sorgten dafür, dass ihre Regencapes griffbereit waren, und wanderten los. Zur Mittagszeit wollten sie die Rose River Falls erreichen, die ausgesprochen sehenswert sein sollten. Auf dem Weg dorthin passierten sie mehrere Aussichtspunkte, die sich jedoch als sinnlos erwiesen, da die Landschaft hinter einer dicken Wolkenmasse verborgen war.

Trockenen Fußes erreichten sie die Wasserfälle, und die waren in der Tat märchenhaft. Von einer schmalen Holzbrücke bestaunten sie, wie das Wasser gleich Silberfäden in wechselvollen Kaskaden über die vielgestaltige Felsformation abwärts rauschte und sich schäumend in einem türkisfarbenen steinigen Teich sammelte. Eine Weile lang blieben sie gedankenverloren stehen, bis es mit einem Mal anfing zu regnen.

„Oh no!", stöhnte Jessy.

„War ja klar..."

Der Niederschlag war nicht so heftig, dass er das Gehen unmöglich machte, aber doch stark genug, um zu nerven. Miese Stimmung machte sich in Tim breit. Sie zogen ihre Regencapes über und marschierten dann weiter, bis Tim plötzlich auf nassem Laub ausrutschte und beinahe mitsamt Rucksack zu Boden gestürzt wäre. Es gelang ihm gerade noch, sich abzufangen.

„Shit!", stieß er hervor.

„Ist ja nochmal gut gegangen!"

Kopfschüttelnd lief Tim weiter. Und seine Stimmung verschlechterte sich noch, als er merkte, dass er ordentlich Hunger bekam, denn an eine Lunchpause war bei diesem Wetter nicht zu denken.

„So ein Scheiß!", motzte er vor sich hin.

„Tim!", ermahnte ihn Jessy. „Fang bitte nicht wieder an!"

Ohne darauf zu reagieren stapfte Tim angenervt weiter.

Grinsend ahmte sie das Heulen eines Wolfes nach.

„Ist ja gut!", gab Tim gereizt zurück. „Ich hab's verstanden!"

Eine Weile lang verfluchte er in Gedanken diesen verunglückten Tag und den Trail und dass er überhaupt auf diese dämliche Idee gekommen war, mitzuwandern und so weiter und überhaupt.

Aber dann rief er sich selbst zur Ordnung, dachte an Jessys Mahnung und daran, dass sie sich vorgenommen hatten, die Sache mit der Wolfsgeschichte konsequent durchzuziehen. Was hatte Chayton gesagt? Man sollte sich fragen, ob man an der Situation etwas ändern konnte. Tim überlegte kurz: Gegen den Regen konnte er natürlich nichts machen – aber... Er hielt inne, stellte sich unter einen Baum, um sich halbwegs vor dem Regen zu schützen, und konsultierte sein Handy. Er hatte eine Idee, die ihm gefiel.

Nachdem er ein paar Sachen gecheckt hatte, sagte er zu Jessy:

„Pass auf, der Regen soll noch bis übermorgen weitergehen. Und ganz ehrlich – darauf habe ich keinen Bock. Also, gut fünfzig Meilen von hier gibt es ein Städtchen namens Waynesboro. Und da gibt es ein nettes Hotel mit Spa, also Sauna und Pool und so."

„Okay, du brauchst nicht weiterzureden. Ich bin dabei! Was kostet es?"

Tim schaute nach. „Puh... für zwei Übernachtungen 250 Dollar pro Nase."

Jessy überlegte kurz und sagte:

„Okay. Lass uns das machen! Egal."

„Aber das ist ein ganz schöner Haufen Geld!"

„Stimmt schon. Aber ich finde, wir sollten das Beste aus dieser Situation machen und es uns gut gehen lassen. Ein echter weißer Wolf lässt sich von ein bisschen Regen nicht die Lebensfreude versauen!"

„Du hast Recht. Wir machen's!"

„Die Frage ist, wie kommen wir da hin? Uber wird wohl ein bisschen teuer."

„Wir trampen!"

„Wow, okay, habe ich schon lange nicht mehr gemacht, aber warum nicht? Versuchen können wir es."

Beflügelt von der Aussicht auf ein kuscheliges Bett, gutes Essen und ein Wellnesscenter marschierten sie eine gute Meile zurück und stießen dort auf den Skyline Drive.

„Am besten stellst du dich an die Straße und zeigst dein hübsches Gesicht!", schlug Tim vor. „Ich halte mich etwas weiter hinten."

„Danke für das Kompliment", erwiderte sie, stellte sich an den Straßenrand und hielt Ausschau. Viel Verkehr herrschte nicht. Es machte wenig Sinn für Touristen, bei solchem Wetter eine Panoramastraße entlang zu fahren. Im Abstand von mehreren Minuten kamen einzelne Motorräder vorbei gebraust – und das auch noch in der falschen Richtung. Der Regen hatte zugelegt und klatschte pladdernd auf ihre Regencapes. Zwar hielten sie dicht, aber das brachte leider nur wenig, denn Tim spürte, wie seine Kleidung trotzdem feucht geworden war – weil er unter dem Cape stark schwitzte.

Bestimmt eine Viertelstunde war vergangen, und nur zwei Autos waren in ihrer Richtung vorbeigekommen, hatten aber nicht gehalten.

„Shit!", zischte Tim. „Der Plan funktioniert nicht."

„Okay, lass mal gucken, was ein Uber kosten würde", sagte Jessy.

Tim holte sein Handy hervor und checkte es.

„Knapp 180 Dollar...", grummelte er.

„Das ist ganz schön krass...", stöhnte Jessy. „Und jetzt?"

„Wir versuchen es noch eine Weile, und wenn es nicht klappt, dann müssen wir wohl in den sauren Apfel beißen und uns zum nächsten Shelter durchschlagen."

„Hmm....", machte Jessy voll Enttäuschung.

„Oder wir verzichten auf das schicke Wellnesshotel in Waynesboro und suchen uns irgendeine schlichte Bleibe in einem Ort in der Nähe, wo die Uber-Fahrt nicht so teuer ist. Zum Beispiel das Örtchen Shenandoah."

„Stimmt, das könnten wir machen." Sie schwieg einen Moment lang und fügte dann hinzu: „Aber Wellness wäre schon schön."

„Ich guck mal, wie weit es bis Shenandoah wäre."

Gerade in diesem Moment kam ein blauer Ford aus nördlicher Richtung angefahren. Jessy lief zum Straßenrand, winkte eifrig und hielt den Daumen raus. Und sie hatten Glück. Der Wagen hielt, und eine sympathisch aussehende Frau mittleren Alters öffnete die Beifahrertür, fragte, wo sie hinwollten, und tatsächlich fuhr die Frau in diese Richtung.

Gute anderthalb Stunden später kamen sie im Hotel an, in dem sie während der Fahrt reserviert hatten. Einen Moment lang hatten sie überlegt, ob sie zwei Zimmer nehmen sollten, aber da sie bereits im engen Zelt zusammen die Nacht verbracht hatten, fanden sie es albern, jetzt dafür Geld zu verschwenden. Sie bedankten sich überschwänglich bei der netten Fahrerin, holten ihre Rucksäcke aus dem Kofferraum und nahmen ihr Hotel in Augenschein. Es war ein ziemlich eleganter Bau mit rustikalen Holzfassaden, aber insgesamt sehr moderner und ansprechender Architektur. Die Zimmer hatten alle große Panoramafenster mit geräumigem Balkon.

Sie checkten ein, und ein Angestellter führte sie zu ihrem Zimmer, wobei er ihre Rucksäcke auf einem Wagen vor sich herschob. Das Zimmer entpuppte sich als ein echter Honeymoon-Traum: Wie außen war auch ihr Zimmer in einem modernen Landhausstil gehalten, heller, weicher Teppichboden, schlicht-elegante Holzmöbel, ansprechende zeitgemäße Landschaftsmalereien an den Wänden. Jessy warf sich als erstes aufs Kingsize-Bett und gab Töne größter Beglückung von sich. Tim folgte lachend ihrem Beispiel und sagte:

„Au Mann, es tut so gut, endlich mal wieder in einem richtigen Bett zu liegen!" Tatsächlich war es perfekt: Hochwertige Boxspring-Matratze, Satinbettwäsche, die die Haut verwöhnte, vollendet bequeme Kopfkissen – besser ging es nicht.

Nachdem sie sich in ihrem Zimmer eingerichtet hatten, verbrachten sie den Rest des Nachmittags mit Wellness und kosteten Sauna und Pool gründlich aus. Zum Glück trug Jessy in der Sauna das Handtuch um den Körper gewickelt. Sie nun auch noch nackt zu sehen hätte ihn vermutlich komplett überfordert.

Abends kämpften sie sich mit Regenschirmen bewaffnet zu einem Mexikanischen Grill in der Nähe des Hotels. Mit der nächtlichen Beleuchtung wirkte das Städtchen zauberhaft, trotz Regen. Der Grill selbst hatte tatsächlich innen wie außen den Charakter eines Restaurants in Tijuana oder Chihuahua, und es duftete herrlich nach gegrilltem Fleisch, Nachos und Chili. Nachdem sie ihre Burritos gegessen hatten, die unschlagbar köstlich waren, kehrten sie zurück zum Hotel und legten sich zeitig in ihre Betten, um noch zu lesen und diese herrlich komfortable Schlafstatt auszukosten.

Als sie am nächsten Morgen frisch und ausgeruht erwacht waren, genossen sie zunächst das opulente Frühstücksbuffet – endlich mal kein Müsli! - und wagten sich dann nach draußen, um Waynesboro zu erkunden. Noch immer war es grau und regnerisch, und das Städtchen wirkte bei Tageslicht trist und nicht sehr gefällig, was aber zu einem guten Teil dem Wetter geschuldet war. Es gab eine Main Street, in der sich hübsche historische Fassaden mit wenig ansehnlichen Betonklötzen abwechselten, anheimelnde Wohnviertel mit schmucken Einfamilienhäusern und kleinen Villen in Holzbauweise; ansonsten hatte es für Touristen vergleichsweise wenig Sehenswertes zu bieten.

Sie statteten dem P. Buckley Moss Museum einen Besuch ab, sahen sich die Werke der international mehr oder weniger bekannten Künstlerin an, die ihnen wenig sagten, und kamen mit einem älteren Herrn ins Gespräch. Von ihm erfuhren sie, dass Waynesboro von Amish und Mennoniten gegründet worden war, und dass diese Religionsgemeinschaften den Lebensstil der Stadt immer noch prägten. Amish – das waren jene Leute, die jegliche moderne Technik ablehnten und ein Leben wie im 17. Jahrhundert führten. Ursprünglich waren auch die Amish Mennoniten gewesen, aber dann entdeckten einige der Mennoniten die Vorzüge der Elektrizität für sich, während ein anderer Teil diese strikt ablehnten. Die Letzteren spalteten sich schließlich ab und wurden Amish.

Mit diesen Informationen versehen schauten sie sich weiter in der Stadt um, und achteten darauf, ob sie nicht Pferdekutschen mit pittoresk gekleideten Amish oder Ähnliches sehen würden, mussten aber mit einiger Enttäuschung feststellen, dass es nichts in dieser Art zu sehen gab.

Zum Lunch setzten sie sich in einen preiswerten Pizza-Imbiss und beschlossen, dass es in Waynesboro für sie nichts Besonderes mehr zu sehen gab. Den Nachmittag verbrachten sie damit, in einer Münzwäscherei ihre Wäsche zu waschen und es sich anschließend wieder im Spa des Hotels gut gehen zu lassen.

19

Der folgende Tag empfing sie mit strahlendem Sonnenschein – die Wetter-App hatte Recht behalten. Nachdem sie noch einmal das großartige Frühstücksbuffet ausgekostet hatten, füllten sie ihre Proviantvorräte auf und wanderten bis zum nächsten AT-Zugangspunkt namens Rockfish Gap. Hier verließen sie offiziell den Shenandoah National Park und wanderten Richtung Süden.

„Tut gut, wieder auf den Beinen zu sein!", sagte Jessy.

„Stimmt!", pflichtete Tim bei. Er fühlte sich frisch, regeneriert und voll Energie. Seit der Ankunft in Harpers Ferry hatte er nicht so ein tiefes Verlangen empfunden, zu laufen und in die Natur einzutauchen. Das herrliche Wetter und immer wieder neue Aussichtspunkte mit spektakulären Blicken über die Blue Ridge Mountains waren wie Wellness für die Seele. Zum ersten Mal seit langer Zeit fühlte Tim sich glücklich. Sie wanderten mal plaudernd, mal schweigend, zu zweit oder mit Abstand jeder für sich, und gelangten um die Mittagszeit zu einem beliebten Ausflugsziel mit dem Namen Humpback Rocks.

Tim fiel fast die Kinnlade runter, so imposant war das, was sie hier zu sehen bekamen: Gewaltige zerklüftete Felsformationen ragten stolz und mächtig in den Himmel – und forderten geradezu dazu auf, sie zu besteigen. Und tatsächlich waren die Felsen bevölkert von Kletternden. Tim und Jessy suchten sich eine etwas ruhigere Stelle, setzten sich und machten ein Lunch-Picknick. Der Ausblick war einmal mehr atemberaubend, und sie ließen sich beim Essen genüsslich die Sonne ins Gesicht scheinen, die sie zwei Tage lang entbehrt hatten.

Bald darauf setzten sie ihre Wanderung fort und gelangten am späten Nachmittag zu ihrer Unterkunft für die Nacht, dem *Harpers Creek Shelter*, einem schlichten Bretterverschlag nebst obligatorischer Feuerstelle und Picknicktisch.

Sie schlugen ihre Zelte auf und wollten sich gerade daran machen, ihr Abendessen vorzubereiten, als Tim eine ziemlich entmutigende Entdeckung machte.

„Verdammt!“, fluchte er.

„Was ist los“?, fragte Jessy.

„Ich wollte gerade meine Medis nehmen – aber ich kann sie nirgends finden…!“

„Du meinst dein Antidepressivum?“

„Ja, genau das!“, ächzte er.

„Oje…“

Er packte seinen kompletten Rucksack aus, schaute in allen Seitentaschen nach und musste zu dem Schluss kommen, dass sie tatsächlich nicht da waren.

„Ich schätze, ich habe sie in Waynesboro liegen gelassen."

„Möglich. Du könntest im Hotel anrufen und nachfragen, ob sie sie gefunden haben."

„Und dann? Soll ich vielleicht bei Nacht den ganzen Weg zurück laufen?"

„Nein, das geht natürlich nicht..."

„So ein Mist! Ich meine, die Ärztin hat mir extra gesagt, dass man die Pillen nicht einfach weglassen soll. Man soll die Dosis nach und nach reduzieren, weil man sonst richtig mies drauf kommen kann. Die Panik kann mit voller Wucht wieder zuschlagen!"

„Ja, ich weiß. Ich habe die Dinger früher ja auch genommen."

„Was soll ich jetzt machen?"

„Vor allem nicht in Panik geraten! Wenn du schon mit der Erwartung an die Sache ran gehst, dass du Panik bekommst, dann bekommst du sie am Ende noch wirklich."

„Das sagt sich so leicht!", stöhnte er.

„Du hast doch noch die Benzos für den Notfall dabei, oder?"

„Ja."

„Okay. Ich würde sie zwar wirklich nur im äußersten Notfall nehmen, aber es ist doch gut zu wissen, dass du sie hast, oder?"

„Trotzdem ist das echt Mist!“, schimpfte er. In seinem Innern rangen Ärger und Angst vor der nächsten Panikattacke um die Vorherrschaft.

„Ach nee!“, sagte Jessy plötzlich. „Guck mal, wer da kommt!“

Tim wandte sich um: Es war Chayton. Er bemerkte die beiden und kam zu ihnen rüber.

„Hey, ihr zwei!“, rief er ihnen beim Näherkommen zu.

„Hey Chayton!“, rief Jessy zurück, während Tim ihm ein Nicken zuwarf.

„Alles okay bei euch?“, fragte der Schamane mit Blick auf Tim.

„Ja, alles okay...“, gab der zurück.

„Und?“, fragte Jessy, „wie hast du die Regenzeit überstanden? Bist du weitergewandert?“

„Ehrlich gesagt: Nein. Ich habe mir in Shenandoah ein Zimmer genommen.“

„Ach wirklich?“, lachte Jessy. „Da wollten wir zuerst auch hin. Aber wir haben uns für Waynesboro entschieden.“

Sie tauschten sich darüber aus, wo sie untergebracht gewesen waren, was sie unternommen hatten, und verabredeten sich, gemeinsam zu Abend zu essen. Chayton wollte nur zuvor sein Zelt aufbauen.

Als sie wenig später am Picknicktisch zusammenkamen, herrschte wieder goldene Stunde. Chayton hatte seine Tee-Utensilien mitgebracht und hantierte mit diversen würzig duftenden Kräutern.

„Was machst du heute für eine Mischung?“, wollte Jessy wissen.

„Ich dachte, ich mache mal etwas, das die Nerven beruhigt und für Seelenruhe sorgt. Ich habe das Gefühl, das könnte heute passen." Er zwinkerte Tim zu.

„Wie kommst du darauf?", fragte der.

„Wenn ich dir damit nicht zu nahe trete: Du wirkst etwas angespannt heute."

„Sieht man mir das an, ja?"

„Aus drei Meilen Entfernung."

„Oh."

Chayton goss Tee in die Becher und fragte:

„Ist denn etwas vorgefallen?"

„Naja..." Tim zögerte zunächst, fing dann aber an: „Mir ist ein kleines Missgeschick passiert." Daraufhin erzählte er von den vergessenen Pillen und wie wichtig sie für ihn waren, um die Panikattacken zu managen. Und dass er befürchtete, dass sie jetzt ohne die Pillen umso heftiger wieder zurückkehren könnten.

„Wieviel Milligramm hast du denn davon genommen?"

Tim nannte die Zahl.

„Naja", erwiderte Chayton, „das ist nicht die niedrigste Dosierung, aber auch bei Weitem noch keine hohe. Du hast schon Recht, eigentlich sollte man das Medikament langsam ausschleichen. Aber bei deiner Dosierung musst du nicht mit schlimmen Effekten rechnen. Es könnte vielleicht sein, dass du schlecht schläfst."

„Ich hoffe, du hast Recht", gab Tim zurück. „Du kennst dich also auch mit Medikamenten aus, ja?"

„Als Psychologe weiß man auch Einiges über Psychopharmaka. Aber du kannst dir sicherlich schon denken, dass ich kein großer Fan davon bin. Ich meine, Antidepressiva helfen natürlich. Und bei schweren Fällen von Ängsten oder Depressionen können sie ein großer Segen sein. Aber bei weniger schweren Fällen würde ich den Heilkräften der Natur immer den Vorzug geben. Wie lange hast du das Medikament denn genommen?"

„Etwa fünf Wochen."

„Dann hat es ja schon die Chance gehabt, seine nachhaltig beruhigende Wirkung zu entfalten. Also, wenn du mich fragst, kannst du die Pillen ruhigen Gewissens weglassen. Schließlich wandert ihr ja auch den ganzen Tag. Da werden Stresshormone abgebaut, und du kommst zur Ruhe."

Tim nickte.

„Jetzt probier mal den Tee!"

Tim kostete. Er hatten einen kräftigen, angenehm würzigen Geschmack.

„Und?", fragte Chayton.

„Gut!", erwiderte Tim.

Der Schamane nickte zufrieden: „Gib den Kräutern eine halbe Stunde Zeit zu wirken, und du wirst merken, wie dein Inneres zur Ruhe kommt."

„Ich hoffe...", sagte Tim.

„Es gibt noch ein weiteres, sehr wirksames Mittel gegen Unruhe, Ängste und Sorgen", fuhr Chayton fort.

„Und zwar?", wollte Tim wissen.

„Erinnert ihr euch, dass ich beim letzten Mal von der Königsdisziplin gesprochen habe?"

„Ja klar!“, entgegnete Jessy. „Meditation!“

Tim verdrehte die Augen.

„Ich weiß schon“, sagte Chayton, „du hast keine guten Erfahrungen damit gemacht. Aber wenn du erlaubst: Ich würde gerne etwas dazu sagen.“

„Und zwar?“, fragte Tim.

„Ihr erinnert euch an die Geschichte mit den beiden Wölfen?“

„Ja, allerdings!“, entgegnete Tim.

„Also: Was deine Haltung zur Meditation betrifft, sieht mir das ganz nach Futter für den schwarzen Wolf aus.“

„Tja... schon möglich...“, erwiderte der Angesprochene.

„Versuch doch mal, auch bei diesem Thema die Perspektive zu wechseln und dich für das Positive zu öffnen.“

Tim zuckte mit den Schultern: „Okay...“

„Dann würde ich gerne einen Versuch wagen, dich dafür zu begeistern.“

„Dann schieß mal los.“

„Ich muss vorausschicken, dass ich ausgebildeter Meditationstrainer bin, und zwar nach der Methode von Jon Kabat-Zinn. Er hat sie MBSR genannt. Die Abkürzung steht für *Mindfulness Based Stress Reduction.* Das Programm beruht auf der Jahrtausende alten Tradition der asiatischen Meditationstechniken-war's und ist weltweit verbreitet. Seine Wirksamkeit ist gut erforscht und belegt. Es handelt sich dabei also auch aus wissenschaftlicher Sicht nicht um Hokuspokus oder so.“

„Okay…“, sagte Tim.

„Die Sache ist die: Viele Leute, die zu mir kommen und das erste Mal mit Meditation zu tun haben, denken, man setzt sich für eine halbe Stunde hin, atmet tief, entspannt sich – und das wars dann. Tatsächlich geht es aber um entschieden viel mehr. In Wahrheit geht es darum, sich einen ganz neuen Zugang zu sich selbst und der Welt zu erschließen – und sie ist ein wirkungsvolles Tool zum Management der eigenen Emotionen.“

„Wow! Go big or go home!“, scherzte Tim.

„Ja“, lachte Chayton. „und da ist sogar was dran. Dieses Tool zu besitzen ist in der Tat eine große Sache.“

„Gut, aber jetzt sag mal etwas konkreter, wovon wir hier genau reden.“

„Nun, es gibt einen zentralen Begriff in diesem Programm, um den sich alles dreht. Er ist in den vergangenen Jahren zu einem Modewort geworden, und manch einer kann ihn vielleicht schon nicht mehr hören.“

„Nämlich?“

„Achtsamkeit.“

„Oh ja, allerdings.“

„Aber hast du auch eine Vorstellung, worum es dabei geht?“

„Hmm… Nicht wirklich, schätze ich.“

„Das MBSR-Programm dreht sich darum, diese Achtsamkeit zu trainieren, sodass man immer mehr lernt, sie in sein Leben zu integrieren und im Idealfall jeden Moment im Alltag achtsam, also im Hier und Jetzt, zu erleben – und zwar ohne ihn zu bewerten."

„Okay, und was bringt das?"

„Nun, wir haben die Neigung, ständig an alles Mögliche zu denken – an Dinge, die in der Vergangenheit mies gelaufen sind und über die wir uns ärgern oder die wir bereuen. Dann wieder an Dinge, die in der Zukunft liegen. Wir machen uns Sorgen über dies und das, was passieren kann, was schiefgehen kann, über Entscheidungen, die wir treffen müssen und und und. Alle diese Gedanken erzeugen Stress und verbrauchen Energie. Wenn wir das allzu exzessiv betreiben, machen sie uns krank."

„Okay. Und inwiefern hilft dagegen Achtsamkeit?", fragte Tim.

„Damit üben wir uns darin, den Geist von solchen stresserzeugenden Gedanken und Emotionen abzuziehen und auf die Gegenwart zu fokussieren. Zum Beispiel, indem wir uns auf die Atmung konzentrieren. Wenn wir das regelmäßig üben, dann besitzen wir irgendwann die Fähigkeit, selbst in Stresssituationen zu innerer Ruhe und Konzentration zu finden. Und diese Fähigkeit bringt uns in allen Lebenslagen große Vorteile, weil wir unsere Emotionen besser managen können, und zwar privat, aber auch beruflich. Ich hatte in meinen Kursen Leute, die sagten, dass sie sich durch Meditation persönlich so sehr weiterentwickelt haben, dass das auch ihre Karriere beflügelt hat und dass sie ohne Meditation nie dorthin gekommen wären."

„Klingt spannend!", fand Jessy.

„Jon Kabat-Zinn hat in einem seiner Bücher ein sehr schönes Bild verwendet, um zu verdeutlichen, was wir durch Meditation lernen können", fuhr der Schamane fort. „Er sagt, dass ständig irgendwelche Kräfte auf uns wirken – ein Chef, der Anweisungen gibt, Kinder, die unsere Aufmerksamkeit einfordern, Sorgen, die wir uns machen und so weiter. Die Frage ist: Lassen wir uns von diesen Kräften passiv hin- und herschieben? Oder machen wir es wie ein Segler, der sein Segel geschickt setzt und so jeden Wind in jeder Situation optimal zu nutzen weiß?

Egal, woher der Wind weht, du kannst immer an dein Ziel kommen, wenn du die Segel richtig setzt. Selbst bei direktem Gegenwind kannst du dein Ziel erreichen, nämlich durch Kreuzen, also in Zickzack-Linien. Kurz gesagt: Du kannst jederzeit jeden Wind zu deinem Vorteil nutzen. Meditation bedeutet zu lernen, die inneren Segel richtig zu setzen. Oder anders gesagt: Du kannst die innere Energie – also den Stress, deine Emotionen – optimal für dich nutzen anstatt sie durch sinnloses Grübeln, lähmende Ängste oder destruktive Wut zu verheizen."

„So wie du das sagst", warf Tim ein, „hört sich das auf jeden Fall interessanter an als bei meiner Therapeutin."

„Das freut mich", lächelte Chayton. „Wir wärs? Wollt ihr mal einen kleinen Versuch starten?"

„Klar, gerne!", freute sich Jessy.

„Von mir aus", brummte Tim, „schlimmer als bei meiner Therapeutin kann es wohl nicht werden."

„Gut. Also Folgendes. Nehmt eine aufrechte, aber entspannte Sitzhaltung ein. Der Rücken ist gerade, die Füße stehen mit der ganzen Sohle auf dem Boden. Auf mein Zeichen beginnt ihr, euch voll und ganz auf den Atem zu konzentrieren. Lasst den Atem frei fließen, ohne ihn zu kontrollieren. Die Bauchdecke ist entspannt und bewegt sich immerzu vor und zurück. Bleibt mit eurem Fokus auf der Atmung. Wenn euch Gedanken kommen, nehmt sie zur Kenntnis ohne sie zu bewerten und lenkt eure Aufmerksamkeit wieder auf den Atem. Werdet ihr von Außengeräuschen abgelenkt, nehmt sie wertfrei wahr und lenkt euren Fokus wieder auf die Atmung. Wenn ihr ein körperliches Unwohlsein oder eine Verspannung bemerkt, nehmt sie wahr, widersteht dem Drang, eure Position zu verändern und konzentriert euch auf die Atmung. Es geht dabei darum, mit eurer ganzen Aufmerksamkeit bei der Atmung zu bleiben. Fragen dazu?"

„Nein", sagte Tim.

Jessy schüttelte den Kopf.

„Dann lockert euch nochmal, nehmt Haltung an, schließt die Augen, und dann gebt ihr euch für zehn Minuten ganz der Atmung hin. Ab... jetzt."

Tim hatte das Gefühl, dass er immer noch nicht bequem genug saß und drehte seinen Oberkörper hin und her, bis er eine halbwegs passable Position gefunden hatte. Sofort kamen die Gedanken.

Also wie war das?, dachte er. *Auf die Atmung konzentrieren. Okay. Mein Bauch ist verspannt. Der sollte ja eigentlich locker sein, oder? Also, locker weiter atmen. Und jetzt tut auch noch mein Rücken weh. Aber ich soll ja still sitzen und mich nicht bewegen... Shit, gar nicht so einfach. Der hat gut reden... Nee, sorry, geht nicht.*

Tim bewegte seine Schultern hin und her und versuchte, den leichten Schmerz im Rücken zu lindern. Er öffnete ein Auge zu einem schmalen Schlitz, um zu sehen, ob der Schamane ihn ertappt hatte: Und ja, er sah ihn direkt an. Tim beeilte sich, sein Auge wieder zu schließen und bemühte sich darum, still zu sitzen. Allerdings juckte jetzt sein Fuß. Dadurch, dass er sich nicht bewegen – und schon gar nicht kratzen durfte, schwoll der Juckreiz an, bis Tim das Gefühl hatte, verrückt zu werden. *Nicht bewerten, auf die Atmung konzentrieren!,* sagte er sich, aber der Juckreiz forderte so sehr seine Aufmerksamkeit, dass er hätte an die Decke gehen können – wenn es hier im Wald eine gegeben hätte. Schließlich hielt er es nicht mehr aus.

„Shit!“, stieß er hervor und kratzte sich lustvoll am Fuß.

Der Schamane sagte nichts, aber in seinem Schweigen spürte er deutlich die Aufforderung, wieder zur Ruhe zu kommen und sich zu konzentrieren.

Was für ein Scheiß!, dachte Tim. *Das ist einfach nur nervig, und das zehn Minuten lang! Wie können Leute das freiwillig jeden Tag machen? Da muss man doch gestört sein. Aber hey, ich soll ja nichts denken. Also wieder auf die Atmung konzentrieren...*

So ging das immer weiter. Es verging nicht ein einziger kurzer Moment, an dem Tim nicht irgendwelche Gedanken durch den Kopf gingen, und die Langeweile quälte ihn bis zum Verrücktwerden. Ihm kam es vor wie eine Ewigkeit, bis Chayton schließlich sagte:

„Kommt langsam wieder zurück, öffnet vorsichtig die Augen."

Nichts tat Tim lieber als das. Der Schamane lächelte ihn an und sagte:

„Welcome back!"

„Uff!", machte Tim.

Chayton lachte.

„Ich fands angenehm!", meinte Jessy.

„Ich nicht!", stieß Tim entschieden hervor.

„Warum nicht?", fragte der Schamane.

„Weil ich noch nie so eine krasse Langeweile erlebt habe. Und mich noch nie etwas so gejuckt hat wie eben mein Fuß!"

Wieder lachte Chayton:

„Ich kann dich beruhigen, Tim, so geht es den meisten Neuen in meinen Kursen. In der ersten Stunde herrscht bei der Übung immer ziemliche Unruhe. Dann rücken alle auf ihren Stühlen herum, räuspern sich, kratzen sich – aber das lässt nach. Ein paar Wochen später herrscht in den Kursen absolute Stille. Es ist eine reine Frage der Gewöhnung und des Trainings."

„Fällt mir schwer, das zu glauben", erwiderte Tim, „ich fands echt hart."

„Das gibt sich, glaub mir. Mit ein bisschen Übung schaffst du ohne Probleme eine Stunde."

„Eine Stunde?!", rief Tim aus, „das ist ja Folter!"

Chayton quittierte das mit einem Schmunzeln und sagte:

„Wie sieht es mit deinen Gedanken aus? Konntest du dich ein bisschen von ihnen frei machen?“

„Machst du Witze? Ich frage mich, wie man auch nur eine Sekunde lang nicht denken soll. *Die ganze Zeit* hatte ich Gedanken. Es war fast so, als ob ich das gar nicht kontrollieren kann.“

„Auch darin kann ich dich beruhigen. So geht es ebenfalls fast allen in den Kursen. Oder was sagst du, Jessy?“

„Absolut. Geht mir ganz genauso.“

„Es ist eine grundlegende Eigenschaft unseres Verstandes, dass er permanent Gedanken produziert. Das ist sein Job. Aber du hast eben etwas gesagt, das ausgesprochen aufschlussreich ist.“

„Was denn?“

„Du hast gesagt, dass es so war, als ob du deine Gedanken nicht kontrollieren könntest. Als wärest du ihnen ausgesetzt.“

„Genau!“

„Und das ist ein gutes Zeichen! Darauf kannst du einen wichtigen Lernprozess aufbauen. Für viele Meditierende ist das eine der wichtigsten Erkenntnisse, die sie aus der Übung gewinnen: Du bist nicht mit deinen Gedanken identisch. Sie geschehen einfach und haben geradezu ein Eigenleben. Du hast die freie Wahl, ob du sie glaubst oder nicht, ob du dich mit ihnen identifizierst oder nicht. In gewisser Weise kannst du den Verstand auffassen wie die Stimme eines Moderators im Radio: Du hörst ihr zu, und was für dich passt, nimmst du an. Wenn er etwas sagt, was dich nicht überzeugt oder was dich stört, dann sagst du dir eben: Sorry, Buddy, da bin ich anderer Meinung."

„Schade nur, dass man den Verstand nicht einfach abschalten kann wie ein Radio", warf Jessy ein.

„Das ist wahr", sagte Chayton, „aber wir können es zumindest leiser drehen oder uns eben auf etwas anderes konzentrieren und die Stimme im Radio ignorieren und sie ausblenden, bis wir sie nicht mehr wahrnehmen. Genau das ist das Ziel der Meditationsarbeit. Und irgendwann werden die Gedanken weniger und bleiben sogar ganz weg."

Tim nickte.

„Besonders belastend ist das Eigenleben des Verstandes, wenn wir Sorgen haben und durch schwere Zeiten gehen. Dann ist seine Stimme besonders laut und quälend und quatscht uns mit immer denselben Gedankenspiralen zu. Das nennen wir dann Grübeln."

„Wem sagst du das?", erwiderte Tim. „Und dann ist es besonders schwer, den Verstand abzuschalten."

„Aber nicht unmöglich. Stell dir vor, du hast einen Verwandten, vielleicht einen Onkel, der ein bisschen verrückt ist, und der den ganzen Tag aufgeregt wirres Zeug von sich gibt. Du liebst deinen Onkel, aber er stresst dich. Wie würdest du mit ihm umgehen?"

„Keine Ahnung... gute Frage."

„Das Beste wird wohl sein, sich nicht auf Diskussionen mit ihm einzulassen, richtig? Du würdest dir sagen: Okay, er kann nichts dafür, er ist ein bisschen verrückt. Auf jeden Fall würdest du sein Gerede nicht sonderlich ernst nehmen, oder?"

„Nein."

„Du würdest dich von seiner Aufregung nicht anstecken lassen, weil du wüsstest: Diese Gedanken, die er äußert, sind Unsinn. Stattdessen würdest du dich vielleicht liebevoll um ihn kümmern und versuchen, ihn abzulenken, vielleicht mit ihm *Mensch ärgere dich nicht* spielen oder einen Spaziergang mit ihm machen. Und genau so solltest du auch mit deinem Verstand umgehen, wenn er in Grübelspiralen festhängt: Nimm ihn nicht ernst, sondern lenke ihn liebevoll ab. Wie einen verrückten Onkel."

Tim musste lachen.

„Wenn du meditierst, dann betrachte deine Gedanken wie Wolken, die über den Himmel ziehen: Sie kommen und gehen, aber sie sind weit weg und gehen dich im Grunde nichts an. Lass sie einfach geschehen, kämpfe nicht gegen sie an, sondern versuche, deine Aufmerksamkeit immer wieder von ihnen abzuziehen und auf die Atmung zu lenken. Und so lernst du im Laufe der Wochen, Monate und Jahre, immer mehr Gelassenheit und Seelenruhe zu gewinnen, weil du dich von deinem Verstand emanzipierst."

„Soll das heißen, dass der Verstand etwas Schlechtes ist?"

„Nein, natürlich nicht! Er ist sogar etwas ungeheuer Wertvolles. Ohne ihn hätte die Menschheit nicht so lange überlebt. Es kommt aber darauf an, den richtigen Umgang mit ihm zu erlernen."

Tim nickte. „Und wieso ist eigentlich die Atmung so wichtig?"

„Erst einmal, weil wir durch die Atmung direkt unser Wohlbefinden beeinflussen können. Wenn wir eine tiefe, entspannte Bauchatmung praktizieren, werden dadurch nachweislich Puls und Blutdruck gesenkt, und der Körper fährt in einen Entspannungsmodus. Und das ist gut, aber das ist längst nicht alles, was wir erreichen wollen.

Was wir wollen, ist: Unseren Geist auf die Gegenwart fokussieren, die Achtsamkeit üben – und da ist der Atem das Naheliegendste. Seine rhythmische Bewegung ist immer da. Wenn wir in einem völlig geräuschlosen, dunklen Raum sind, ist der Atem das Einzige, was an wahrnehmbarer Aktivität übrig bleibt – vom Herzschlag vielleicht abgesehen. Und zugleich ist er der Motor des Lebens. Er ist ein natürlicher Anker für unser Bewusstsein. Wir können spüren, wie sich unsere Bauchdecke bewegt, können spüren, wie die Luft durch unsere Nase ein- und ausströmt, können spüren, wie sie unsere Lunge und Bronchien füllt, kurz: Die Atmung hält den Geist gerade so beschäftigt, dass er dort andocken und verharren kann."

„Verstehe...", sagte Tim.

„Aber es geht dabei gar nicht so sehr um den Atem selbst. Er ist nur ein möglicher Anker von vielen. Es geht vielmehr um das *Gewahrsein* als solches. Es geht darum, den Geist auf das *Hier und Jetzt* zu fokussieren und ihn darin zu üben, nicht abzudriften ins Gestern oder Morgen, ins Da-drüben oder Irgendwo-anders.

Es gibt durchaus eine ganze Vielfalt von Arten der Meditation. Im MBSR-Programm haben wir zum Beispiel die Body-Scan-Meditation, bei der wir mit dem Geist durch alle unsere Körperpartien streifen und sie bewusst und achtsam wahrnehmen, um so ein verbessertes, achtsames Körpergefühl zu erlernen. Oder man fokussiert sich auf Außengeräusche, auf Musik, auf einen Punkt an der Wand, auf ein Kunstwerk – was immer man mag. Ihr ahnt schon, dass man seine Achtsamkeit auf alle möglichen Dinge lenken kann – und das in jeder Lebenslage.

Auf diese Weise lernen wir, unser ganzes Alltagsleben bewusst und geistesgegenwärtig zu erleben. Und das bedeutet auch: Jeden Moment auszukosten, jedem Augenblick Wertschätzung zu schenken, die kleinen Freuden im Leben bewusst zu genießen – kurz: Lebendig zu sein und das Lebendigsein zu feiern."

„Wow...", machte Jessy. „So habe ich das noch nie gesehen."

Für einen Moment schwiegen die drei. Schließlich fragte Chayton Tim:

„Wie geht es dir jetzt?"

„Gut... wieso fragst du?"

„Weil du vorhin noch ziemlich nervös warst, wegen deiner Tabletten."

„Oh, stimmt, das hatte ich ganz vergessen. Dieses Gespräch hat mich so sehr vereinnahmt..."

„Gut so!", lächelte der Schamane, „bewahr dir das!"

„Ja."

„Daran kannst du sehen, wie wirkungsvoll wir unsere Sorgen – und überhaupt unsere Emotionen – regulieren können, wenn wir den Geist nur gründlich mit etwas Konstruktivem beschäftigt halten."

Tim nickte nachdenklich.

„Solltest du Probleme beim Einschlafen haben, dann versuch es am besten wieder mit der progressiven Muskelrelaxation. Das scheint mir momentan noch die bessere Option für dich zu sein, solange du dich mit der Meditation noch schwer tust."

„Okay..."

„Ich werde mich jetzt zurückziehen", sagte Chayton, „aber ich möchte euch ein Angebot machen. Wenn ihr mögt, können wir morgen gemeinsam wandern, und dann mache ich euch mit einer weiteren Meditationsform bekannt: Der Gehmeditation."

„Klingt interessant!", sagte Jessy. „Ich bin gerne dabei!"

„Wenn es sein muss...", stöhnte Tim.

„Keine Sorge!", lachte Chayton, „die Gehmeditation ist für Anfänger wesentlich einfacher als das Atemgewahrsein im Sitzen, du wirst sehen."

„Wenn du das sagst..."

Daraufhin verabschiedeten sich die drei und gingen zu ihren Zelten.

„Und, was sagst du?", fragte Jessy Tim, als sie in ihren Schlafsäcken lagen.

„Was meinst du?"

„Die ganze Sache mit der Meditation. Hältst du das immer noch für Schwachsinn?"

„Hmm... ich gebe zu, das das schon sehr fundiert und überzeugend klang, was Chayton erzählt hat. Er scheint wirklich Ahnung zu haben. Aber ich fürchte, ich habe einfach kein Talent dazu."

„Vielleicht musst du es einfach nur üben."

„Vielleicht."

„Und der Tee? Hat der dir was gebracht?"

„Ich weiß nicht... könnte schon sein."

„Naja, jedenfalls wünsche ich dir, dass du gut schläfst, auch ohne deine Pillen."

„Ja, ich hoffe..."

Tim lag noch eine Weile lang wach. Er hatte ein ungutes Gefühl im Bauch, weil er jeden Moment damit rechnete, dass Angst und Unruhe ihn überfallen könnten. Hinzu kam Ärger darüber, dass er so blöd gewesen war, sein Medikament liegen zu lassen. Schließlich beschloss er, Chaytons Rat zu befolgen und PMR auszuprobieren, so wie Jessy es ihm beigebracht hatte. Und tatsächlich gelang es ihm so, zur Ruhe zu kommen und bald in tiefen Schlaf zu sinken.

20

Nachdem sie am folgenden Morgen gemeinsam gefrühstückt hatten, packten die drei ihr Zeug zusammen und machten sich auf den Weg.

„Wie geht es dir heute, ohne dein Medikament?", fragte Chayton.

„Es geht... Ziemlich unruhig innerlich, aber noch hält es sich in Grenzen."

„Das wird sich schon noch geben. Wenn ihr wollt, zeige ich euch jetzt die Gehmeditation."

Die beiden willigten ein.

„Normalerweise würde man das natürlich ohne Rucksack auf dem Rücken machen. Aber das ist gerade nun mal unser Normalzustand, und es geht auch so. Auch hierbei dreht sich alles darum, den Geist zu fokussieren und ihn ganz auf die Gegenwart zu richten. Am besten schaut ihr dabei auf den Boden, etwa zwei Meter vor euch. Und nun konzentriert ihr euch auf eure Füße. Spürt, wie die Ferse den Boden berührt, wie sich das Körpergewicht darauf verlagert, wie der Fuß sich abrollt, wie der andere Fuß den Boden berührt und so fort. Wenn Gedanken in euch aufsteigen, betrachtet sie wie Wolken am Himmel, lasst sie ziehen und lenkt euren Geist wieder auf die Füße. Verweilt einige Minuten bei dieser Meditation."

Er schwieg, und Tim setzte um, was er gehört hatte. Eine kurze Weile lang klappte es ganz gut, aber dann kamen ihm wieder Gedanken, die ihn ablenkten. Diesmal allerdings gelang es ihm besser, sich immer wieder auf die Füße zu fokussieren. Langeweile kam bei dieser Meditation nicht auf. Der Körper war in Bewegung und der Geist hinreichend beschäftigt, sodass nicht so eine quälende Leere entstand.

Es vergingen einige Minuten, bis Chayton sagte:

„Nun konzentriert euch auf den Rest eures Körpers. Geht ihn langsam und gemächlich Stück für Stück durch und spürt die Bewegungsabläufe. Fühlt eure Beine, spürt euren Rücken und die Schultern, wie sie das Gewicht des Rucksacks tragen, spürt, wie eure Arme schwingen."

Erneut gab der Schamane ihnen einige Zeit, um sich dieser Übung hinzugeben, bis er weitersprach:

„Konzentriert euch wieder auf euren Atem. Nehmt euch viel Zeit zum Ausatmen. Lasst die Bauchdecke locker und erlaubt euch, tief in den Bauch hinein zu atmen."

So taten sie und gingen eine Weile weiter durch den Wald. Tim hätte nicht sagen können, wieviel Zeit vergangen war, bis der Schamane sagte:

„Das scheint ja gut zu klappen bei euch beiden. Wie geht es euch damit?"

Jessy antwortete als erste:

„Das war jetzt gerade eine kleine Achterbahnfahrt."

„Wirklich?", erwiderte Chayton. „Inwiefern?"

„Ich habe versucht, mich auf die Füße zu konzentrieren, aber es fiel mir schwer."

„Warum?"

„Ich weiß nicht... ich habe heute Nacht von meiner Exfreundin geträumt und bin schon mit so einer miesen Traurigkeit aufgewacht... ich muss halt immer wieder daran denken, dass ich damals gerne mit ihr auf dem AT gewandert wäre. Sie fehlt mir eben..."

Sie kämpfte mit den Tränen. Nach einem kurzen Schweigen sagte der Schamane:

„Das ist nicht ungewöhnlich, dass beim Meditieren Gefühle hochkommen. Dann ist wichtig, sie geschehen zu lassen. Sie nicht zu beurteilen, sondern ihnen Raum zu geben, sie zu spüren und sie nicht zurückzudrängen. Wenn du dann weinen musst, dann weine und lass den Tränen freien Lauf. Koste den Moment aus und spüre, wie die unguten Gefühle abfließen. Kehre danach wieder zu deiner Meditation zurück, konzentriere dich wieder auf deine ruhige Atmung und lenke den Geist wieder auf das Objekt, das du zuvor gewählt hattest.

Gebt euren Gefühlen die Wertschätzung, die sie verdienen. Sie haben ihre Berechtigung und wollen ernst genommen werden. Spürt ihnen nach und versucht zu verstehen, was sie euch sagen wollen, denn meist sind sie ein Hinweis darauf, dass etwas in eurem Leben nicht stimmt."

„Aber Moment mal", sagte Tim, „den anderen Tag hattest du doch gesagt, wir sollen uns von Liebeskummer und Grübeleien *ablenken*. Wie ist es denn nun richtig?!"

„Ja, natürlich. Das was ich über Gefühle gesagt habe, gilt vor allem für die normalen alltäglichen Emotionen, die jeden Menschen jeden Tag begleiten. Wenn wir aber von Liebeskummer, Angststörungen und Grübelspiralen reden, dann haben wir es ja mit etwas anderem zu tun. Dann reden wir von etwas, das das Leben massiv beeinträchtigt und geradezu Krankheitswert hat. In so einem Fall ist der normale Gefühlshaushalt aus den Fugen geraten, und dann geht es darum, die ausufernden Ängste und Sorgen wieder einzuhegen und ins Gleichgewicht zu bringen."

„Okay", sagte Tim, „das macht Sinn."

„Und deswegen rate ich ja, bei Liebeskummer täglich eine Trauerzeremonie abzuhalten und dem Schmerz einen klar definierten Raum zu geben, wo wir ihn zulassen – und sich ansonsten davon abzulenken und aktiv dafür zu sorgen, sich den schönen Seiten des Lebens zuzuwenden, um nicht im Sumpf der Traurigkeit zu versinken."

„Ich muss zugeben", warf Jessy ein, „dass ich deinen Rat mit der täglichen Trauerstunde bisher gar nicht befolgt habe..."

„Nun, du kannst ja den Moment eben als deine erste Trauerzeremonie betrachten. Von jetzt an machst du das jeden Tag. Und versuche doch mal, nicht gegen die Tränen anzukämpfen, sondern sie frei fließen zu lassen."

Jessy nickte nachdenklich.

„Und du?", fragte Chayton Tim.

„Und ich *was*?"

„Wann hast du das letzte Mal richtig geweint?"

„Puh, keine Ahnung. Ist schon ein Weilchen her... ich glaube, nach meiner letzten Trennung, vor einem Jahr."

„Immerhin. Ich frage das deswegen, weil es gerade Männern oft schwer fällt zu weinen. Das aber ist wichtig, um Emotionen abfließen zu lassen. Hast du schon mal im Zusammenhang mit deinen Ängsten und Grübeleien das Gefühl gehabt, weinen zu müssen?"

„Kann sein..."

„Halte es nicht zurück. Unterdrücke diesen Drang nicht, denn das Weinen wird dir helfen, den Druck abzubauen."

„Okay, ich werde dran denken."

„Aber um mal auf meine ursprüngliche Frage zurückzukommen: Wie hat denn die Gehmeditation bei *dir* geklappt, Tim?"

„Besser als im Sitzen. Ich konnte mich ziemlich gut konzentrieren."

„Großartig! Und wie fühlst du dich jetzt?"

„Nicht mehr so nervös wie vorher."

„Also hat es funktioniert!"

„Ich schätze schon."

„Okay, also kleiner Tipp von mir: Übt die Gehmeditation jeden Tag beim Wandern. Versucht euch von Mal zu Mal immer ein bisschen länger auf das Objekt eurer Meditation zu konzentrieren, also auf die Füße, die Beine, die Arme, den Atem – was auch immer. Versucht dabei immer, ruhig und tief zu atmen. Und auch wenn ihr wieder zuhause in Berlin seid: Gönnt euch regelmäßig Spaziergänge, bei denen ihr diese Übung macht. Oder auch wenn ihr unterwegs seid, um Besorgungen zu machen, einzukaufen oder was auch immer: Nutzt solche Wege für eine Gehmeditation. Dabei könnt ihr auch variieren, worauf ihr euren Geist richten wollt: Achtet zum Beispiel auf die Außengeräusche. Nehmt das rhythmische Knirschen und Rascheln eurer Schritte wahr. Schenkt dem Singen und Zwitschern der Vögel eure Aufmerksamkeit. Hört auf das Zirpen der Grillen und das Summen der Bienen und anderen Insekten. Was könnt ihr noch hören? Vielleicht das Bellen eines Hundes oder das Heulen eines Wolfes?

Oder schaut euch an, was ihr in eurer Umgebung seht. Bewundert den Formenreichtum der Bäume, die Farbenpracht der Blumen und Blüten. Nehmt die Düfte eurer Umgebung wahr, erforscht sie mit allen Sinnen und kostet sie aus. Die Hauptsache ist, dass ihr euren Geist fokussiert und im Hier und Jetzt verweilt, dass ihr ganz und gar da seid, wo ihr gerade seid."

Er machte eine kurze Pause und fuhr fort:

„Je geübter ihr darin seid, desto besser wird es euch gelingen, eure Gedanken von angstvollen Grübeleien über die Zukunft oder von deprimierendem Bedauern über die Vergangenheit abzuziehen und in den gegenwärtigen Moment zu lenken."

Nach kurzem Schweigen sagte er:

„Lasst uns das direkt mal ausprobieren. Konzentriert euch auf das Hören. Seid ganz Ohr!"

Tim folgte dem Vorschlag, und es stellte sich heraus, dass das kurzweiliger war, als er vermutet hätte. Zwar kamen ihm sofort einige Gedanken, wie etwa, dass er nicht wüsste, überhaupt jemals in seinem Leben so bewusst auf die Geräuschkulisse geachtet zu haben. Er ließ die Gedanken geschehen und fokussierte sich dann wieder auf das, was er hörte. Es fiel ihm überraschend leicht. Und tatsächlich staunte Tim über die Fülle an Geräuschen, die zu ihm drangen: Ihre Schritte auf dem Waldboden, ihre Atmung, das Rauschen des Windes, das vielstimmige Zwitschern unzähliger Vögel, das Summen und Zirpen der Insekten, entfernt vorbei rauschende Autos, ein brummendes Sportflugzeug...

Nach einer ziemlich langen Weile, die keineswegs langweilig gewesen war, sagte Chayton:

„Und jetzt schaut in die Welt und saugt sie mit euren Augen auf."

Zum ersten Mal fiel Tim bewusst auf, wie vielfältig die Kräuter, Sträucher und Gräser waren, die am Boden wuchsen, er sah morsches Holz, das von Moos und Pilzen bewachsen war, bemerkte die Hinterlassenschaften irgendeines Waldtieres, sah Vögel über den Waldboden hüpfen, in den Zweigen der Bäume singen, in der Luft flattern; und mit einem Gefühl des Staunens wurde ihm so richtig bewusst, wie unsagbar reich und vielfältig und voller Leben die Welt war.

Zu guter Letzt forderte der Schamane sie auf, ganz Nase zu sein, und auch in dieser Hinsicht entdeckte Tim einen Reichtum und eine Fülle an Sinneseindrücken, die ihm bisher nicht in ihrer Gänze zugänglich gewesen war.

Schließlich beendete Chayton die Übung, indem er sagte:

„Gut... Danke, dass ihr euch auf dieses kleine Experiment eingelassen habt. Jetzt würde mich interessieren, wie es euch damit geht."

„Darf ich...?", fragte Tim, an Jessy gewandt.

„Klar."

„Ich... ich hätte nicht gedacht, dass das so eine Wirkung hat... ich komme mir fast so vor, als wäre ich ein bisschen high!", sagte er.

Chayton lachte.

„Ich meine, ich war so versunken, dass ich nicht mal mehr den Rucksack gespürt habe. Ich habe ganz die Zeit vergessen und fühlte mich innerlich leicht und frei."

„Geht mir genauso!", sagte Jessy.

„Dann habt ihr alles richtig gemacht!", freute sich Chayton. „A propos Zeit... es ist schon Mittag, und ich finde, wir haben uns eine Pause verdient!"

„Schon Mittag? Wahnsinn!", bemerkte Jessy. „Aber gute Idee!"

Sie fanden einen umgestürzten Baumstamm, warfen ihre Rucksäcke ab, holten ihren Proviant hervor und machten es sich auf dem toten Baum bequem.

„Das, was ihr da erlebt hat, ist ganz ähnlich dem Zustand, den man in der Psychologie Flow nennt. Den Begriff habt ihr bestimmt schon mal gehört, oder?"

Die zwei bejahten.

„Flow ist der beglückende Zustand, wenn man sich selbst völlig vergisst und in einer Tätigkeit aufgeht, auf die man vollkommen fokussiert ist. Es ist ein Zustand, den manche Psychologen sogar als Trance bezeichnen – oder wenigstens als eine Vorform von Trance. Auch das Wandern und Beobachten der Welt kann so einen Zustand hervorrufen, ja selbst eine Sitzmeditation mit reinem Atemgewahrsein kann euch in diesen Zustand versetzen. Entscheidend ist das selbstvergessene Aufgehen im Hier und Jetzt."

„Also, mit der Gehmeditation hast du mich endgültig gekriegt!", lachte Tim. „Das werde ich jetzt auf jeden Fall öfter machen."

„Same here", sagte Jessy. „Ich meine, ich gehe ohnehin gern spazieren, um mich zu entspannen, aber ich habe es nie auf diese Art gemacht."

„Letztlich geht es auf längere Sicht darum, das Prinzip der Achtsamkeit auf alles zu übertragen", sagte Chayton, „im Idealfall auf das gesamte Alltagsleben."

„Oh, das würde mir gefallen", lachte Jessy, „den ganzen Tag im Flow zu sein!"

„Das wird dir vermutlich nicht gelingen", lächelte Chayton, „sondern nur für Momente. Aber was dir dauerhaft gelingen kann, ist, mit mehr Seelenruhe und Gelassenheit durch den Tag zu kommen. Versucht nach dem berühmten Zen-Prinzip zu leben: *Wenn du gehst, dann geh. Wenn du sitzt, dann sitze. Wann du isst, dann iss.* Kurz gesagt: Sei bei allem, was du tust, vollkommen gegenwärtig."

21

Ausgelaugt von der langen Wanderung, aber innerlich aufgeräumt und guter Dinge erreichten sie am frühen Abend ihre Schlafstatt, den *Oronoco Campground*. Dabei handelte es sich um einen öffentlichen Campingplatz, der nicht nur von Wanderern genutzt wurde. Mehrere Wohnmobile standen da, außerdem zwei Zelte.

Tim, Jessy und Chayton schlugen ihre eigenen auf, zündeten ein Lagerfeuer an und saßen bei Tee und Abendpicknick beisammen. Nachdem sie über dies und das geplaudert hatten, sagte Jessy:

„Danke nochmal, dass du uns so intensiv mit der Meditation vertraut gemacht hast. Das war wirklich toll."

„Ich freu mich, dass ich euch dafür begeistern konnte. Und ich würde euch raten: Wenn ihr wieder zuhause in Berlin seid, dann solltet ihr euch einen

MBSR-Kurs suchen und mal das Programm vollständig durchziehen. Es lohnt sich."

„Und wo finde ich das?", fragte Tim.

„Einfach googeln. Es gibt weltweit ausgebildete MBSR-Trainer. Das dürfte nicht so schwer sein, jemanden zu finden."

„Das hört sich jetzt an wie Werbung", frotzelte Tim.

„Ich verdiene nichts daran, wenn ich euch einen Trainer in Berlin empfehle", sagte Chayton augenzwinkernd. „Ich bin einfach sehr überzeugt von dem Konzept. Das ist alles. Natürlich könnt ihr auch nach Zen-Meditation schauen oder nach anderen asiatischen Meditationsformen. Da gibt es eine ganze Menge. Was mir an MBSR gefällt, ist, dass es die Erfahrungen der östlichen Traditionen verbindet mit westlicher Psychologie und Wissenschaft. Wie ihr ja schon gemerkt habt, bin ich ein Freund davon, unterschiedliche Ideen und Lehren miteinander zu verschmelzen."

„Das stimmt", erwiderte Jessy. „Ich für mein Teil werde jedenfalls schon vor unserer Rückkehr nach Berlin das Meditieren üben. So wie du es vorgeschlagen hast."

Tim pflichtete ihr bei.

„Dann empfehle ich euch, das Meditieren zu einem festen Teil eures Tagesablaufs zu machen. Ich persönlich meditiere morgens und abends jeweils eine Stunde, oft in Form von Yoga-Übungen. Soviel müsst ihr für den Anfang natürlich nicht machen. Fangt ruhig erst mal kleiner an. Wichtig ist nur die

Regelmäßigkeit. Und du, Jessy, solltest nicht vergessen, auch dein tägliches Trauerritual einzuplanen."

„Ach ja, da war ja was...", gab sie zurück. „Aber klar, das werde ich machen!"

„Wann ist deine Traurigkeit am größten?", fragte er.

„Morgens, würde ich sagen."

„Dann machst du dein Trauerritual am besten morgens, gleich nach dem Frühstück. Leite es ein mit der Sitzmeditation."

„Okay", erwiderte Jessy.

„Möchtest du, dass ich dabei bin?", fragte Tim.

„Das ist vielleicht keine schlechte Idee", sagte Jessy. „Dann kannst du mich auffangen, wenn ich allzu schlecht drauf komme – ich meine, wenn es okay für dich ist."

„Ja klar!"

„Klingt wie ein guter Plan", sagte Chayton, „und du, Tim, kannst dich derweil in der Sitzmeditation üben."

„Ist nicht gerade meine Lieblingsbeschäftigung, aber... klar, warum nicht."

„Vertrau mir, es wird dir von Mal zu Mal leichter fallen!", versicherte der Schamane.

Die drei schwiegen kurz, bis er fortfuhr:

„Außerdem solltet ihr euch jeden Tag unterwegs eine Gehmeditation gönnen. Auch dafür wäre es gut, wenn ihr euch eine feste Zeit vornehmt. Zum Beispiel nachmittags, nach eurer Mittagspause."

Die zwei nickten.

„Sehr gut! Diese zwei Einheiten am Tag sollten einen festen Platz in eurem Alltag bekommen, und ihr solltet sie eisern einhalten. Meint ihr, ihr kriegt das hin?“

Die beiden bejahten.

„Natürlich würde ich euch empfehlen, auch *ansonsten* achtsam und geistesgegenwärtig zu wandern und zu leben. Ganz besonders dann, wenn ihr merkt, dass ungute Gefühle in euch aufkommen oder ihr in Grübeleien versinkt.“

„Okay“, sagte Tim.

„Und, wie geht es euch mit diesem Plan?“, fragte Chayton schließlich.

„Gut!“, sagte Jessy. „Ich finde das super, und werde das auf jeden Fall durchziehen!“

„Ich genauso!“, pflichtete Tim bei. „Ich freu mich schon drauf – vielleicht nicht so sehr aufs Sitzen, dafür mehr aufs Gehen.“

„Dafür sind wir schließlich hier!“, lachte Jessy.

Als Tim am folgenden Morgen aus seinem Zelt krabbelte, sah er zunächst in einiger Entfernung Chayton, der sein Kopfstand-Yoga praktizierte, und fand dann auch Jessy. Sie saß am Picknicktisch und war in ihr Handy vertieft.

„Guten Morgen!“, grüßte er.

„Guten Morgen“, erwiderte sie und schaute von ihrem Handy auf.

„Bist du schon lange wach?“

„Ja, eine gute Stunde, schätze ich. Hör mal, ich habe mir ein paar Gedanken zu unserer weiteren Wanderung gemacht.“

„Okay, erzähl!“ Er setzte sich zu ihr.

„Spaßeshalber habe ich mal geschaut, wie weit es noch bis zum Endpunkt des AT ist, also bis zum Springer Mountain in Georgia."

„Und?"

„Das sind gut 800 Meilen, also knapp 1.300 Kilometer. Durchschnittlich haben wir bisher 29 Kilometer am Tag geschafft."

„Wirklich? Und das hast du mal eben so ausgerechnet. Respektchen!"

„Na, so eine große Sache ist das nicht. Den Nobelpreis werde ich dafür wohl nicht bekommen."

Tim musste lachen. In diesem Moment kam Chayton zu ihnen rüber, begrüßte sie und sagte:

„Lasst euch nicht stören. Ihr wart gerade dabei, was zu besprechen?"

„Ja, und zwar wie wir weiter wandern wollen", gab Jessy zurück.

„Ah, das interessiert mich auch – wenn ihr nichts dagegen habt."

„Nein gar nicht!", beteuerte Jessy. „Also, wo war ich? Wir haben jetzt noch 31 Tage, bis wir zurück müssen. Also keine Chance, den Weg bis zum Endpunkt am Springer Mountain zu laufen."

„Das war aber auch gar nicht unser Vorsatz", warf Tim ein. „Wir hatten ja eh vor, zwischendurch mal eine Strecke zu überspringen."

„Stimmt. Wir könnten jetzt hier im Virginia Blue Ridge noch ein paar Tage weiter wandern bis Roanoke. Von dort aus könnten wir einen Bus nehmen bis nach Gatlinburg. Das ist am nördlichen Ende einer der schönsten Gegenden am AT."

„Genau!", warf Chayton ein, „da beginnt der Great Smoky Mountains National Park. Allein schon bei dem Klang des Namens kriege ich eine Gänsehaut."

„Warst du schon dort?", fragte Tim.

„Ja. Und es ist wirklich eine der schönsten Wegstrecken des gesamten Trail. Manche sagen, dort gebe es den schönsten Mischwald der Welt. Allerdings ist es auch ein schwieriges Terrain. Es wird anstrengender als in dieser Gegend hier."

„Das kriegen wir schon hin!", sagte Tim.

„Klar, wir sind ja jetzt trainiert", fuhr Jessy fort, „und das Gute ist: Von Gatlinburg aus sind es nur noch gut 200 Meilen bis zum Springer Mountain, also eine Stecke, die wir locker schaffen können in unserem Zeitplan."

„Das klingt wirklich gut", sagte Tim. „Genauso sollten wir es machen!"

„Da kann ich euch nur beipflichten", sagte Chayton, „mit dem Plan holt ihr aus eurer begrenzten Zeit das Beste raus. Und vergesst nicht, euch in Gatlinburg das berühmte *Ripley's Believe It Or Not Museum* anzusehen!"

„Was ist das?", fragte Jessy.

„Lasst euch überraschen. Der Name ist Programm. Als Kind war ich ein riesiger Fan davon. Es ist eine grauenhafte Touristenfalle, ganz schrecklich geschmacklos und sensationsheischend – kurz: einfach herrlich!"

„Okay", lachte Tim, „das werden wir uns nicht entgehen lassen."

„Und es gibt noch eine andere Sehenswürdigkeit in den Smokies."

„Nämlich?", wollte Tim wissen.

„Den Clingman's Dome."

„Was ist das?"

„Der höchste Berg auf dem gesamten Appalachian Trail."

„Wie hoch?"

„Knapp über 2.000 Meter. Dort habt ihr einen Blick, der euch den Atem raubt. Für Viele ist er der große Höhepunkt des Appalachian Trail überhaupt."

„Okay, dann bin ich gespannt!"

Als sie wenig später beim Frühstück zusammen saßen, fragte Chayton:

„Tim, wie hast du eigentlich geschlafen? Ging es ohne deine Pillen?"

„Ich habe eine ganze Zeitlang wach gelegen und war unruhig, aber es hat mich nicht so zermürbt. Ich habe PMR gemacht und immer wieder versucht, mich auf meinen Atem zu konzentrieren, und damit ging es ganz gut."

„Das freut mich!", sagte der Schamane.

„Danke nochmal!", erwiderte Tim.

„Und jetzt ist es Zeit für euer Morgenprogramm!", sagte Chayton augenzwinkernd.

„Oje...", sagte Jessy. „Ich bin ein bisschen nervös."

„Soll ich in der Nähe bleiben?", fragte der Schamane, „oder wollt ihr lieber eure Privatsphäre haben?"

Tim und Jessy schauten sich kurz an, dann sagte Jessy:

„Mach dir wegen uns keine Umstände. Wenn du weiter willst, nur zu! Du hast schon mehr als genug für uns getan. Ich denke, ich kriege das hin."

„Also gut!", erwiderte Chayton.

Sie verabredeten sich für den Abend am nächsten Shelter, dann machte sich der Schamane auf den Weg, während Tim und Jessy sich auf einer Gruppe kleiner Felsen niederließen und ihre Meditation begannen. Es dauerte nicht lang, und Jessy kamen die Tränen. Wie immer kämpfte sie dagegen an. Tim hielt sie, und flüsterte:

„Lass deine Tränen mal richtig fließen. Heul dich aus!"

Zunächst zögerte Jessy, aber dann gab es kein Halten mehr, und sie ließ den Tränen freien Lauf. Es dauerte eine ganze Weile, bis sie sich gründlich ausgeweint hatte. Schließlich löste sie sich von ihm, völlig verrotzt und mit verquollenen Augen und sagte:

„Sorry, Tim..."

„Blödsinn! Du musst dich nicht entschuldigen."

„Okay... danke!"

„Gehts wieder?"

„Ja, das hat gut getan. Das war das erste Mal seit Langem, dass ich richtig geheult habe."

Sie saßen noch eine Weile schweigend beisammen, dann beschlossen sie, sich noch eine Weile der Meditationsübung zu widmen, bevor sie ihre Wanderung fortsetzten.

22

Auch in den folgenden Tagen sorgte Jessys morgendliche Trauerzeremonie für ausgiebigen Tränenfluss, doch Tim kam es vor, dass es von Mal zu Mal milder wurde. Immer seltener ertappte er sie dabei, wie sie mit ihrem Handy beschäftigt war, um sich Bilder von Gwen anzusehen oder gewisse Musiken zu hören. In solchen Fällen wies er sie darauf hin, worauf sie murrend, aber einsichtig ihr Handy weglegte und sich anderen Dingen zuwandte.

Für ihn selbst klappte das Meditieren zusehends besser. Wie Chayton vorhergesehen hatte, gelang es ihm immer mehr, still zu sitzen und seine Konzentration zu halten. Und er begann, diese Momente der Stille zu genießen. Sie taten ihm gut, und sein Inneres fühlte sich danach ruhiger und aufgeräumter an.

Auch versäumten sie es nicht, beim Wandern Gehmeditationen einzubauen, und auch das waren Momente, die Tim zunehmend zu schätzen lernte. Er fühlte sich lebendig, spürte sich als Teil einer unsagbar reichen, lebensvollen Natur und nahm in sich einen inneren Frieden wahr, den er lange nicht erlebt hatte.

Immer wieder kamen Gefühle der Unruhe und der Sorge in ihm auf, besonders, wenn er daran dachte, dass es bald wieder zurückging in sein normales Leben. Sorgen um seinen Job wurden wieder wach und nahmen ihn ein. Manchmal war er so darin gefangen, dass Jessy ihn wieder in die Realität zurückrufen musste, indem sie ihn fragte, ob alles okay wäre. Oft merkte er selbst, dass es Zeit war, das Grübeln zu stoppen und ins Hier und Jetzt zurückzukehren. Dann wandte er an, was er in seinen Meditationsübungen gelernt hatte und bemühte sich darum, seinen Geist zu fokussieren – auf die Atmung oder auch auf die Umgebung. In diesen Krisenmomenten fiel es ihm schwerer als sonst, sich zu konzentrieren und in einen Zustand der Geistesgegenwart und Achtsamkeit zurückzuholen. Aber er stellte fest, dass es von Mal zu Mal besser funktionierte.

Am Ende der Tage trafen sie meist wieder mit Chayton zusammen und verbrachten die Abende mit ihm am Lagerfeuer. Sie tauschten sich über ihre Fortschritte aus und plauderten über ihre kleinen Erlebnisse während der Wanderung. Und jeden Abend bestand Jessy darauf, dass Chayton seinen Waschbärlocker rausholte. Immer kamen mehrere Exemplare herangetrippelt und ließen sich füttern.

Am letzten Abend vor Roanoke geschah etwas Ungewöhnliches: Sie saßen abends vor ihrem Shelter zusammen auf einer Gruppe Felsen und waren dabei, ein halbes Dutzend Waschbären zu füttern. Plötzlich kam einer von ihnen vorsichtig auf Tim zugetrapst, und im nächsten Augenblick hüpfte er ihm unversehens auf den Schoß. Chayton und Jessy machten große Augen und wagten nicht, etwas zu sagen, um das Tier nicht zu erschrecken und die Magie dieses Moments zu zerstören. Der Waschbär ließ es sogar zu, dass Tim ihn streichelte, und er fraß ihm aus der Hand. Es war ein ulkiges Gefühl, dieses wilde, niedliche Wesen so nah zu spüren – ganz anders, als wenn er eine Katze auf dem Schoß gehabt hätte, denn hinzu kam der besondere Zauber, dass es beileibe nicht alle Tage vorkommt, einem Waschbären so nah zu kommen. Einige Minuten lang blieb der kleine Kerl bei Tim, bis er schließlich genug hatte und sich trollte.

„Wow, das war wirklich außergewöhnlich!", bemerkte Chayton.

„Oh Mann, ich bin so neidisch!", strahlte Jessy und bestand darauf, dass Tim in allen Einzelheiten erzählte, wie es sich angefühlt hatte. Die Begegnung beherrschte ihr Gespräch noch eine ganze Weile lang, bis Chayton sagte:

„Wisst ihr was? Ich glaube, wir müssen nicht mehr darüber nachdenken, was dein *Spirit Animal* ist, Tim. Ich schätze, dein neuer Freund hat es entschieden."

„Ich weiß nicht recht...", sagte Tim. „Etwa, weil ich einen Waschbärbauch habe?!"

Chayton lachte.

„Also, ich fände Adler oder Berglöwe irgendwie besser", fügte Tim hinzu.

„Warum?", wandte Jessy ein. „Eigentlich ist es doch wirklich das perfekte *Spirit Animal* für dich. Überleg mal: Waschbären sind sympathische Wesen und werden von jedem gemocht – und so erinnert dich der Waschbär daran, immer freundlich zu den Menschen zu sein und immer den weißen Wolf zu füttern."

„Ja, richtig!", sagte der Schamane. „Außerdem hat er dir eine kleine Lektion erteilt, die du dir zu Herzen nehmen solltest."

„Welche denn?"

„Er hat seine natürliche Angst vor Menschen überwunden und ist ein Wagnis eingegangen – mit dem Ergebnis, dass ihr diese ganz besondere Begegnung hattet. Der Waschbär hat dir vorgemacht, dass es sich lohnt, sich nicht von den eigenen Ängsten und Sorgen begrenzen und lähmen zu lassen, sondern sie zu überwinden und ein reicheres, erfüllenderes Leben zu führen. Wann immer du in Zukunft Angst hast, dann denke an den tapferen Waschbär, und das wird dich mit Mut und Zuversicht erfüllen."

„Okay...wow!", erwiderte Tim, und die drei hingen eine Weile lang Chaytons Worten nach. Schließlich sagte Tim:

„Ihr habt mich überzeugt. Ich bin offiziell ein Waschbär-Mann."

„Wie schön", freute sich Jessy, „dann sind wir jetzt Spirit-Animal-Geschwister!"

Die drei lachten und plauderten noch eine Weile lang. Als es Zeit wurde, schlafen zu gehen, sagte Chayton:

„Einen Gedanken möchte ich euch noch mit auf den Weg geben."

„Lass hören!", erwiderte Jessy.

„Ein wichtiges Prinzip beim Meditieren habt ihr ja schon kennengelernt: Nicht urteilen! Wenn beim Meditieren Gedanken oder Gefühle auftauchen, solltet ihr sie zur Kenntnis nehmen, ohne sie zu beurteilen – ihr erinnert euch?"

„Klar!", sagte Jessy.

„Ich möchte euch den Rat mitgeben, dieses Prinzip grundsätzlich in euren Alltag zu integrieren. Betrachtet alles, was euch passiert, jeden Menschen, der euch begegnet, jede Erfahrung, die ihr macht, stets ohne sie zu beurteilen. Wir neigen dazu, alles und jeden abzuschätzen und ein Etikett draufzukleben. Tim, du erinnerst dich, was ich dir gesagt habe, als wir uns kennengelernt hatten: Du hast die Wahl, ob du mich als Spinner abstempeln und in Bausch und Bogen ablehnen willst, oder ob du offen bleibst für alles mögliche Positive, das du durch mich erfahren könntest."

„Ja, ich erinnere mich, und ich bin froh, dass ich mich geöffnet habe."

„Das freut mich", lächelte Chayton. „Bewahre dir diese Haltung für dein ganzes weiteres Leben! Verbanne das pauschale Nein aus deinem Kopf und bleibe durchlässig für alle Chancen, die sich dir bieten. Und du wirst sehen, wie reich und erfüllend das Leben für dich sein kann. Auch das ist eine Möglichkeit den weißen Wolf zu füttern!"

Er ließ seine Worte einen Moment lang wirken und fügte dann hinzu:

„Mach dir diese positive Grundhaltung zum Prinzip! Gehe mit einem Lächeln durch die Welt. Lächeln ist die einfachste und elementarste Art, den weißen Wolf zu füttern. Begegne allen Menschen mit einem Lächeln, und du wirst merken, wie eine Menge positive Energie aus der Welt zu dir zurückfließt. So entsteht ein *virtuous circle* – das Gegenteil von einem *vicious circle,* einem Teufelskreis. Alles läuft rund, alles fließt, und du hast ein Gefühl von Freude und Leichtigkeit."

Tim überlegte, ob es im Deutschen ein vergleichbares Wort gab wie virtuous circle, aber ihm fiel keines ein. Engelskreis müsste es wohl heißen.

„Wisst ihr…“, fuhr der Schamane fort, „meine ganze Philosophie – alles, was ihr von mir gehört habt – lässt sich in einen einzigen Satz zusammenfassen, einem einzigen kurzen Mantra.“

„Nämlich?“, fragte Jessy. „Jetzt bin ich ja mal gespannt.“

Chayton räusperte sich, sah die beiden an, und dann sagte er:

„Lebe im Moment, urteile nicht, sei offen und füttere immer den weißen Wolf.“

Damit verabschiedete sich der Schamane, und die drei zogen sich in ihre Zelte zurück.

„Lebe im Moment, urteile nicht, sei offen und füttere den weißen Wolf“, murmelte Jessy, als sie in ihren Schlafsäcken lagen. „Ich glaube, ich werde mir diesen Satz aufschreiben und ihn mir jeden Morgen ansehen.“

„Keine schlechte Idee!“, erwiderte Tim.

Am folgenden Mittag erreichten sie kurz vor Roanoke die Landstraße US 11. Hier trennten sich ihre Wege.

„Tja, wir müssen jetzt auf der Straße weiterwandern“, sagte Jessy. „In die Stadt.“

„Aber hey“, schaltete Tim sich ein, „was haltet ihr davon, wenn wir noch gemeinsam irgendwo Mittag essen?“

„Gute Idee“, erwiderte Jessy. „Ich könnte mal wieder was Richtiges vertragen. Wahrscheinlich müffeln wir wieder wie die Otter, aber das ist mir egal.“

„Mir auch!“, versicherte Tim.

„Okay, dann machen wir das!“, sagte Chayton, und so marschierten sie die US 11 entlang stadteinwärts, bis sie im Randbezirk eine Kreuzung fanden, an der es gleich mehrere Restaurants gab. Die Gegend war nicht gerade idyllisch. Hier gab es Tankstellen, mehrere Fast-Food-Drive Ins, Restaurants und einen großen Supermarkt. Sie entschieden sich für eine Pizzeria, die einigermaßen gemütlich aussah, traten ein und ließen sich vom Kellner an einen Fensterplatz führen. Die Einrichtung war ziemlich schlicht: Schwarz lackierte Holztische und -stühle, an den Wänden Fotos, die italienische Landschaften zeigten, aber immerhin gab es kleine frische Blumensträuße auf jedem Tisch. Das Lokal war etwa zur Hälfte besetzt mit Gästen.

Nachdem sie schweigend ihre Pizza gegessen hatten, sagte Jessy wehmütig:

„Schade, dass sich unsere Wege jetzt trennen müssen, Chayton. Du bist mir richtig ans Herz gewachsen. Und ich habe so viel von dir gelernt... ich schätze, das wird mein Leben verändern...“

„Geht mir auch so!“, stimmte Tim zu.

„Danke euch!“, erwiderte der Schamane sichtlich gerührt. „Für mich war es auch etwas Besonderes und eine Bereicherung, mit euch zusammen zu wandern.“

Nachdem sie bezahlt hatten, verließen sie das Lokal, und es war Zeit, Abschied zu nehmen.

„Ich habe hier noch was für dich, Jessy!“, sagte Chayton, griff in seine Westentasche und holte den Waschbärlocker hervor. Sie machte große Augen.

„Es hat mir immer das Herz erfrischt, wieviel Freude du daran hattest. Deswegen will ich ihn dir schenken. Auf dass du in deinem Leben weiterhin viel Freude haben wirst!“

„Oh, danke!“, sagte Jessy mit feuchten Augen.

„Und für dich habe ich auch einen!“, sagte er an Tim gewandt und holte einen zweiten hervor. Tim und Jessy mussten lachen. „Schließlich bist du ja jetzt ein Waschbär-Mann!“, fügte er augenzwinkernd hinzu.

Tim bedankte sich und fragte:

„Wo hast du den her?“

„Ich habe immer mehrere davon dabei“, gab der Schamane zurück. „Ich wünsche euch von Herzen, dass ihr Glück und Seelenfrieden findet auf eurem weiteren Lebensweg. Mögen die Geister euch gewogen bleiben!“

„Das wünschen wir dir auch!“, erwiderte Tim.

Die drei umarmten sich, dann machte Chayton sich auf den Weg zurück in den Wald, während Tim und Jessy in Richtung Innenstadt weiterliefen.

23

Da es keine direkte Bus- oder Bahnverbindung nach Gatlinburg gab, nahmen sie einen Mietwagen. Am frühen Abend erreichten sie ihr Ziel, gaben den

Mietwagen ab und checkten in ihrem Hotel ein, das am Stadtrand gelegen war, einem schlichten Plätzchen in Holzbauweise, und nahmen ihr Doppelzimmer in Beschlag, das mit seinen einfachen Holzmöbeln ebenso schlicht, aber gemütlich war. In einem nahegelegenen Diner aßen sie Burger und legten sich zeitig schlafen.

Den folgenden Tag hatten die zwei für Sightseeing und den Besuch in *Ripley's Believe It Or Not Museum* reserviert. Gatlinburg entpuppte sich als kleiner Kulturschock. Da es am nördlichen Hauptzugang zum Great Smoky Mountains National Park gelegen war – dem beliebtesten Nationalpark der USA – war dies eine einzige Touristenfalle. In der Hauptstraße reihten sich Touri-Shops, Restaurants und diverse Attraktionen in wenig schmucken Neubauten. Es gab ein Zoo-Aquarium, eine Wald-Achterbahn, eine ziemlich verrückt anmutende Abenteuer-Minigolfanlage mit dem launigen Namen Hillbilly-Golf, ein Salz-und-Pfeffer-Streuer-Museum, ein Flippermuseum, einen Ghostwalk (eine Art Geisterbahn) und eine unüberschaubare Menge weiterer Touristenmagneten, von denen eine ganze Anzahl den Namen *Ripley* im Titel trugen. Wenn sie dafür aufgelegt gewesen wären (und über ein erheblich großzügigeres Budget verfügt hätten), hätten sie wohl eine ganze Woche damit verbringen können, all diese skurrilen Amüsierstätten zu frequentieren. Aber dem war nicht so, und daher beschränkten sie sich auf Ripley's Museum.

Es lag zentral in der Hauptstraße und gab sich schon von Weitem als ziemlich wildes Sensationsetablissement zu erkennen. Die Fassade war verkleidet mit einer bizarren reliefartig gestalteten Szenerie, die aus knorrigen Bäumen, einem Zeltcamp, einem Fluss mit Kanu, Bären und einer Vielzahl ähnlicher Requisiten bestand. Der Eintritt kostete 29.99 Dollar pro Nase, und wenn Chayton das Museum nicht so nachdrücklich angepriesen hätte, hätten sie es sich wohl zweimal überlegt, diesen stolzen Preis zu berappen. Aber nun waren sie hier und ziemlich aufgekratzt vor Neugier. Sie zahlten und betraten das *Odditorium*, wie das Museum sich auch nannte, abgeleitet vom englischen Wort *odd* für *seltsam*.

Empfangen wurden sie von einem riesigen Gorilla, hergestellt aus Autoreifen, einer ebenso raumgreifenden Godzilla-Figur aus Autoteilen und einer stilisierten menschlichen Figur, die urplötzlich in alle Richtungen auseinanderdriftete und Innereien aus Zahnrädern, Metall-Gelenken und anderen Maschinenteilen offenbarte. Auf einem großen LED-Bildschirm liefen merkwürdige Videos, die einen tanzenden Mann ohne Beine zeigten, einen Menschen, der sich mithilfe von einem Komplett-Tattoo, einigen Transplantationen und einer gespaltenen Zunge in ein Reptil verwandelt hatte, und diverse weitere Seltsamkeiten, die abstoßend waren und zugleich zu schön zum Wegsehen.

Die beliebteste Attraktion war ein echter Schrumpfkopf aus dem Amazonasgebiet nebst einer ausführlichen Anleitung, wie man solche herstellte. (Man nehme den Kopf eines besiegten Gegners, ziehe die Haut ab, verschließe sodann die Öffnungen, fülle den entstandenen Hautsack mit erhitztem Sand, schrumpfe ihn auf diese Weise auf die gewünschte Größe und – voilá! - der Schrumpfkopf ist fertig – und der Gegner maximal erniedrigt.) Offenbar hatte Ripley seinerzeit eine Sammlung von über hundert solcher Exemplare zusammengetragen.

Außerdem sahen Tim und Jessy ein Hogwarts-Modell aus 600.000 Streichhölzern, die Nachbildung eines echten zweiköpfigen Kalbes, ein Vampirkiller-Set, allerlei skurrile Artefakte aus aller Welt – kurz: Ein haarsträubendes Sammelsurium von 600 seltsamen bis bizarren Ausstellungsstücken.

Während sie sich umsahen, kamen sie mit einer älteren Dame ins Gespräch, die sich als erstaunlich kenntnisreich erwies und den beiden einige interessante Details zu dem Museum verriet. Das Odditorium ging zurück auf den Journalisten Robert Ripley, der in den Zwanzigerjahren des vorigen Jahrhunderts unter dem Titel „Believe It Or Not" im New York Globe mit Texten und Zeichnungen über Kuriositäten aus aller Welt berichtete. Diese Artikelserie erfreute sich so großer Beliebtheit, dass er 1929 sein erstes Buch unter dem Titel „Believe It Or Not" veröffentlichte, in dem er seine Erfahrungen bei einer Weltreise schilderte – selbstredend mit besonderem Fokus auf Seltsamkeiten und Kuriositäten, und ab 1930 war er der Star einer erfolgreichen wöchentlichen Radioshow.

Der Hype um ihn und seine Berichte nahm so enorme Ausmaße an, dass 1933 in Chicago unter demselben Titel ein Museum eröffnet wurde. 1970 entstand schließlich das Odditorium in Gatlinburg, das allerdings bei einem Feuer im Jahr 1992 fast vollständig zerstört wurde – und mit ihm der gesamte Häuserblock inklusive weiteren Geschäften und Touristenattraktionen. Nach und nach wurde das Museum wieder aufgebaut, und 2016 wäre es um ein Haar erneut zerstört worden, weil ein Waldbrand die Stadt akut bedrohte, sodass 14.000 Menschen evakuiert werden mussten und in den Außenbezirken ein Sachschaden von einer halben Milliarde Dollar entstand. Diesmal jedoch blieb der Touristenbezirk in der Innenstadt verschont.

Tim und Jessy bedankten sich bei der Lady für die interessanten Ausführungen, und nachdem sie das Odditorium verlassen hatten, verbrachten sie den Rest des Tages damit, durch die Stadt zu streunen, ihre Vorräte aufzustocken und sich abends ein gutes Dinner in einem Steakrestaurant zu gönnen.

Am folgenden Morgen fuhren sie mit Bus und Uber bis zum AT-Zugangspunkt am Big Creek in Waterville. Er lag an der Grenze zwischen Tennessee und North Carolina, der der Trail im weiteren Verlauf folgte. Schon bald war klar, dass Chayton Recht behalten sollte: Die Wanderung hier war deutlich anstrengender und die An- und Abstiege steiler als im Virginia Blue Ridge. Immer wieder mussten sie Pausen einlegen und verschnaufen. Gegen Mittag erreichten sie schließlich schnaufend ihren ersten Meilenstein im Great Smoky Mountains National Park: den Aussichtspunkt am Gipfel des Mount Cammerer. Auf dem felsigen Gipfel gab es ein sechseckiges Aussichtstürmchen mit Außenbalkon, von dem aus sie einen grandiosen Blick über die Smokies hatten, die der umliegenden Landschaft in mäßiger Höhe und doch beeindruckend und erhebend ein geradezu dramatisches Gepräge verliehen. Zarte Wolkenschwaden hingen über den Gipfeln.

„Wow!", sagte Jessy, „wir haben ja schon eine Menge Aussichten gehabt, aber das hier ist wirklich nochmal was ganz anderes."

„Wahnsinn, oder?", gab Tim zurück. „Und die Wolken sehen aus wie Zigarrenrauch."

„Stimmt! Ob die Berge deswegen so heißen?"

„Oder vielleicht sehen wir auch Zigarrenrauch in den Wolken, *weil* die Berge so heißen."

Sie sahen sich an und mussten lachen. Jessy fuhr fort:

„Irgendwie sieht hier alles noch ein bisschen wilder und verwunschener aus als weiter im Norden."

„Ja, und teilweise fast ein bisschen mediterran."

Eine Weile lang kosteten sie das Panorama aus, bis Jessy sagte:

„Geht dir das auch so? Dass dir die Landschaft nie langweilig wird – obwohl wir jetzt schon so lange durchs Gebirge latschen?"

„Ja, absolut. Ich kann mich gar nicht satt sehen. Im Gegenteil... es fühlt sich fast ein bisschen so an, als wären der Wald und die Berge mein neues Zuhause."

Jessy sah ihn nachdenklich an und erwiderte:

„Stimmt. Geht mir auch so. Gut auf den Punkt gebracht."

„Danke!"

„Ich bin gespannt auf den Clingman's Dome", sagte sie, „da soll die Aussicht ja noch spektakulärer sein."

„Wie weit ist der von hier?"

„Ein paar Tagesmärsche."

„Ja, bin auch gespannt!"

Sie aßen ihr Lunch-Müsli und marschierten weiter.

Tim kam es so vor, als würde die Wanderung von Meile zu Meile mühseliger. Zum Reden war es zu anstrengend. Und doch empfand er es keineswegs als Quälerei. Im Gegenteil: Das Gehen in diesem Gelände erforderte derart Einsatz und Konzentration, dass der Kopf vollständig beschäftigt war und für Grübeleien keine Kapazitäten frei hatte. Und so hatte es zwangsläufig etwas ausgesprochen Meditatives, ohne dass Tim irgendetwas dafür tun musste. Es kam ihm vor wie eine vollautomatische Gehmeditation im Autopilot-Modus, und es fühlte sich gut an: kraftvoll, lebendig und so, als würde er mit dem Weg, dem Wald und den Bergen verschmelzen und mit ihnen eins werden. Dies war wohl der Flow, von dem Chayton gesprochen hatte. Während Beine und Füße schmerzten, war sein Inneres friedvoll, aufgeräumt und klar. Mit einem Wort: Er spürte eine Lebendigkeit wie lange nicht.

Jessy schien das ähnlich zu erleben. Tim nahm wahr, dass sie in ihrer morgendlichen Trauerzeremonie nur noch wenig weinte und dass sie insgesamt immer häufiger lächelte. Seine eigenen Meditationen am Morgen erlebte er als zunehmend wohltuend. Er fragte sich bald, wie er ohne das überhaupt hatte existieren können. Es dauerte immer einige Minuten, bis er in jenen entspannten Zustand kam, der dem Flow beim Wandern ähnelte, aber dann spürte er eine freudvolle Ruhe in sich, die einfach nur gut tat und die er nicht mehr missen wollte. Inzwischen nahm er sich morgens eine Dreiviertelstunde dafür Zeit.

Immer häufiger kamen ihnen jetzt Wanderer entgegen. Es waren NOBOs, also Nordwärts-Wanderer, die am Springer Mountain gestartet waren. Während Tim nähere Begegnungen mit Fremden früher gemieden hätte, so ließ er sich jetzt immer wieder auf kleine Unterhaltungen ein. Bewusst setzte er so das Mantra um, das Chayton ihnen mit auf den Weg gegeben hatte:

„Lebe im Moment, urteile nicht, sei offen und füttere den weißen Wolf."

Wann immer er Menschen begegnete, achtete er bewusst darauf, zu lächeln und freundlich und aufgeschlossen zu sein – eigentlich ein mehr oder weniger normales Verhalten, das ihm aber in den vergangenen Jahren abhanden gekommen war. Entsprechend freundlich und wohlgesonnen reagierten seine Mitmenschen – und das wiederum wirkte sich positiv auf seine eigene Stimmung aus – genau wie Chayton es vorhergesagt hatte.

An ihrem vierten Tag in den Smokies erreichten sie schließlich den berühmten Clingman's Dome. Der Aufstieg durch den Urwald war steil, und als sie den Gipfel schließlich erreichten, waren sie durchgeschwitzt und außer Atem. Doch für die Strapaze wurden sie mehr als entschädigt mit einem phantastischen Blick – der allerdings ein wenig beeinträchtigt war, denn auf dem Gipfel war ein wenig ansehnlicher

Turm aus Beton aufgebaut, zu dem sich spiralförmig ein Baumwipfelpfad hinaufschraubte, ebenfalls aus Beton. Einerseits war diese Konstruktion eine ziemliche Verschandlung der Landschaft, andererseits machte sie die atemberaubende Aussicht über den Great Smoky Mountains Nationalpark überhaupt erst möglich, da der Gipfel des Clingman's Dome stark bewaldet war. Zudem machte das Beton-Ungetüm den Gipfel auch Leuten zugänglich, die nicht allzu gut zu Fuß waren. Hier tummelten sich Wanderer, Tagesausflügler und Reisegruppen, die mit ihren Handys fleißig Bilder machten und filmten. Aber kein Foto hätte jemals das Mystische und Majestätisch-Erhabene einfangen können, das diese Szenerie so unbeschreiblich machte.

„Chayton hat nicht übertrieben", sagte Jessy, „der Ausblick ist wirklich ein Höhepunkt."

Ein seliges Funkeln lag in ihren Augen, und auch Tim selbst empfand ein tiefes Glücksgefühl. Sie nahmen sich eine ganze Weile lang Zeit, die Eindrücke in sich aufzusaugen, bevor sie sich wieder auf den Trail begaben.

Einige Meilen weiter südlich fanden sie eine urige Schutzhütte, den *Silers Bald Shelter.* Da dieser Unterschlupf mit seinen Natursteinwänden und der urigen Holzveranda so gemütlich aussah und auch keine weiteren Hiker hier übernachten wollten, beschlossen sie, direkt darin zu schlafen und sich den Aufbau der Zelte zu sparen.

Als Jessy am folgenden Morgen ihre Trauerzeremonie abhielt, war es das erste Mal, dass sie keine einzige

Träne vergoss, und so blieb es auch in den folgenden Tagen. Die weitere Wanderung durch die Smokies führte die beiden über eine ganze Reihe von Gipfeln mit sehenswerten Aussichten, die dem Clingman's Dome kaum nachstanden – eine gebührende Entschädigung, denn diese Wegstrecke blieb mörderisch anstrengend. Abends waren sie so platt, dass sie es sich zur Gewohnheit machten, die Zelte in den Rucksäcken zu lassen und in den Shelters zu übernachten.

Nach sieben Tagen in den Smokies erreichten sie schließlich das südliche Ende des Nationalparks, das vom Fontana Lake markiert wurde. Der Trail verlief eine Weile lang unweit des Westufers durch den Wald, ging bald in einen asphaltierten Weg über und führte dann auf die Staumauer des Fontana Dam, eines riesigen Beton-Staudamms, der als Wasserkraftwerk fungierte. Auf der einen Seite blickten sie auf den See, auf der anderen fiel die Staumauer steil abwärts zum Little Tennessee River. Der Staudamm selbst war alles andere als eine Schönheit. Massenweise Beton und die zahlreichen E-Werk-Apparaturen wirkten wie ein hässlicher Fremdkörper in der idyllischen Landschaft. Beeindruckend war er trotzdem, vermöge seiner monumentalen Größe. Der Blick auf den Fontana Lake hingegen war traumhaft. Es tat den Augen gut, nach all den Tagen mal nicht nur Bäume und Berge zu sehen, und der See ruhte malerisch blau vor den Gipfeln der Smokies, schöner als auf jedem Gemälde.

Schweigend standen sie eine ganze Weile lang am Geländer der Staumauer und blickten aufs Wasser, bis

Tim mit einem Mal bemerkte, dass Jessy an ihrem Handgelenk hantierte. Er schaute genauer hin und sah, dass sie das Silberarmbändchen öffnete. Tim ahnte, was passieren würde, und er bekam eine Gänsehaut. Einige Augenblicke lang ließ Jessy das Schmuckstück zärtlich durch ihre Finger gleiten, dann flüsterte sie:

„Danke für die schöne Zeit, Gwen, ich wünsche dir alles Gute..."

Im nächsten Moment warf sie das Erinnerungsstück in den See und blickte mit einer Träne im Auge, aber lächelnd, auf die feinen ringförmigen Wellen, die es auf der Wasseroberfläche hinterließ.

Tim blieb eine ganze Weile lang sprachlos. Das war so unerwartet gekommen, dass er es erstmal verarbeiten musste. Sie holte ihr Handy hervor, und Tim konnte sehen, dass sie Bilder löschte: Bilder einer hübschen rothaarigen Frau. Als sie das Handy wieder weggesteckt hatte, sagte er:

„Jessy, ich bin sehr stolz auf dich!" - und nahm sie in den Arm.

„Ich auch!", flüsterte sie, drückte ihn fest und setzte hinzu: „Du hast mir sehr geholfen, Doctor Love."

„Habe ich gerne gemacht."

„Doctor Love von der Youtube-Uni...", frotzelte sie.

„Und Bücher!!!"

Sie lachte:

„Komm, gehen wir weiter!"

24

Nachdem sie den Great Smoky Mountains National Park hinter sich gelassen hatten, lagen noch gut 110 Meilen Wegstrecke vor ihnen, die sie in zwei Wochen hinter sich bringen mussten, um ihren Rückflug nicht zu verpassen. Das war durchaus zu schaffen, und wie sich zeigte, war das Gelände hier nicht mehr ganz so anspruchsvoll wie in den Smokies. So kamen sie gut voran. Die tägliche Routine aus Meditieren und Wandern kam Tim inzwischen vor wie die selbstverständlichste Lebensweise, und er fühlte sich körperlich und seelisch so gesund und lebendig wie nie zuvor. Jessy hatte mittlerweile ihre Trauerzeremonie ganz gestrichen und meditierte stattdessen mit ihm zusammen.

Sie sprachen wenig miteinander in diesen Tagen, und das war auch nicht nötig. Sie genossen in stiller Übereinstimmung dieses beseligende Einssein mit sich selbst und der Welt und tauschten sich nur dann und wann aus, wenn es etwas Konkretes zu besprechen gab. Auch das Schweigen hatte etwas Wohltuendes.

Eines Abends aber brach Jessy das Schweigen. Sie saßen an der Feuerstelle des *Cold Spring Shelter*, eines ziemlich schlichten Bretterverschlages im Nantahala National Forest, und sie schauten in die Flammen, als Jessy sagte:

„Du Tim, ich habe nachgedacht. Du erinnerst dich bestimmt... Chayton hatte ja gesagt, wir sollten uns mit unserer Kindheit auseinandersetzen. In den letzten Tagen hat mich das ziemlich beschäftigt, und ich habe beschlossen – also, wenn das für dich okay ist – dass ich dir gerne davon erzählen würde."

„Oh, okay...", gab Tim zurück.

„Oder findest du die Idee nicht so gut?", fragte sie verunsichert.

„Doch, doch! Ich bin nur etwas überrascht. Aber klar! Ich höre dir gerne zu!"

„Okay...", sagte sie und musste sich offensichtlich erstmal sammeln. Schließlich fing sie an:

„Du musst dir vorstellen, oberflächlich gesehen hatte ich eine traumhafte Kindheit. Wir lebten in einer schicken Stadtvilla mit großem Garten, Pool, Sauna – so wie man sich das nur wünschen kann. Ich hatte ein riesiges Kinderzimmer voll mit teuren Spielsachen, um die mich alle Freunde beneidet haben. Der Haken bei der Sache war nur: Meine Eltern habe ich kaum zu Gesicht bekommen. Mein Vater war immer bis spät abends im Büro, meine Mutter hat auch den ganzen Tag gearbeitet."

„Und wo warst du?"

„Im Kindergarten, bis nachmittags. Da hat mich dann meine Nanny abgeholt, und mit der habe ich zusammen auf meine Mutter gewartet. Die kam immer abends um sieben nach Hause. Sie hatte einen Friseursalon. Die Nanny hat dann noch gekocht, und meistens haben wir ohne meinen Vater gegessen, weil der noch später kam. Oft kam er erst, als ich schon schlief."

„Das klingt traurig. War die Nanny denn nett?"

„Es geht so. Klar, sie hat sich gut um mich gekümmert und alles, aber sie war nicht sonderlich herzlich. Das Verhältnis war immer irgendwie distanziert."

Tim schüttelte den Kopf:

„Klassischer Fall von Wohlstandsverwahrlosung."

„Genau das!"

Tim legte seine Hand auf ihren Unterarm und sagte:

„Das tut mir so leid..."

„Danke, aber das war nur die Vorgeschichte."

„Oh."

„Die Sache ist nämlich die: Mein Vater hat sein ganzes Geld mit irgendwelchen Wertpapiergeschäften gemacht. Aktien, Optionen, Schießmichtot. Frag mich nicht nach Details, aber im Wesentlichen läuft es wohl darauf hinaus, dass er irgendwelche Börsenwetten gemacht hat, und das wohl teilweise auf Kredit. Ein paar Jahre lang ging das gut, aber dann hat er wohl irgendwann mal aufs falsche Pferd gesetzt – und alles verloren. Erst war die S-Klasse weg, dann das Haus...", sie machte eine Pause und schloss mit belegter Stimme: „...und danach mein Vater. Er hat sich das Leben genommen."

Tim musste schlucken und sagte:

„Das ist ja-" Er unterbrach sich.

„Was?", fragte Jessy.

„Ach... nichts..."

Jessy hob ihre Augenbrauen und sah ihn fragend an.

„Ich meinte nur: Das ist ja schrecklich!"

„Ja. Zum Glück war ich nicht dabei, als sie ihn gefunden haben. Er lag in der Nähe von unserem Haus im Wald. Mit einer Medikamentenvergiftung."

Wieder schluckte Tim, schwieg einen Moment, räusperte sich und fragte:

„Wie alt warst du da?"

„13."

„Das muss so schlimm gewesen sein für dich!"

„Ja...", sagte Jessy und kämpfte gegen die Tränen. Tim umarmte sie schweigend, bis sie sich wieder gefangen hatte. Dann fuhr sie fort:

„Wir lebten danach in einer kleinen Dreizimmerwohnung. Meine Mutter war eine ziemlich toughe Frau. Sie hat immer gesagt: 'Wir lassen uns nicht unterkriegen!' Sie hat weiter gearbeitet – als Alleinerziehende – und ich war ziemlich allein mit meiner Traurigkeit. Wenn sie abends da war, dann hat sie es nicht gerne gesehen, wenn ich geweint habe. Sie sagte dann immer: 'Ein Indianer kennt keinen Schmerz!'"

„Oh Gott, das ist ja furchtbar!"

„Ja, und der Satz ist einfach mal auf so vielen Ebenen schlimm... Jedenfalls habe ich bei ihr gelernt, meine Tränen zu unterdrücken. Und das ist mir bis heute geblieben."

„Wie ist dein Verhältnis zu ihr heute?"

„Distanziert. Wir sehen uns ein paarmal im Jahr, zu Geburtstagen, zu Weihnachten und zwischendurch mal, aber wir haben uns nicht viel zu sagen."

„Hast du das alles nie mit ihr aufgearbeitet?"

„Ich habe es versucht. Im Rahmen meiner Therapie. Aber sie hat sich geweigert. Ich kam nicht an sie ran."

Tim schüttelte bedrückt den Kopf.

„Fairerweise muss ich sagen", fügte Jessy hinzu, „dass die Nanny sich nach der ganzen Katastrophe ein bisschen warmherziger verhielt und mich ganz gut aufgefangen hat."

„Hast du zu ihr noch Kontakt?"

„Nein, die lebt leider auch nicht mehr."

Tim nahm Jessy noch einmal in den Arm und drückte sie fest an sich. Erneut kamen Jessy die Tränen, und wieder kämpfte sie dagegen an.

„Lass es raus, Jessy", sagte Tim. „Ich bin da und halte dich."

Daraufhin begann sie so heftig zu schluchzen, dass ihr ganzer Körper zuckte. Es war, als würden die unterdrückten Tränen eines ganzen Lebens auf einmal aus ihr herausschießen, und es dauerte eine gefühlte Ewigkeit, bis sie sich wieder gefangen hatte. Nachdem sie eine Weile schweigend gesessen hatten, sagte Tim:

„Jetzt verstehe ich viel besser, warum es dir so schwer gefallen ist, Gwen loszulassen."

Jessy nickte und sagte:

„Sie hat mir die Nähe und Geborgenheit gegeben, die ich mir von meinen Eltern immer gewünscht habe."

„Konntest du mit ihr über deine Kindheitsgeschichte reden?"

„Eigentlich ja, aber sie war damit überfordert. Sie hat dazu nicht viel gesagt und auch keine Fragen gestellt. Deswegen habe ich es irgendwann sein lassen."

„Das ist aber auch nicht gerade optimal."

„Nein... aber ich habe von ihr auch nicht erwartet, dass sie sich da mehr engagiert. Im Grunde war ich ja froh, dass ich nicht darüber reden musste."

„Aber jetzt hast du darüber geredet!"

„Ja!"

„Und das war gut, oder?"

„Ja", lächelte sie. „Das war es."

Wieder schwiegen sie eine Weile lang, bis Tim sagte:

„Okay, dann bin ich wohl dran..."

„Tim, das musst du nicht!"

„Doch, doch, ist schon okay. Es sei denn, dir wird das zu viel."

„Nein, ist absolut okay. Wenn du reden willst, dann rede!"

Tim holte tief Luft und begann:

„Auf jeden Fall haben wir etwas gemeinsam. Mein Vater hat nämlich auch Selbstmord begangen."

„Wirklich?"

Tim nickte.

„*Deswegen* hast du eben so komisch reagiert, als ich das von meinem Vater erzählt habe."

Tim nickte erneut.

„Was ist passiert?"

„Mein Vater hatte eine Depression. Also – nicht immer. Ich erinnere mich noch an Zeiten, in denen er gut drauf war. Aber irgendwann fing es an, dass er nur noch wenig lachte, keine Lust mehr zu irgendwas hatte und wie ein finsterer Geist durch die Wohnung schlurfte. Er war Lehrer, meine Mutter Hausfrau, ganz klassische Rollenverteilung. Ich erinnere mich noch gut, dass mein Vater sehr schweigsam war und unglaublich traurig wirkte. Abends saß er auf seinem Sessel und glotzte auf den Fernseher, aber ich hatte immer den Eindruck, dass er gar nicht mitkriegte, was auf dem Bildschirm passierte. Er starrte einfach verloren ins Nichts. Ich hatte damals noch keine Ahnung von einer Krankheit namens Depression. Ich habe das alles einfach nicht verstanden."

„Wie ist deine Mutter damit klargekommen?"

„Sie hat sich natürlich Sorgen gemacht und war traurig und verwirrt. Oft hat sie geweint. Ich habe mich damals immer gefragt: 'Warum ist mein Vater so traurig? Habe ich etwas falsch gemacht?'"

„Du hast dir die Schuld gegeben."

„Ja, oder besser gesagt: Ich hatte Angst, dass ich unwissentlich irgendwas getan haben könnte, was ihn traurig machte. Oder dass er von mir enttäuscht wäre oder so."

„Oh, Tim..."

Diesmal war es Jessy, die ihn umarmte.

„Wie ging es weiter?", fragte sie nach einer Weile.

„Irgendwann wurde es so schlimm mit ihm, dass er es nicht mehr geschafft hat, morgens aufzustehen und zur Arbeit zu gehen. Er wurde krankgeschrieben und lag die meiste Zeit im Bett, stand nur auf, um zur Toilette zu gehen oder um etwas zu essen. In dieser Zeit wurde meine Mutter oft wütend. Der Arzt hatte ihm Medikamente verschrieben – vermutlich Antidepressiva – aber mein Vater weigerte sich, sie zu nehmen. Das hat meine Mutter auf die Palme gebracht, aber ihn hat das nicht tangiert.

So ging das ein paar Monate, bis meine Mutter ihn eines Morgens tot im Bett fand. Er hatte eine Überdosis Schlaftabletten geschluckt – genau wie dein Vater. Wo er die herhatte, war ziemlich schleierhaft, weil er ja kaum das Haus verlassen hatte. Er musste sich die Dinger schon vor seiner Krankschreibung besorgt haben. Möglicherweise hatte er die Tat schon lange vorher geplant – zumindest als Option."

Schweigend nahm Jessy Tim erneut in den Arm. Schließlich fuhr er fort:

„Damals ist meine Welt zusammengebrochen. Natürlich hatte ich vorher schon oft Angst um ihn gehabt, aber da hatte es mir so richtig den Boden unter den Füßen weggezogen, und meine Welt war nicht mehr die Gleiche."

„Moment mal, das ist interessant..."

„Was denn?"

„Du hast eben so ziemlich dieselbe Formulierung benutzt wie vor ein paar Wochen, als du mir von deinen heutigen Sorgen erzählt hast."

„Wirklich?"

„Ja."

Sie schaute ihn nachdenklich an, und auch Tim überlegte, ob das mit der Formulierung nur Zufall war. Schließlich sagte sie:

„Aber erzähl weiter."

„Meine Mutter war genau wie ich am Boden zerstört. Ich war damals zehn Jahre alt. Unser Hausarzt schickte uns zu einer Mutter-Kind-Kur, und danach ging es ihr deutlich besser. Bei mir hat es wesentlich länger gedauert, bis ich wieder einigermaßen der Alte war."

„Wie ist dein Verhältnis zu ihr jetzt?"

„Gut würde ich sagen. Einigermaßen herzlich, auch wenn wir uns nicht ganz so oft sehen."

„Immerhin. Und habt ihr über die ganze Sache nochmal geredet? Ich meine, seit du erwachsen bist?"

Tim schüttelte den Kopf:

„Wir haben das Thema ziemlich tot geschwiegen."

Jessy nickte und dachte eine Weile lang nach.

„Und wie geht es dir jetzt damit, wo du drüber geredet hast?"

„Ich weiß nicht recht...", erwiderte er. In seinem Innern spürte er eine merkwürdige unbestimmte Anspannung.

„Vielleicht würde es dir guttun, wenn du dich auch mal richtig ausheulen würdest", überlegte Jessy.

„Ja, vielleicht...", erwiderte er, aber er spürte nicht wirklich den Drang danach.

Sie saßen und schwiegen.

„Ich schätze, wir sollten mal langsam schlafen, oder?", sagte Jessy schließlich.

„Okay..."

Wenig später lagen sie mit ihren Schlafsäcken nebeneinander im Shelter. Tim spukte noch das Gespräch im Kopf herum. Immer wieder tauchten Bilder vor seinem inneren Auge auf, längst vergessene Szenen aus seiner Kindheit. Schließlich sah er seine Mutter am Grab seines Vaters stehen und bitterlich weinen – und das war der Moment, in dem eine Woge der Traurigkeit ihn jäh überspülte und er in Tränen ausbrach. Jessy robbte zu ihm rüber und nahm ihn in den Arm. Wie lange er weinte, hätte Tim kaum sagen können, und nachdem er sich beruhigt hatte, fiel er in unruhigen Schlaf voll wilder Träume.

25

„Wie hast du geschlafen?", fragte Jessy, als die beiden am folgenden Morgen erwachten.

„Geht so", entgegnete Tim. „Mir tut ein bisschen der Kopf weh."

Sie nahm seine Hand:

„Ich hoffe, das Gespräch gestern hat dich nicht allzu sehr mitgenommen..."

„Es war nicht leicht, darüber zu reden, aber heute fühle ich mich irgendwie erleichtert... befreit."

„Ja, das geht mir auch so. Ich bin froh, dass wir geredet haben. Das hat gut getan!"

„Ja, finde ich auch."

„Danke nochmal für dein Vertrauen und deine Offenheit!"

„Dito!"

„Eine Sache würde ich allerdings gerne ansprechen", sagte Jessy.

„Und zwar?"

„Ich glaube das gestern war ein wichtiger erster Schritt für dich. Und ich glaube wirklich, dass es gut wäre, wenn du doch noch mal einen Versuch machst mit einer Therapie. Ich denke, es würde dir sehr gut tun, das Ganze nochmal richtig aufzuarbeiten."

Tim nickte.

„Und wirst du es machen?"

„Ich denke drüber nach."

„Versprochen?"

„Versprochen!"

Nachdem sie gefrühstückt und meditiert hatten, liefen sie weiter Richtung Süden. Am frühen Nachmittag erreichten sie den *Long Branch Shelter* und überlegten kurz, ob sie hier ihr Lager aufschlagen sollten oder die acht Meilen weiter gehen sollten zum *Carter Gap Shelter.*

„Lass uns weiter gehen!", sagte Tim. „Wir haben noch eine ganze Strecke vor uns bis zum Springer Mountain."

„Aber nicht, dass es zu spät wird und wir es nicht bis zum Anbruch der Dunkelheit schaffen..."

„Notfalls müssen wir eben unterwegs wild campen."

„Stimmt. Das geht auch."

So liefen sie weiter.

Der Wegabschnitt war nicht ohne Herausforderungen. Zwar ging es überwiegend abwärts – von einigen kurzen Anstiegen abgesehen – aber der Abstieg war zum Teil ziemlich steil, was mit dem schweren Rucksack auf dem Rücken enorm Kraft kostete.

Als es begann zu dämmern, war die Schutzhütte noch nicht in Sicht.

„Wo ist dieses dämliche Ding?!“, knatschte Jessy.

„Kann nicht mehr weit sein“, behauptete Tim, ohne eine genauere Ahnung zu haben.

„Warte, ich schau nach!“, gab Jessy zurück und schaute auf ihr Handy. „Vielleicht eine Meile noch.“

„Okay, also weiter!“

Als sie endlich die Hütte erreicht hatten, stellten sie fest, dass dort irgendetwas Merkwürdiges vor sich ging. Eine Gruppe von zwei Männern und zwei Frauen, offenbar Paare, hatte sich in einigem Abstand vor dem schlichten Bretterverschlag versammelt, schauten in den Shelter hinein, sprachen leise, zeigten immer wieder auf etwas und kicherten. Einer der Männer trug einen Vollbart und sah aus wie ein Waldschrat, der andere war ein dürrer Brillenträger. Beide Frauen waren ziemlich füllig, eine Rothaarige, eine Blondine.

„Irgendwas stimmt da nicht“, sagte Jessy.

„Lass uns mal nachsehen. Bestimmt irgendein Tier.“

Sie näherten sich der Wandergruppe, und Jessy sprach sie an:

„Hi. Wie geht’s? Darf ich fragen, was hier los ist?“

„Seht selbst!“, sagte die Blonde und zeigte in die Hütte. Und was sie dort sahen, verschlug Tim die Sprache: Es war ein Stinktier, das langsam in der Hütte auf und ab lief. Im Grunde war das ein ausgesprochen hübsches, possierliches Tierchen mit seinem schwarzen Fell, den weißen Streifen auf dem Rücken und dem buschigen Schwanz. Das Köpfchen hatte Ähnlichkeit mit dem einer Maus.

„Oh!", sagte Tim, „da halten wir mal lieber Abstand!"

Die beiden traten einige Schritte zurück, und das war anscheinend auch gut so, denn die Rothaarige fing an, laut auf das Tier einzureden:

„Zieh Leine, du Mistvieh! Such dir einen anderen Platz zum Abhängen!"

In der Gruppe wurde es unruhig, denn die anderen forderten sie auf, sich nicht so laut zu verhalten, um das Tier nicht aggressiv zu machen. Doch die Frau glaubte offenbar es besser zu wissen, denn jetzt ging sie einen Schritt auf das Stinktier zu. Und das war ganz und gar keine gute Idee, denn das kleine Raubtier wurde angriffslustig und lief direkt auf die Rothaarige zu, worauf sie einen spitzen Schrei ausstieß und wegrannte. Doch das Stinktier trabte hinter ihr her.

„Nichts wie weg!", sagte Tim, „bevor wir angespritzt werden!"

Sie gingen rückwärts noch einige Meter auf Abstand und beobachteten weiter, was geschah.

„Nicht rennen!", sagte der Bärtige zu der Verfolgten. „Das macht es noch aggressiver!"

Doch die Frau rannte schreiend in Zickzack-Linien vor dem Stinktier weg, das ihr immer auf den Fersen blieb. Auch ihre drei Begleiter sahen zu, dass sie Land gewannen, und gingen auf Abstand.

„Langsam gehen!", ermahnte der Mann die Rothaarige, die ihrerseits in Tränen ausbrach und ängstlich ihre Schritte verlangsamte. Sie drehte sich nach dem Tier um, das nun stehenblieb, den Schwanz aufstellte und mit den Vorderpfoten stampfte.

„Vorsicht jetzt!", rief der Typ, „das ist seine letzte Warnung! Ganz langsam rückwärts gehen!", worauf die Angesprochene unter Tränen rückwärts stapfte und sich immer weiter vom Stinktier entfernte. Eine Weile lang setzte es seine Drohungen fort, bis schließlich sowohl die Frau als auch der Rest der Gruppe sich weit genug entfernt hatten. Schließlich trippelte das Tier wieder zurück in die Hütte, die zu räumen es offensichtlich keineswegs gewillt war.

Während die Blonde zu der Verfolgten rüber ging, um sie zu beruhigen, kam der Waldschrat zu Tim und Jessy gelaufen und sagte:

„Das war knapp! Sorry für die Aufregung!"

„Kein Problem!", erwiderte Tim.

„Die Hütte müssen wir wohl aufgeben für heute", sagte der Bärtige. „Es ist keine gute Idee, sich mit einem Skunk anzulegen. Ich habe in meiner Kindheit mal erlebt, wie ein Kumpel von mir angesprüht wurde. Der Gestank ist ein Albtraum. Und der Junge hat Tage danach noch gestunken, obwohl er sich jeden Tag ausgiebig gebadet hat."

Tim und Jessy mussten lachen.

„Wir haben wirklich Glück gehabt!", fuhr der Fremde fort, „das war absolut knapp."

„Ich glaube auch", sagte Jessy und schaute zu der Rothaarigen, die immer noch schluchzend bei der Blonden in den Armen lag.

Der Bärtige schaute ebenfalls zu ihr rüber, blickte dann zu Tim und Jessy und verdrehte vielsagend die Augen.

„Manche Leute sollten lieber nicht in der Wildnis unterwegs sein", raunte er ihnen zu und fuhr dann fort: „Wo werdet ihr schlafen?"

„Ich denke, wir werden in einigem Abstand wild campen", erwiderte Tim und schaute Jessy fragend an.

Sie nickte.

„Wir gehen wohl weiter nordwärts zum nächsten Shelter. Also dann viel Glück und noch einen schönen Hike!", sagte der Mann und ging zurück zu seinen Leuten.

Tim und Jessy winkten den anderen zum Abschied zu und gingen dann weiter südwärts.

„Was für eine Aufregung!", schmunzelte Jessy.

„Ja, allerdings!", lachte Tim.

„Lass uns aber noch ein gutes Stück weiter weg gehen. Ich habe echt ein mulmiges Gefühl jetzt."

„Kann ich mir vorstellen. Aber im Zelt sind wir sicher."

„Ja."

Nachdem sie vielleicht eine halbe Meile weitergelaufen waren, fanden sie eine lichte Stelle, die zum Campen geeignet war.

„Können wir bitte zusammen in einem Zelt schlafen?", fragte Jessy.

„Ist okay, dann sparen wir uns ja auch Arbeit."

Sie bauten Tims Zelt auf, und nachdem sie ihr Abendpicknick genossen und noch ein bisschen geredet hatten, legten sie sich mit ihren Schlafsäcken rein.

Es dauerte nicht lang, und Tim war eingeschlafen. Doch er wurde jäh aus dem Schlaf gerissen, als Jessy ihn hektisch anstieß.

„Was ist?", fragte Tim.

„Pssst!", machte Jessy eindringlich und forderte ihn mit einer Geste auf zu horchen. So tat Tim, und lauschte. Tatsächlich, da waren Schritte! Eindeutig menschliche Schritte! Sie klangen nicht so, wie wenn jemand einfach einen Weg entlang geht, sondern so, als ob jemand etwas sucht.

„Tim, ich habe Angst!", flüsterte Jessy und klammerte sich an seinen Oberarm.

Die Schritte waren vielleicht zwanzig, dreißig Meter entfernt, aber sie kamen näher. Und dann auf einmal hörten sie jemanden sprechen, mit einer tiefen Männerstimme, die seltsam unwirklich klang, und sie raunte nur eine einzige langgezogene Silbe. Tims Herz begann heftig zu pochen.

„Hast du das auch gehört?", flüsterte Jessy so tonlos wie möglich, „*was* hat er gesagt?"

„Es klang wie *kill*..."

„Ja, das habe ich auch gehört..."

Die Schritte kamen näher, und wieder raunte die Stimme langgezogen und unheimlich:

„Kill! Kill!"

Jessy klammerte sich nun so heftig mit ihren Händen an Tims Oberarm fest, dass es begann weh zu tun.

Plötzlich flackerte Licht auf der Zeltwand. Die unheimliche Gestalt da draußen schien mit einer Taschenlampe auf das Zelt zu leuchten. Und dann wurden wieder Schritte laut, diesmal kamen sie langsam, aber zielgerichtet auf das Zelt zu.

„Kill!", raunte die Stimme, die Gestalt blieb vor dem Zelt stehen – vielleicht einen Meter entfernt und wiederholte: „Kill!"

„Shit!", sagte Tim, und es war klar, dass es jetzt galt, einen klaren Kopf zu bewahren und zu handeln. Er setzte sich auf, griff nach seinem Klappmesser, öffnete es und ging auf die Knie.

„Was hast du vor?", zischte Jessy.

„Kill...", raunte die Stimme draußen.

„Angriff ist die beste Verteidigung!", sagte Tim und zog am Reißverschluss des Zelteingangs.

„Bist du irre?!", fragte Jessy.

„Lass mich mal machen."

Jessy rückte so weit in die entgegengesetzte Richtung wie möglich. Tim zog weiter am Reißverschluss und öffnete den Eingang – bereit, sofort zuzustechen, wenn es nötig war.

Was sie nun zu sehen bekamen, war so unheimlich und merkwürdig, dass es Tim kalt den Rücken runter lief. Vor dem Zelt stand ein junger Wanderer in voller Montur mit Rucksack und Kapuze auf dem Kopf und starrte mit irrem Blick ins Zelt. Ein Anblick wie in einem schlechten Horrorfilm.

„Tim!", wimmerte Jessy.

„Was willst du?", fragte Tim mit einem so respekteinflößenden Tonfall, dass er von sich selbst erstaunt war.

„Oh... sorry!", sagte der Typ nun. „Sorry, ich suche nur meinen Freund. Ich habe mich verlaufen. Aber du bist es nicht..., anscheinend."

„Nein, anscheinend nicht!", gab Tim gereizt zurück. „Warum sagst du die ganze Zeit *kill, kill*?! Du hast uns eine Riesenangst gemacht!"

„Was?! Oh, nein, sorry!", gab der Typ zurück. „Das ist der Name von meinem Freund. Er hat einen indigenen Vornamen, geschrieben Q-U-I-L. Also: Quil."

„Was?!", fragte Tim verwirrt. „Du kannst doch nicht nachts rumlaufen und dann immer diesen Namen sagen! Wir sind fast gestorben vor Angst!"

„Sorry, sorry, sorry, da war ich wohl unaufmerksam."

„Ja, allerdings! Bist du high, oder was?"

„Äh ja, wir haben bisschen was geraucht... und deswegen habe ich mich auch verlaufen."

„Au Mann!", ächzte Tim.

„Habt ihr Quil zufällig gesehen?", fragte der Typ.

„Nein!", sagte Tim entnervt, „ansonsten hätte ich es schon gesagt."

„Ja, stimmt, stimmt..."

Tim schüttelte den Kopf.

„Tja... was mache ich jetzt?", sagte der Kerl ratlos.

„Wieder klar werden, würde ich vorschlagen", gab Tim zurück.

„Okay, ja, das ist wohl besser. Aber... wo?"

Tim zeigte ihm, wo es zum Shelter ging und sagte, dass er nur etwa eine halbe Meile entfernt war.

„Okay, danke!", sagte der Typ.

„Schaffst du es ohne Hilfe dahin?"

„Ja klar, auf jeden Fall!"

„Dann schönen Abend noch!", sagte Tim nachdrücklich.

„Okay. Ich geh dann mal."

„Ja."

Der Typ wandte sich zum Weggehen, drehte sich aber nochmal um und sagte:

„Sorry nochmal. Wollt ihr bisschen Gras?"

„Definitiv nein!", gab Tim zurück.

„Okay, bye!", erwiderte der Typ und verzog sich.

Tim zog den Reißverschluss wieder zu und sah rüber zu Jessy, die ihn völlig entgeistert ansah.

„Was war *das*?!", fragte sie.

„Ein bekloppter Kiffer, weiter nichts."

„Ja, ich weiß. Ich meinte auch eher: Du warst so mutig... das hätte ich gar nicht von dir erwartet!"

„Was soll das wieder heißen?"

„Nein, so meinte ich das nicht. Ich meinte nur, du bist sonst nicht so ein Machotyp, und das finde ich auch gut. Ich bin nur überrascht, dass du so ein harter Hund sein kannst, wenn es drauf ankommt. Ich bin beeindruckt."

„Danke."

„Wo kam das auf einmal her?"

„Ich weiß nicht...", sagte Tim und überlegte. „Das war irgendwie... instinktiv. Ich habe nicht lang überlegt."

Sie lächelte ihn an und sagte:

„Auf jeden Fall danke, dass du mich beschützt hast ... mein Held!"

„Ja, vor einem bekloppten Kiffer. Sehr heldenhaft!", lachte Tim.

„Ich fands wirklich heldenhaft."

„Danke!"

Sie machten es sich wieder in ihren Schlafsäcken bequem, und auf einmal raunte Jessy mit alberner tiefer Stimme:

„Kill! Kill!"

Die zwei prusteten los.

„Hoffentlich wird dieser Idiot vom Stinktier vollgespritzt!", sagte Jessy.

„Achtung, du fütterst gerade den schwarzen Wolf!", lachte Tim.

„Ist mir egal. Guten Appetit!"

26

Tags darauf saßen Tim und Jessy zur Lunchzeit auf einem umgestürzten Baum und picknickten. Jessy war mit ihrem Handy beschäftigt, um die weitere Strecke zu planen, als sie plötzlich sagte:

„Heute Abend sollten wir unbedingt in den Himmel gucken!"

„Warum?"

„Wegen der Sternschnuppen! Heute ist der Höhepunkt der... wie heißen die?" Sie schaute noch mal aufs Handy und sagte: „Eta-Aquariiden. Mit zwei i. Das ist ein Meteorstrom."

„Cool. Ich bin dabei."

Als sie abends an der Schutzhütte ankamen, waren sie für sich und beschlossen, wieder in der Hütte zu schlafen und sich den Zeltaufbau zu sparen. Sie aßen ihr Müsli-Dinner, legten sich dann mit ihren Schlafsäcken auf eine Lichtung unweit der Hütte und schauten in den Himmel. Die Dämmerung war schon fortgeschritten, und am dunkler werdenden Himmel zeigten sich nach und nach immer mehr Sterne. Von Sternschnuppen allerdings keine Spur.

„Vielleicht ist es noch nicht dunkel genug?", sagte Jessy.

Sie lagen schweigend und warteten, bis schließlich ein feiner Lichtstreifen über die Wipfel blitzte.

„Da!", sagte Tim. „Jetzt können wir uns was wünschen!"

„Nee. So funktioniert das nicht. Wenn du auf sie zeigst oder was sagst, dann gilt das nicht. Du musst dir erst was wünschen und darfst dann erst sagen, dass da eine war."

„Ach so? Okay, das wusste ich nicht."

„Naja, wir haben ja noch ein paar Versuche heute. Hoffentlich."

„Stimmt."

„Und du darfst den Wunsch auch nicht laut aussprechen."

„Okay, okay."

Bald war der Himmel rabenschwarz und übersät mit einer atemberaubenden Menge von Sternen. Ein Anblick, wie Tim ihn noch nie zuvor gehabt hatte. Einen Moment lang wunderte er sich, dass sie diesen Sternenhimmel nicht schon längst mal bemerkt hatten. Vermutlich lag es an den Bäumen, die sie ständig um und über sich hatten.

„Unfassbar schön, oder?", sagte Jessy. „Man fühlt sich ganz klein und bedeutungslos, wie ein Pups im All..."

Tim musste lachen.

„...aber gleichzeitig ist es auch irgendwie erhebend, weil man denkt, das Universum ist so unfassbar groß und überwältigend, und man ist ein Teil davon..."

In diesem Moment sauste eine so prächtige Sternschnuppe über den Himmel, dass Tim zusammenzuckte. Er glaubte sogar, ein Zischen gehört zu haben und musste sich zusammenreißen, um nichts dazu zu sagen, bevor er sich etwas gewünscht hatte. Dann schauten sie sich an, nickten sich zu, und Jessy platzte heraus:

„Wow! Das war die krasseste Sternschnuppe, die ich je gesehen habe!"

„Unglaublich!", erwiderte Tim. „Wer hätte gedacht, dass wir hier nachts mitten im Wald so was Spektakuläres erleben!"

„Ja, oder?"

„Dann werden unsere Wünsche hoffentlich auch genauso spektakulär in Erfüllung gehen!"

Jessy lachte, dann legte sie ihre Hand auf seine, und sie schauten eine ganze Weile lang schweigend in die Sterne.

Und dann, mit einem Mal, fing sie an:

„Tim?"

„Mmh?"

„Ich muss dir was sagen."

Tim wandte den Kopf zu ihr. Sie sah ihn an:

„Ich glaube, ich habe mich in dich verliebt."

„W..."

Für einen Moment war er sprachlos, dann setzte er sich auf und brachte hervor:

„Hä? Wie jetzt? Ich dachte, du bist lesbisch?!"

„Das habe ich nie behauptet!", sagte sie und setzte sich ebenfalls auf. „Ich bin bi."

„Warum hast du mir das nie gesagt?"

„Keine Ahnung. Du hast mich nie gefragt."

„Okay, jetzt bin ich echt überrascht."

Sie sah ihn an und beeilte sich dann zu sagen:

„Sorry, Tim, ich hätte das nicht sagen sollen. Das war bestimmt ein Fehler. Ich meine, wir haben so eine tolle Freundschaft, und ich hoffe, ich habe das nicht zerstört... ich hatte nur das Gefühl-"

Tim legte ihr den Finger auf den Mund und sagte:

„Halt mal für einen Moment den Schnabel!"

Und dann küsste er sie. Es wurde ein langer, inniger, leidenschaftlicher Kuss, und Tim wurde von einem Strom überwältigender Gefühle weggetragen. Als sie sich schließlich wieder lösten, schauten sie eine Weile lang in die Sterne, dann sagte sie:

„Eigentlich war es absehbar, dass ich Gefühle für dich bekommen würde. Du bist ein attraktiver Typ, und wir haben uns total intensiv kennengelernt. Ich weiß nicht... als wir uns über unsere Kindheit unterhalten haben, da warst du mir so nah... näher als irgendjemand sonst..."

„Ja, geht mir auch so. Trotzdem... ich hätte nicht gedacht, dass mein Wunsch so schnell in Erfüllung gehen würde."

Jessy sah ihn an, ihr Gesicht nahm einen verschmitzten Ausdruck an, und während sie ihren Schlafsack öffnete, sagte sie:

„Dann wollen wir doch mal sehen, ob dein Wunsch nicht so spektakulär in Erfüllung geht wie die Sternschnuppe es prophezeit hat..."

27

Es war ein traumhafter frühsommerlicher Nachmittag, als sie am Fuß des Springer Mountain ankamen. Andächtig schauten sie auf den Wegweiser, der zum Gipfel zeigte. Schweigend nahmen sie ihre Hände und stiegen den steilen Weg hinauf.

Am Gipfel angekommen galt es, über einige zerklüftete Felsen zu klettern, um den höchsten Punkt zu erreichen. Sie warfen ihre Rucksäcke ab und kraxelten hinauf. Dort war, an Holzpfeilern befestigt, eine Bronzetafel angebracht, die überraschend schlicht und schnörkellos – und doch auf feierlich stille Weise den Start- und Endpunkt des Appalachian National Scenic Trail markierte.

„Wir sind den Appalachian Trail gewandert!", sagte Jessy feierlich.

„Wenn auch nicht ganz", gab Tim zurück.

Sie machten ein gemeinsames Selfie mit der Tafel und schauten dann hinaus in die Berge. Der Ausblick war nicht so spektakulär wie vom Clingman's Dome aus, trotzdem war es ein unbeschreiblich erhebendes Gefühl, hier zu stehen und über die umliegenden Blue Ridge Mountains zu blicken.

Unweit der Bronzetafel stand auf einem Pfeiler ein Holzkasten. Sie gingen rüber und fanden darin einen Notizblock nebst Kugelschreiber: das Trail Register, oder auch Gipfelbuch. Die meisten der Einträge waren von Wanderern, die hier starteten, etwa: „Auf geht's zum Katahdin!“, dazu die Namen der Unterzeichner.

Schließlich kehrten sie zu ihren Rucksäcken zurück, und Tim sagte:

„Ich muss noch kurz was erledigen!“

„Was denn?“

„Sagen wir so: Du hast mich auf eine Idee gebracht.“

Sie schaute ihn fragend an, während er in seinem Rucksack kramte. Schließlich holte er die kleine Dose mit seinem Beruhigungsmittel hervor und zeigte sie Jessy.

„Ah!“, entgegnete sie lächelnd.

„Ich habe sie eh nie benutzt und werde sie auch nicht mehr benutzen.“

Sie nickte.

Tim schaute sich um, ob ihn jemand sah, und warf dann mit großem Schwung die Packung über die Felsen irgendwo ins Nirgendwo des Waldes.

„Das ist Umweltverschmutzung!“, frotzelte Jessy. „Schäm dich!“

„Nö...“, erwiderte er. Sie nahm ihn in den Arm, gab ihm einen Kuss und sagte:

„Tim, ich bin sehr stolz auf dich!“

Sie setzten sich auf einen Felsen und schauten wieder hinaus in die Berge.

„Wir beide können stolz sein“, sagte Jessy schließlich. Wir sind rund 720 Kilometer gewandert und haben ungefähr eine Million und dreißigtausend Schritte getan!“

„Wo hast du diese Zahlen alle her?“

„Heimlich ausgerechnet!“, grinste Jessy. „Für die Schritte gibt es einen Online-Rechner.“

„Nicht übel.“

„Und wir beide haben ganz schön abgenommen!“, fügte sie hinzu. Sie piekste ihm in den Bauch. „Dein Waschbärbauch ist jedenfalls weg, und meine Sachen sitzen auch deutlich lockerer als am Anfang der Reise.“

„Stimmt, ist mir auch schon aufgefallen. Aber was noch viel wichtiger ist: Wir beide haben es geschafft aus dem Loch rauszukriechen, in dem wir gesteckt haben.“

„Ja, allerdings. Du hast dich wirklich total verändert in den paar Wochen. Aus dem nervösen, reizbaren Häufchen Elend, das ich kennengelernt habe, ist ein charmanter, fröhlicher Naturbursche geworden.“

„Naturbursche?! Hmm... das muss ich mir aber noch überlegen, ob mir das Wort gefällt.“

„Mir gefällt es auf jeden Fall! Und wenn du jetzt noch dein Versprechen einhältst und einen neuen Versuch mit einer Therapie startest, dann steht deinem Glück nichts mehr im Wege. Oder besser gesagt: *unserem* Glück!"

„Ja, werde ich. Versprochen ist versprochen. Und wenn du magst, können wir ja zusammen so einen MBSR-Kurs machen."

„Ja, gerne!"

„Und weißt du was? Ich bin jetzt entschlossen, dass ich mich beruflich verändere."

„Lustig oder? Vor ein paar Wochen hattest du noch Angst deinen Job zu verlieren, und jetzt willst du selbst was anderes suchen."

„Ja..."

Er gab ihr einen Kuss. Dann sagte sie:

„Das alles hier wird mir ganz schön fehlen!"

„Mir auch. Aber wir kommen wieder, oder?"

„Auf jeden Fall! Schließlich gibt es noch ungefähr 2.800 Kilometer Appalachian Trail, die wir noch nicht kennen!"

„Stimmt. Mount Katahdin, wir kommen! ...Eines Tages!"

Nachwort

Ich hoffe, du hattest eine schöne Zeit mit diesem Buch! Bitte hinterlasse eine Bewertung bei Amazon! Oder noch besser: eine Rezension.
Vielen Dank!

Möchtest du informiert werden, wenn neue Titel von mir erscheinen oder andere Neuigkeiten erfahren? Dann abonniere meinen Newsletter.

Besuche meine Website:
www.sommer-philipp.de

Hast du Fragen, Kommentare oder Anregungen? Oder sind dir Fehler aufgefallen? Auch damit bist du auf meiner Website richtig!

Mit den besten Wünschen

Philipp Sommer

Die Geschichte geht weiter:

Nach einem Jahr Liebesglück scheint für Tim und Jessy ein Traum in Erfüllung zu gehen: Die perfekte gemeinsame Wohnung wird frei! Doch dann der Schock: Jessy bekommt kalte Füße und beendet aus heiterem Himmel die Beziehung. Tim ist fassungslos: Was um alles in der Welt ist passiert? Was steckt hinter diesem rätselhaften Sinneswandel?

Schließlich kann er Jessy davon überzeugen, für ihre Liebe zu kämpfen. Und wer könnte ihnen besser dabei helfen als der Schamane Chayton?

So beschließen die zwei, sich gemeinsam mit dem Weisen erneut auf den Appalachian Trail zu begeben und während der Wanderung an ihren Problemen zu arbeiten. Der Schamane soll ihnen mit Ideen, Tipps und inspirierenden Gedanken helfen, zu einer erfüllenden Beziehung zurückzufinden.

Dieses Mal stellen sie sich den schwierigsten und zugleich faszinierendsten Passagen des Trails: den wunderschönen, aber tückischen White Mountains in New Hampshire und der berüchtigten 100-Mile-Wilderness in Maine, fernab jeglicher Zivilisation.

Noch ahnen sie nicht, dass sie diesmal in tödliche Gefahr geraten sollen...

Jetzt entdecken:

Ein ergreifender Roman über das Rätsel einer vergessenen Kindheit, den Fluch eines Traumas und die heilende Kraft der Liebe.

Inspiriert von einer wahren Begebenheit

Eine motivierende Erzählung über das, was im Leben wirklich wichtig ist

Inspiriert von einer realen Persönlichkeit

Eine inspirierende Geschichte über Freundschaft, Glück und den wahren Sinn des Lebens

„Macht Lust aufs Leben!“
Talisa, Leserin

Impressum

Philipp Sommer
c/o skriptspektor e. U.
Robert-Preußler-Straße 13 / TOP 1
5020 Salzburg
AT - Österreich

Kontakt

Nutze bitte statt der Postadresse meine
E-Mail-Adresse:

philippsommer1@gmx.net

Printed in Poland
by Amazon Fulfillment
Poland Sp. z o.o., Wrocław

37821575R00167